Le marketing digital

Groupe Eyrolles
61, bd Saint-Germain
75240 Paris cedex 05

www.editions-eyrolles.com

Chez le même éditeur :

- Jean-Marie Ducreux, *Le grand livre du marketing*
- Marco Tinelli, *Marketing synchronisé*
- Nathalie Van Laethem, Corinne Billon, Olivier Bertin, *L'atlas du marketing*
- *MBA marketing* (Collectif)

ISBN : 978-2-212-55343-7

François SCHEID
Renaud VAILLANT
Grégoire DE MONTAIGU

Le marketing digital

Développer sa stratégie à l'ère numérique

EYROLLES

Sommaire

Préface

En dix ans, l'usage quasi universel d'Internet a conduit à la digitalisation de l'économie, phénomène qui constitue une véritable révolution pour les entreprises. En effet, tous les secteurs sont impactés par l'irruption d'Internet. Cette révolution possède deux caractéristiques majeures : tout d'abord la vitesse. Celle avec laquelle Internet a été adopté par la population mondiale, celle encore plus grande avec laquelle les réseaux sociaux sont devenus le premier usage du Web, celle avec laquelle les smartphones sont en train de devenir le premier moyen d'accès à la Toile, celle avec laquelle, enfin, de nouveaux usages et de nouveaux comportements émergent. Ainsi aujourd'hui, la part du temps média consacrée à Internet dépasse 25 % en Europe et 33 % aux États-Unis.

La seconde caractéristique majeure de cette révolution tient à l'universalité de son impact sur ce que l'on appelle le « parcours client » : le « digital » ne concerne pas seulement la communication des entreprises, mais aussi le marketing, les ventes, la distribution, le CRM (gestion de la relation client), les services, voire l'innovation (avec la cocréation et le phénomène appelé « *crowdsourcing* »).

Cette révolution est en cours et chaque entreprise doit, stratégiquement et culturellement, s'efforcer d'être en avance sur ses concurrents ou, à tout le moins, de ne pas prendre de retard. Dans le même temps, comme le « digital » est un univers en évolution permanente et que personne ne possède de boule de cristal, il faut adopter une culture du « *test and learn* » qui conduit les entreprises à proposer des innovations, observer les résultats et, éventuellement, repartir dans de nouvelles directions. C'est un art dans lequel Google est passé maître ! Il faut remettre son ouvrage sur le métier, non pas vingt fois comme le recommandait le poète, mais chaque matin ! Ainsi, le « digital » oblige à une remise en cause permanente et contraint à une certaine humilité.

La difficulté pour les entreprises vient de ce que les usages et les technologies évoluant rapidement, elles sont obligées d'intégrer des compétences de plus en plus pointues, alors que, dans le même temps, elles se doivent d'impliquer l'ensemble de leurs forces dans ce mouvement stratégique. D'un point de vue opérationnel, les entreprises doivent donc trouver un juste milieu : c'est pourquoi Renault a créé une *digital factory* en 2011 au sein de la direction « marketing et communication monde », afin de fédérer des expertises pointues et de produire de manière centralisée des contenus et des plates-formes digitales, tout en travaillant en symbiose avec l'ensemble des directions : communication, marketing, produit, ventes, etc. En neuf mois, la *digital factory* de Renault a réussi à livrer un certain nombre de *guidelines*, de nouvelles plates-formes ou de nouveaux services (configurateur 3 D, module d'e-commerce sur Dacia...) tout en impliquant les différents « pays » dans cette aventure. Le challenge consiste ici à concilier les cycles longs de l'industrie automobile (quatre ans pour un modèle de voiture) avec ceux beaucoup plus courts du « digital » et à préserver la vision 360°.

Autre aspect crucial de la révolution digitale, l'accès à de nouveaux types de données qui permettent un meilleur suivi de la performance : un des atouts du « digital » est en effet de fournir aux entreprises, en premier lieu au département marketing, de nouveaux outils d'analyse et des données beaucoup plus précises (sur les internautes, leurs caractéristiques, leurs goûts, leurs préférences, leurs achats, leurs réseaux, leur comportement, etc.) que ceux dont l'on disposait jusqu'alors. Encore faut-il posséder les outils pertinents et les compétences nécessaires dans ce domaine, appelé « Web analytics ».

C'est pourquoi il est nécessaire que la population la plus large possible (marketing, commerciale, produit, communication, etc.) soit formée au « digital », afin d'éviter qu'une fracture ne s'instaure entre « ceux qui savent » et « ceux qui ne savent pas ». C'est justement l'objet de cet ouvrage que d'offrir une vision structurée et une compréhension claire des enjeux, des stratégies et des outils du marketing digital. Cet ouvrage permettra ainsi à ces différentes populations de mieux comprendre et de travailler plus efficacement avec les experts du référencement naturel (SEO), du référencement payant (SEM/SEA), de l'e-mailing, du *display*, des réseaux sociaux ou du mobile.

Patrick Hoffstetter,
directeur de la *digital factory* du Groupe Renault

Introduction

Bienvenue dans un monde connecté et interactif ! Deux milliards d'internautes[1], dont près de la moitié inscrits sur des réseaux sociaux[2], le commerce en ligne, dont la croissance continue touche tous les secteurs, même celui du luxe, des communautés d'individus toujours plus actives, des marques dont on parle en bien et parfois en très mal sur Internet, des acronymes mystérieux (SEO, SMO, CPM...), de nouvelles tâches à assumer (*« community management »*), mais aussi des mines d'information très utiles aux entreprises qui savent les exploiter ! Les professionnels du marketing assistent à une révolution, la révolution « digitale », et ils ne peuvent en rester les spectateurs : ils doivent y participer !

Que de chemin parcouru depuis quinze ans, époque où Google n'existait pas encore, où les premiers sites Web d'entreprise n'étaient que de simples plaquettes numérisées et où la lenteur des connexions décourageait les meilleures volontés marketing. C'était l'époque du Web 1.0, qui a fait place au Web 2.0, synonyme de haut-débit, d'interaction et de contenus « riches », au premier rang desquels se trouve la vidéo. Une révolution qui touche la vie quotidienne des individus et celle des entreprises. Une révolution qui n'est pas un fantasme et se retrouve dans les chiffres : les 2 milliards d'internautes passent de plus en plus de temps en ligne, que ce soit sur leur ordinateur fixe ou portable, leur téléphone et maintenant leurs « tablettes numériques ». On constate que 80 % des achats sont précédés d'une recherche en ligne par des internautes qui font confiance aux avis donnés par les autres internautes : certains en arrivent ainsi à parler de « prise de pouvoir par le consommateur ». De plus, même si l'accès massif à Internet est encore limité à certaines régions du monde, les endroits les moins connectés sont ceux où cet accès croît le plus rapidement. C'est en grande partie le résultat de l'accès à la Toile *via* les téléphones portables

1. Source : *http://www.Internetworldstats.com/stats.htm*, consulté le 6 novembre 2011.
2. Source : *http://www.socialbakers.com*, consulté le 6 novembre 2011.

ou « mobiles ». De fait, le « marketing mobile » est un des secteurs qui offre les perspectives les plus prometteuses, mais il n'est pas le seul.

Cette révolution Internet bouleverse les comportements des individus et oblige à une révision des politiques marketing. Elle a déjà transformé les entreprises de secteurs comme l'édition, le tourisme, l'immobilier ou la musique et touche toutes les autres. Aux USA, pays précurseur en la matière, les revenus publicitaires en ligne ont, pour la première fois en 2010, dépassé ceux de la presse. Le cabinet Forrester[1] estime qu'aux États-Unis en 2011, 19 % du budget marketing des entreprises ont été consacrés au « marketing digital », c'est-à-dire au marketing sur Internet. Cela englobe les annonces sur les moteurs de recherche (principalement Google), les bannières publicitaires en ligne, les campagnes d'e-mailing, la participation aux différents réseaux sociaux (au premier rang desquels on trouve Facebook et Twitter) et le marketing « mobile ». Mieux encore, ce même cabinet prévoit une croissance rapide qui propulsera ce budget à 35 % du budget marketing total en 2016, soit 75 milliards de dollars ! Cette évolution est globale, et ce qui est observé aux États-Unis l'est aussi en Europe, avec un décalage de quelques mois, la Grande-Bretagne restant le leader du Vieux Continent dans ce domaine.

Un tel bouleversement est incontestable, mais il est perçu de manières diverses : Internet ne serait pour certains qu'un canal de communication supplémentaire, semblable à la presse ou la télévision. Pour d'autres, au contraire, les évolutions seraient si rapides et les tendances si éphémères qu'il serait impossible d'investir rationnellement ce champ et que l'on ne pourrait y faire que des « coups », comme, par exemple, proposer (« poster ») une vidéo particulièrement amusante qui ferait le tour du monde sur YouTube et donnerait une image plaisante de sa marque.

L'objet de cet ouvrage est de montrer, au contraire, que le marketing digital change les règles du jeu du marketing, principalement parce que Internet est un canal de communication fondé sur l'interaction (entre les entreprises et les consommateurs, entre les consommateurs eux-mêmes, ou encore au sein d'une communauté d'individus), ainsi que le transfert instantané d'informations. L'objet de cet ouvrage est aussi de souligner que derrière la frénésie des nouvelles technologies, il est possible d'adopter une démarche structurée, intégrant des outils qui peuvent être utilisés de manière rationnelle. Et ce, bien que l'univers d'Internet soit fait d'évolutions rapides et spectaculaires.

1. Source : *http://www.cmo.com/sites/default/files/us_interactive_marketing_forecast,_2011_to_2016.pdf, consulté le 6 novembre 2011.*

Les internautes se regroupent en tant que membres d'une communauté de « fans » (ou plus rarement d'ennemis) d'un sport, d'une marque, d'un film, ou simplement partageant les mêmes centres d'intérêt. Ils se rassemblent sur des réseaux sociaux, dont la croissance est telle que ces derniers semblent « avaler » toute la Toile. Les marques ne savent pas toujours comment interagir avec les internautes sur ces réseaux sociaux, adoptant parfois des stratégies opposées dans un même secteur : ainsi Ford, aux États-Unis, adopte-t-il une attitude proactive et créative sur les médias sociaux, tandis que d'autres constructeurs privilégient une attitude prudente et réactive. Toujours est-il que les clients veulent « participer » : rédiger des avis, poster des critiques sur Amazon.fr ou fnac.com, noter des produits, écrire des commentaires sur des blogs, intervenir sur des forums, donner des idées, contester des choix d'entreprise comme dans le cas du nouveau logo Gap, finalement retiré par la marque, ou dans celui de la nouvelle mascotte Malabar. Les internautes créent aussi du « contenu » (textes, vidéos, photos, etc.), que l'on désigne par l'acronyme UGC (User Generated Content), qui circule sur la Toile à une vitesse parfois stupéfiante.

Alors, les consommateurs auraient-ils pris le pouvoir ? Oui, le Web 2.0 leur a « conféré » de nouveaux pouvoirs, mais dans le même temps Internet fournit aux entreprises des opportunités et des outils assez extraordinaires : un accès inédit à des données concernant les achats, les comportements, les préférences, les communautés ou les discussions de chaque internaute ; mais aussi des outils puissants de média planning, ainsi que des outils d'analyse en temps réel des résultats d'une campagne marketing. Plus globalement, Internet fournit aux entreprises une opportunité unique : l'interaction continue avec les internautes. Cette opportunité est aussi une responsabilité que chaque entreprise doit assumer de manière cohérente. L'interaction en ligne internaute/marque et internaute/internaute amène d'ailleurs certains spécialistes à parler d'une ère du marketing *« with »*, succédant à une ère du marketing *« for »*. Ainsi le marketing digital doit-il viser à l'engagement des internautes, et idéalement à les transformer en « ambassadeurs » de sa marque.

Par rapport aux années deux mille, le site Web n'est plus la seule interface digitale entre une entreprise et ses clients : à celui-ci s'ajoutent désormais des blogs, des pages fan sur Facebook, des « fils » sur Twitter, des vidéos sur YouTube, ou encore des photos sur Flickr. Mais la présence digitale d'une entreprise ne se résume pas aux canaux qu'elle possède. Ainsi une marque alimentaire se doit-elle d'être présente sur les forums où l'on parle de santé, de bien-être, d'alimentation pour écouter ce que disent les consommateurs, et éventuellement intervenir par l'intermédiaire d'un *« community manager »* qui prendra la parole au nom de la marque. Ce n'est pas chose facile, mais l'inertie peut être cause de bien des déboires, comme en attestent de nombreux exemples : les vidéos mises en ligne sur YouTube par des utilisateurs d'un nouveau modèle de cadenas, montrant comment celui-ci pouvait être forcé avec un simple stylo-bille ; ou encore la vidéo parodique et cruelle d'une association de défense de l'environnement portant sur une célèbre barre chocolatée contenant de l'huile de palme. Ces vidéos ont drainé des dizaines de millions de vues dont l'impact a été particulièrement négatif sur les deux marques concernées, qui avaient tardé à réagir. Il existe ainsi, maintenant, une multitude de « points de contact digitaux », que les entreprises se doivent de prendre en compte de manière cohérente.

À QUI S'ADRESSE CET OUVRAGE ?

Cet ouvrage s'adresse aux futurs marketeurs, étudiants d'écoles de commerce et d'Université, mais aussi aux professionnels du secteur qui ressentent le besoin d'étoffer leur connaissance dans un domaine à la fois incontournable et prometteur. Ce que vous allez trouver dans cet ouvrage va vous aider à comprendre comment définir une stratégie marketing « digitale », comment la mettre en œuvre très concrètement, comment évaluer votre charge de travail et comment évaluer les résultats obtenus.

La première partie propose de définir les éléments d'une stratégie marketing digitale (« attirer/convertir/fidéliser »), puis la partie 2 explicite la notion de plate-forme digitale (intégration des multiples points de contact digitaux évoqués plus haut). La partie 3 décrit de manière précise les leviers marketing qu'une entreprise doit savoir actionner et combiner : liens sponsorisés (publicités sur les moteurs de recherche avec achat de mots-clés), bannières publicitaires (sur des sites Internet), affiliation (les affiliés étant des apporteurs d'affaires), e-mailing. La partie 4 analyse ensuite les tendances actuelles qui concernent : le social (description complète des éléments d'une stratégie qui s'appuie sur les réseaux sociaux et les communautés), le local (enjeux de la géolocalisation) et le mobile (spécificités et opportunités). Enfin, la partie 5 traite d'un aspect moins « glamour », mais fondamental, puisqu'elle aborde l'analyse et le traitement des données accessibles sur la Toile. Jamais les marketeurs n'avaient eu à leur disposition autant d'informations sur leurs clients et leurs prospects, ou sur les résultats d'une campagne : à eux de savoir les exploiter, une tâche qui occupe une bonne partie de leur temps !

Vous trouverez, dans le prolongement de cet ouvrage, toutes les informations concernant l'évolution du marketing digital en suivant sur Twitter François Scheid (@FJJS), Renaud Vaillant (@RenoV) ou Grégoire de Montaigu (@gdemontaigu).

Partie I

Définir une stratégie marketing digitale

Chapitre 1

Introduction au marketing digital

DE QUOI PARLE-T-ON ?

Le marketing est une des activités de base d'une organisation, au même titre que la vente ou la production. Comme l'ensemble des activités des organisations, celle-ci a été profondément affectée par l'émergence des techniques de traitement et de transmission des informations (informatique, télécommunications, Internet...), plus couramment appelées « nouvelles technologies de l'information et de la communication » (NTIC).

C'est d'ailleurs en observant la transformation des organisations à travers l'utilisation des NTIC que Lou Garner, président d'IBM de 1991 à 2001, inventa le terme d'**e-business**. Autrement dit, l'utilisation des NTIC dans les différentes activités d'une organisation pour réaliser des affaires (du *business)*. Par analogie, on pourrait alors considérer le e-marketing comme l'utilisation des NTIC dans le cadre des activités marketing d'une organisation.

Mais cette définition, à elle seule, ne suffit pas à rendre la réalité professionnelle de cette activité. Trop souvent encore, le rôle du e-marketing reste associé à Internet et à des tactiques marketing autour d'un site Web. Pourtant, en quelques années à peine, le champ d'action s'est profondément élargi. Aujourd'hui un e-marketeur peut intervenir sur une multitude de canaux numériques : site Web, e-mail, réseaux sociaux, mobile, tablette, TV connectée... En fait, le marketing Internet n'est qu'une partie du e-marketing.

D'autres termes sont également utilisés par les professionnels pour désigner leur activité, et notamment celui de « digital marketing », lequel devrait être traduit par « marketing numérique » (comme c'est le cas pour « digital camera » qui est un « appareil photo numérique »). Pourtant, il est employé comme tel en français sous la forme de « marketing digital » (prononciation à la française de l'adjectif *digital*).

Marketing digital, marketing Internet et marketing Web

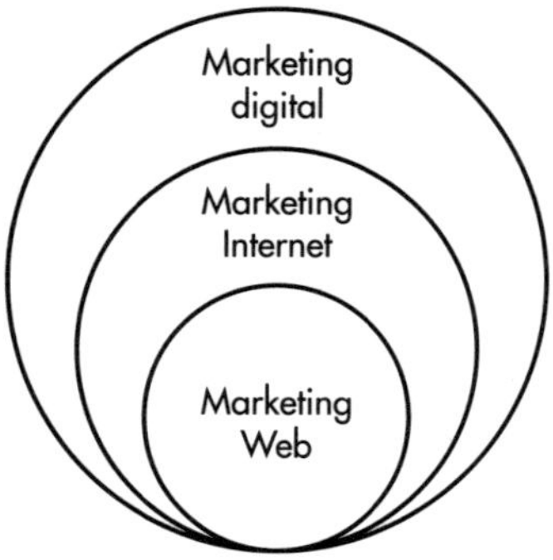

E-marketing ou marketing digital : ensemble des activités marketing d'une organisation réalisées *via* les canaux numériques (site Web, e-mail, réseaux sociaux, mobile, TV connectée...).

Marketing Internet : ensemble des activités marketing d'une organisation réalisées *via* le canal Internet : *Internet = Web + e-mail + newsgroup + FTP (protocole de communication destiné à l'échange de fichiers)*

Marketing Web : ensemble des activités marketing d'une organisation réalisées sur le Web.

On rencontre aussi, souvent, le terme de marketing online (abrégé en MOL) pour désigner le marketing digital (principalement dans les pays germaniques). L'objet de cet ouvrage est bien le marketing digital. De plus, nous utiliserons le terme de e-marketeur pour désigner un ou une professionnel(le) du marketing digital.

■ LE POIDS DU MARKETING DIGITAL

La France compte aujourd'hui plus de 40 millions d'internautes, soit quasiment deux Français sur trois. Cela la place juste au-dessus de la moyenne européenne (taux de pénétration de 64 %[1]), les pays nordiques étant les plus avancés. Aux États-Unis, le taux de pénétration dépasse déjà les 70 %.

La France progresse également rapidement en ce qui concerne les « nouveaux écrans ». Avec déjà près d'un quart de la population équipée de smartphones (15 millions d'utilisateurs fin 2011), elle est bien positionnée par rapport à ses voisins européens. Concernant les tablettes, le dernier écran à avoir conquis les foyers français, les données ne sont pas encore très précises. Il semblerait cependant que fin 2011, ce soient déjà 2 millions de tablettes qui aient trouvé preneurs.

1. Étude GfK sur la base de 17 pays : Allemagne, Autriche, Belgique, Danemark, Espagne, Finlande, France, Grèce, Irlande, Italie, Luxembourg, Norvège, Pays-Bas, Portugal, Royaume-Uni, Suède et Suisse.

L'institut Médiamétrie, dans son étude Screen360 publiée en juillet 2010, montrait que ce ne sont pas moins de 5,3 écrans qui sont dénombrés dans chaque foyer français (télévision, ordinateur, téléphone, tablette...), soit un écran de plus qu'il y a trois ans ! Et la tendance la plus notable est la convergence grandissante vers un usage connecté.

Bref, cet équipement de plus en plus massif en écrans connectés ne peut être qu'un indicateur des possibilités offertes par le marketing digital. D'ailleurs, on peut tenter de positionner les investissements publicitaires réalisés sur Internet par rapport aux autres médias. Internet est alors le quatrième poste d'investissement des annonceurs, qui y consacrent plus de 11 % de leur budget. Cela reste néanmoins trois fois moins important que le budget consacré à la télévision ou la presse.

	DÉPENSES EN MILLIONS D'EUROS			RÉPARTITION DES DÉPENSES			ÉVOLUTIONS	
	2008	2009	2010	2008	2009	2010	2009	2010
Télévision	4 112	3 660	4 070	29,2 %	34,4 %	36,2 %	– 11,0 %	11,2 %
Presse	4 284	3 547	3 512	30,4 %	33,4 %	31,3 %	– 17,2 %	– 1,0 %
Publicité externe	1 455	1 291	1 358	10,3 %	12,1 %	12,1 %	– 11,3 %	5,2 %
Internet	1 197	1 179	1 280	8,5 %	11,1 %	11,4 %	– 1,5 %	8,6 %
Radio	920	838	881	6,5 %	7,9 %	7,8 %	– 8,9 %	5,1 %
Cinéma	116	116	135	0,8 %	1,1 %	1,2 %	0,0 %	16,2 %
TOTAL	14 093	10 631	11 236	100,0 %	100,0 %	100,0 %	– 24,6 %	5,7 %

Source : France Pub et l'Irep (Institut de recherches et d'études publicitaires).

Le paradoxe est que cette répartition des investissements ne correspond plus du tout au temps de consommation des médias par les individus. En effet, une étude très intéressante, menée par Yahoo ! aux États-Unis, révèle qu'il existe aujourd'hui une situation de déséquilibre flagrant entre le temps passé sur les médias connectés à Internet, le seul en croissance, et la proportion des budgets marketing que les annonceurs y consacrent.

Ce graphique, concernant les budgets consacrés aux différents médias aux États-Unis en 2010, montre bien l'opportunité à saisir pour les annonceurs dans le domaine du marketing digital. Il faut donc s'y préparer sans plus attendre. Si vous commencez à lire ce livre, vous êtes déjà sur la bonne voie !

Pourcentage du temps passé sur les médias *versus* budgets publicitaires, États-Unis, 2010

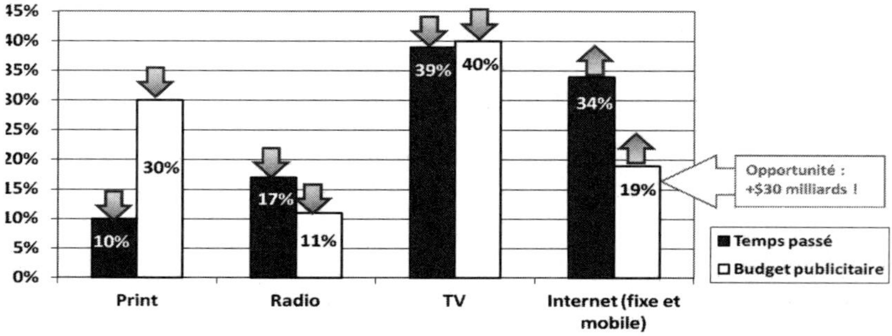

Source : Forrester, *Understanding the Changing needs of the US Online Consumer*, décembre 2010 et e-marketeur, *US Ad Spending 2010*, mars 2011.

LES SPÉCIFICITÉS DU MARKETING DIGITAL

Évoluer dans l'univers du marketing digital, c'est être confronté en permanence aux spécificités de ce canal.

Multiplicité et additivité des actions

La communication sur les canaux traditionnels relève d'une approche presque toujours identique : cibles, diffusions, emplacements et formats. Sur ce type de canaux, le support reste globalement le même, seuls les formats peuvent être amenés à évoluer. Au contraire, sur Internet, les supports sont multiples : un site avec son contenu, son design, son nom de domaine est un support de communication à part entière, tout comme peuvent l'être les moteurs de recherche, des sites tiers diffusant des bannières, ou encore une plate-forme de partage de vidéos. Et c'est sans parler des formats, très nombreux et en constante évolution. Bref, autant le marketeur qui dit : « On va communiquer à la télé » définit immédiatement son support (et presque son format, le fameux clip de trente secondes), autant celui qui annonce : « On va communiquer sur le Web » n'a encore rien dit ! En ce sens, faire du marketing sur Internet, c'est s'ouvrir à des actions multiples et variées qui, cependant, ne se substituent pas les unes aux autres. Bien au contraire ! À la différence d'autres pratiques marketing, sur Internet les actions s'ajoutent les unes aux autres. Par exemple, le référencement naturel constitue une des pratiques du marketing digital les plus anciennes (apparue avec la naissance des premiers moteurs de recherche) et, aujourd'hui encore, c'est une action essentielle pour un e-marketeur qui n'a pas été remplacée par des actions sur les réseaux sociaux (au contraire, les actions sur les réseaux sociaux peuvent aider le référencement naturel !).

Autrement dit, faire du marketing sur Internet, c'est utiliser des supports et des pratiques variés qui s'ajoutent les uns aux autres et, idéalement, se complètent.

Une évolution rapide

Dans l'univers numérique, l'évolution des usages conduit à l'apparition de nouvelles pratiques marketing. Il existe une forte imbrication entre technologie, usage et marketing. Cette imbrication est relativement complexe, mais témoigne de la prégnance de la technologie dans l'activité marketing digital. En effet, c'est avant tout la rapidité croissante des évolutions technologiques de l'écosystème « Internet » qui influe sur les usages numériques, et ainsi permet la mise en œuvre de nouvelles pratiques marketing.

Historiquement parlant, les exemples sont nombreux. L'apparition des moteurs de recherche (nouvelle brique technologique) a permis le développement des pratiques marketing sur ce type d'outil (SEM pour *Search Engine Marketing*). Le développement de la publicité par bannière correspond à l'avènement du modèle de portail Web (nouvel usage) qui est lui-même rendu possible par le développement technologique (gestion de contenu, etc.). Plus récemment, le développement des pratiques de buzz marketing a été rendu possible grâce aux nouveaux usages nés avec les plates-formes de partage de vidéos et aux évolutions techniques et d'infrastructure permettant d'héberger et de diffuser des contenus multimédias à grande échelle. D'ailleurs, toutes les pratiques marketing dites « du Web 2.0 » reposent en fin de compte sur les évolutions technologiques de ce nouveau Web (cf. *infra*).

Le e-marketeur doit donc rester vigilant quant à l'apparition d'une nouvelle technologie, d'un nouvel outil ou d'un nouvel usage car ce sont autant de pistes inédites pour des actions de marketing digital.

Un canal « hypermesurable »

Bien plus que tout autre canal de diffusion d'information, le canal numérique offre des possibilités de mesure multiples. Pour le e-marketeur, c'est une opportunité car chacune des actions qu'il mène pourra être mesurée. Prenons un exemple simple. En diffusant une publicité dans un magazine papier, il est uniquement possible de savoir combien de personnes ont acheté le magazine, et ont donc potentiellement été exposées à cette publicité. Pour avoir d'autres données, il faudra passer par des études spécifiques qui s'ajoutent au coût du média. Sur Internet, le modèle est bien plus efficace. En achetant une publicité sous forme de bannière sur un magazine en ligne, il est possible de savoir immédiatement combien de fois la bannière a été affichée, combien de personnes : ont cliqué sur la bannière ; ont immédiatement fait un achat sur le site ; ont acheté dans les trente jours suivant la visualisation de la publicité, etc. Et tout cela pour un coût réduit (outils gratuits ou mesures intégrées à l'achat média) !

Le e-marketeur a donc souvent accès à bien plus de données que son collègue du marketing traditionnel. Il doit être à même de les traiter et les analyser.

Chapitre 2 ■ Définir la stratégie marketing digitale

Les trois parties qui suivent vont permettre de comprendre les concepts fondamentaux d'une stratégie marketing digitale, de la mise en œuvre d'une stratégie marketing sur Internet à son adaptation à l'heure du Web 2.0, jusqu'à la prise en compte d'une vision à 360° de la plate-forme digitale de l'organisation.

■ LE MODÈLE DE CRÉATION DE VALEUR SUR INTERNET

Qu'est-ce que la création de valeur ?

La notion de « création de valeur » est un concept souvent ambigu, qui prend des significations diverses et variées selon le type d'analyse retenue (financière, stratégique, économique, marketing...) et les modèles théoriques qui la sous-tendent. Notre objectif ici est de proposer une approche simple de la création de valeur des activités de marketing digital.

On peut ainsi définir la création de valeur comme la contribution apportée par les activités de marketing digital aux affaires réalisées sur les canaux numériques. La création de valeur, ou destruction de valeur, est alors la différence entre la valeur des affaires réalisées (ce que l'on obtient « en sortie ») et la valeur des coûts engendrés pour les réaliser (ce que l'on a dépensé « en entrée »).

Le modèle proposé est donc de type « entrée/sortie » (*input/output* en anglais). Replaçons-nous dans la perspective d'un site Web. En entrée, se trouve le trafic qui arrive sur le site Web (*input*). En sortie, se trouve la valeur créée par ce trafic (*output*). La création de trafic constitue un coût. Les affaires réalisées à travers le site grâce à ce trafic constituent la valeur créée : c'est un gain. L'efficience du site Web comme créateur de valeur ajoutée se mesure alors par sa capacité à créer plus de valeur que ne coûte le trafic entrant sur le site.

Le site Web a donc un rôle central dans le processus de création de valeur : c'est véritablement le « lieu » de création de la valeur. Autrement dit, c'est sur le site que se joue la transformation de l'*input* « trafic » en *output* « valeur ». Cette transformation est possible grâce à la plate-forme technique que constitue le site Web et aux équipes qui travaillent sur ce site.

Pour illustrer ce modèle, prenons l'analogie simple dans le monde « physique » d'une scierie qui achète du bois brut et produit des planches :

- le bois constitue la matière première de l'entreprise, c'est son *input*. Dans notre modèle, l'*input* est constitué par le trafic ;
- le bois est transformé en planches dans l'usine grâce à une chaîne de production et des ouvriers. Dans notre modèle, le trafic est transformé en valeur à travers le site Web grâce à une plate-forme technique et à des équipes Web ;
- les planches produites constituent le produit fini vendu par l'entreprise, c'est son *output*. Dans notre modèle, l'*output*, ce sont les affaires réalisées sur le site Web ;
- la création de valeur de la scierie correspond à la différence entre le prix de vente de ces planches et les coûts liés à l'achat de la matière première. Dans notre modèle, la valeur créée correspond à la différence entre la valeur des affaires réalisées et le coût du trafic.

Le schéma de la création de valeur sur Internet est donc le suivant.

Le schéma de la création de valeur sur Internet

Nous pouvons ainsi dégager une définition simple du marketing digital : il est l'utilisation, par les organisations, de différents leviers d'action en ligne pour créer de la valeur à travers un site Web.

Le modèle présenté ici est générique. Les affaires réalisées sur le site sont supposées créer une valeur pouvant être mesurée financièrement. C'est souvent le cas pour la plupart des sites proposant des services « marchands », puisque la valeur alors mesurée est tout simplement le chiffre d'affaires. Cependant, cela peut être différent pour des sites Internet qui ne génèrent pas directement de chiffre d'affaires, ou simplement pour des sites situés en dehors de la sphère marchande (par exemple, les sites d'information du service public). En l'absence de chiffre d'affaires, la mesure de la valeur créée est plus difficile. Il faut donc envisager différents modèles de sites Web, et ainsi différents modèles de création de valeur. Nous vous proposons par la suite cinq modèles de création de valeur en fonction d'une typologie de sites Web.

Les sites d'information

Il s'agit de l'ensemble des sites hors médias diffusant de l'information :

- informations commerciales : sites d'entreprises, sites de marques, mini-sites événementiels... ;
- informations non commerciales : sites des organismes publics, sites gouvernementaux, sites d'ONG...

La valeur recherchée par ces sites est **l'attention**, ou plus exactement l'attention que l'internaute accorde au message qui lui est proposé. C'est un préalable à la mémorisation de l'information. Cette attention est fortement dépendante de l'internaute (disponibilité cognitive, niveau d'implication...), mais également du support de diffusion de l'information, c'est-à-dire le site Web. Autrement dit, la capacité du site Web à créer de la valeur dépend, dans ce modèle, de sa capacité à « accrocher » l'internaute.

Exemples : *www.garnier.fr* (site de marque), *www.iliad.fr* (site institutionnel), *www.service-public.fr* (site de l'Administration publique).

Les sites média

Il s'agit de l'ensemble des sites de presse en ligne ou de sites à vocation éditoriale (Webzine, blogs, etc.).

La valeur recherchée par ces sites est directement inspirée du modèle des médias traditionnels puisqu'il s'agit de **l'audience**. Le modèle est assez simple : plus l'audience d'un site est importante et/ou qualifiée, plus il est possible de la *monétiser* à travers de la publicité. La capacité du site à retenir l'internaute pendant sa visite et à lui faire consommer un grand nombre de pages avec publicités (PAP) est au cœur de ce modèle.

Exemples : *www.lemonde.fr* (journal en ligne), *www.rue89.com* (média 100 % Web), *www.clubic.com* (magazine informatique).

Les sites d'e-commerce

Il s'agit tout simplement de l'ensemble des sites vendant en ligne des biens ou des services. Il peut être question de sites « *pure player* » (dont l'activité de vente est uniquement en ligne) ou « click & mortar » (enseigne physique ayant également une boutique en ligne).

La valeur recherchée par ces sites est **la vente**. La capacité du site à transformer un visiteur en acheteur est un bon indicateur d'efficience du site.

Exemples : *www.fnac.com* (click & mortar, vente de produits et de services), *www.spartoo.com* (*pure player*, vente de produits), *www.opodo.fr* (*pure player*, vente de services).

Les sites transactionnels

Il s'agit de tous les sites dont l'objectif est de réaliser une transaction non immédiatement monétaire, c'est-à-dire de récolter **des *leads***. Un *lead* est une opportunité commerciale pour l'organisation (une *« piste de vente »*, diraient nos amis québécois). De manière plus pragmatique, il s'agit des coordonnées d'internautes pouvant être intéressés par les produits ou les services de l'organisation (prospects). Ce type d'approche est particulièrement bien utilisé dans le domaine de la banque ou de l'assurance, où il est souvent proposé des formulaires de simulation (crédit immobilier, assurance auto...) qui invitent à laisser ses coordonnées, ensuite utilisées par les équipes commerciales pour recontacter le prospect.

Exemples : *www.cetelem.fr* (crédit en ligne), *www.assurland.com* (assurance), *www.renaultshop.fr* (*leads* pour les concessions du groupe).

Les services en ligne

Il s'agit de tous les sites proposant de manière vaste un service en ligne.

La valeur recherchée par ce type de site est **l'utilisation** du service, soit dans un modèle publicitaire proche du modèle média, soit dans un modèle spécifique, souvent celui du *freemium*. Ce terme, contraction de *free* et *premium*, est le modèle économique d'un service qui offre une version gratuite (*free*) pour tous les utilisateurs et une version payante avec des fonctionnalités avancées (*premium*).

Exemples : partager un document en ligne (YouSendIt), écouter de la musique (Deezer), se connecter à son réseau professionnel (Viadeo)...

En résumé

TYPE DE SITE	VALEUR RECHERCHÉE
Site d'information	Attention
Site média	Audience
Site d'e-commerce	Ventes
Site transactionnel	*Leads*
Service en ligne	Utilisation

LA DÉMARCHE STRATÉGIQUE

La démarche stratégique du marketing digital découle naturellement du modèle de création de valeur. Le marketeur se doit d'intervenir à tous les niveaux de la chaîne de valeur en déployant trois modes d'action génériques :

- **attirer** : acquérir ou générer du trafic ;
- **convertir** : transformer le trafic en valeur ;
- **fidéliser** : répéter la valeur dans le temps.

Une stratégie marketing digitale doit être pensée de façon globale et s'appuyer sur ces trois éléments afin de créer de la valeur.

Attirer

Ce mode d'action est spécifique au marketing digital qui est, par nature, un marketing d'attraction (*pull marketing*). L'attraction consiste à faire venir du trafic sur le site. Il s'agit bien souvent de la préoccupation principale des marketeurs Internet, parfois même au détriment des autres modes d'action (conversion, fidélisation).

Il existe deux grandes stratégies d'attraction.

Les stratégies d'acquisition

L'acquisition englobe l'ensemble des leviers online dont le coût est directement corrélé au trafic ou à la valeur obtenue. Par exemple, l'achat de liens sponsorisés, la mise en place d'un programme d'affiliation, une campagne de conquête par e-mail…

Ce type de stratégies permet bien souvent un apport immédiat et mesurable de trafic. Il est ainsi possible de mesurer précisément l'impact de chaque stratégie d'acquisition dans la contribution à la création de valeur. En comparant l'investissement à la valeur créée, il est possible de calculer le retour sur investissement (ROI en anglais) de chaque stratégie d'acquisition. Le ROI est un outil de pilotage fréquemment utilisé par les marketeurs Internet (on parle alors d'approche « ROIste »).

Trois indicateurs peuvent être employés par le marketeur Internet pour faire l'arbitrage entre différents leviers d'acquisition :

- volume : quel volume de trafic ce levier peut-il m'apporter ?
- coût : combien me coûte le trafic apporté par ce levier ?
- qualité : quelle est la qualité du trafic obtenu à travers ce levier ? Ce critère n'est pas mesurable *a priori*, il s'évalue une fois le trafic arrivé sur le site, dans la mesure où la qualité se mesure à travers l'appétence du trafic pour l'offre proposée sur le site (capacité à « transformer »). Autrement dit, la qualité d'un levier reflète le niveau de transformation possible relativement aux autres leviers.

Prenons l'exemple simple d'une campagne de collecte d'adresses e-mail pour un e-commerçant :

- première solution : un jeu-concours qui va permettre de recruter en masse des adresses à faible coût, mais peu qualifiées (30 centimes par e-mail) ;
- seconde solution : une enquête en ligne qui va permettre de récolter des profils très qualifiés et intentionnistes sur le produit (2 € par adresse).

	VOLUME	COÛT	CONVERSION	VALEUR	ROI
Jeu-concours	100 000 adresses	100 k × 0,30 = 30 000 €	1,5 % achète 70 € d'achat en moyenne	100 k × 1,5 % × 70 € = 105 000 €	(105 – 30)/30 = 250 %
Enquête qualifiée	5 000 adresses	5 000 × 2 = 10 000 €	10 % achètent 70 € d'achat en moyenne	5 000 × 10 % × 70 € = 35 000 €	(35 – 10)/10 = 250 %

Ces deux tactiques permettent d'avoir un retour sur investissement identique, mais elles n'ont pas joué sur les mêmes leviers :

- jeu-concours : fort volume, faible coût unitaire et faible qualité de la collecte (taux de transformation de 1,5 %) ;
- enquête qualifiée : faible volume, fort coût unitaire et forte qualité de la collecte (taux de transformation à 10 %).

Dans ce cas précis, les deux tactiques sont gagnantes. Au marketeur de choisir ce qu'il souhaite faire pour atteindre le même niveau de valeur : une collecte massive par trimestre ou une collecte qualifiée par mois ?

Les stratégies de génération

Les stratégies de génération englobent les leviers online pour lesquels le coût ne peut être directement corrélé au trafic ou à la valeur obtenue. Par exemple, la mise en place d'optimisations SEO, le développement d'une page fan sur Facebook, des relations presse en ligne... La plupart de ces actions ne permettent pas un apport immédiat de trafic, ce sont plutôt des actions qui s'étalent dans le temps et dont la rentabilité ne peut être calculée immédiatement (par exemple, il faudra peut-être 3 à 6 mois avant que certaines optimisations SEO permettent d'améliorer la position d'un site parmi les résultats d'un moteur de recherche).

Les stratégies visant à améliorer la notoriété d'une organisation ou d'une marque, souvent appelées « **stratégies de *branding*** », sont, par nature, des stratégies de génération. La mise en place d'une campagne média sur Internet ne générera pas forcément un trafic direct sur le site. En revanche, elle pourra impacter d'autres leviers, car la publicité aura attiré l'attention de l'internaute, et pourquoi pas susciter son intérêt. Des tests ont d'ailleurs déjà montré que la diffusion d'une campagne publicitaire sur Internet pouvait avoir un impact significatif sur une campagne de liens sponsorisés (augmentation du volume de recherches et du taux de clics).

Ce dernier exemple souligne à quel point les leviers online peuvent se compléter les uns les autres. C'est toute l'expertise du marketeur Internet que de trouver le bon « mix » de leviers.

Convertir

La conversion est une étape essentielle dans la chaîne de création de valeur. C'est aussi souvent celle qui est le moins bien maîtrisée par le marketeur. En effet, la conversion étant intrinsèquement liée au site Web, les actions à entreprendre peuvent avoir une dimension technique.

Afin de travailler au mieux la conversion, le marketeur doit avoir au moins un indicateur précis à mesurer pour connaître la « quantité » de valeur créée en fonction d'un indicateur de trafic. Par exemple pour un site média, il peut être intéressant de mesurer le nombre de visites avec plus d'une page consultée (l'indicateur réciproque étant le taux de visites à une page également appelé « taux de rebond »). Améliorer la conversion consistera alors à diminuer le taux de rebond, c'est-à-dire à inciter les internautes à rester sur le site et à « consommer » d'autres pages affichant de la publicité.

Voici quelques indicateurs qui peuvent être utilisés selon le type de site.

TYPE DE SITE	VALEUR	INDICATEUR
Site d'information	Attention	Nombre de visites durant plus de deux minutes sur le site
Site média	Audience	Nombre de visites avec plus de une page consultée
Site d'e-commerce	Ventes	Nombre de ventes
Site transactionnel	*Leads*	Nombre de *leads*
Service en ligne	Utilisation	Nombre d'inscriptions

L'optimisation de la conversion passe par la mise en place d'un tunnel de conversion efficace. Ce que l'on appelle « tunnel de conversion » est en fait le processus que doit suivre l'internaute pour aboutir à l'action finale qui crée la valeur recherchée par le site (validation de la vente, validation du *lead*, inscription au service, consultation de plus de 10 pages, etc.). Il s'agit donc d'un ensemble d'étapes que doit franchir l'internaute à travers différentes actions (chargement de pages, clics, formulaires à remplir, etc.). Un tunnel de conversion est défini par sa longueur (nombre d'étapes à franchir) et sa complexité (nombre d'actions à réaliser, temps nécessaire pour cela, complexité intrinsèque de ces actions). Ainsi, une inscription à une *newsletter* est souvent liée à un tunnel de conversion simple (une à deux étapes avec un formulaire rapide à saisir), alors qu'un achat sur Internet fait appel à un tunnel complexe et long (souvent plus de quatre étapes avec de nombreuses informations à saisir : panier, adresse, livraison, paiement, etc.).

Tout le long d'un tunnel de conversion, des internautes peuvent abandonner le processus. On a alors affaire à une fuite du tunnel, et donc, au final, à une perte sèche de valeur (le trafic payé en amont n'est pas transformé en valeur en aval !). L'optimisation des tunnels de conversion est donc essentielle.

La mise en place d'un discours marketing homogène tout le long du tunnel est un élément primordial d'optimisation. Il s'agit, à travers le discours présenté, de susciter l'intérêt de l'internaute et de l'amener à effectuer l'action souhaitée. Il doit y avoir une cohérence entre le discours affiché lors de l'attraction et celui présent lors de la conversion. Par exemple, si sur un lien sponsorisé (attraction) il est indiqué « offre d'essai trois mois offerts », ce discours marketing doit se retrouver sur la page de destination (*landing page*) du lien sponsorisé. Le travail des *landing pages* est d'ailleurs au cœur des logiques de conversion. La première page que découvre un internaute suite à une campagne marketing doit favoriser l'atteinte de l'objectif. Si l'objectif est d'obtenir des *leads*, il faut que la page donne envie à l'internaute de remplir un formulaire. Si l'objectif est d'éviter le rebond de l'internaute, il faut que la page donne envie à ce dernier d'aller plus loin dans le site (un site média peut proposer des articles connexes en fin d'article, des liens au cœur de l'article vers d'autres contenus, etc.). Bref, il faut construire les *landing pages* pour qu'elles soient pertinentes et attrayantes.

Au-delà du discours, l'optimisation des tunnels de conversion passe par un travail plus technique, notamment en termes d'ergonomie et de design. Réagencer, augmenter la taille d'un bouton, ajouter un visuel sont autant d'éléments qui peuvent avoir un impact sur la conversion. Il est important de pouvoir faire des tests afin de déterminer quelle combinaison ergonomique et de design est la plus efficace pour convertir l'internaute (voir à ce sujet le chapitre 18 de la partie 5).

Le taux de conversion reste l'indicateur principal pour mesurer l'efficience du tunnel, et donc du processus de conversion. Il s'agit simplement de mesurer combien d'objectifs ont été atteints par rapport au trafic du site. Par exemple, sur un site d'e-commerce, si pour 1 000 visites 20 ventes ont lieu, le taux de conversion est de 20/1 000 = 2 %. C'est d'ailleurs le taux généralement admis pour une activité de e-commerce (un taux très faible par rapport au monde physique, où pour 1 000 visites dans une boutique 550 ventes seront effectuées en moyenne, soit un « taux de conversion » de 55 %).

Fidéliser

Attirer du trafic et le transformer en valeur est une chose, être capable de répéter cette valeur dans le temps en est une autre ; c'est tout l'art de la fidélisation. Pour un service en ligne, avoir un utilisateur fidèle (c'est-à-dire qui paye, par exemple, chaque mois un abonnement) est un objectif important. C'est un chiffre d'affaires récurrent garanti. La satisfaction de l'utilisateur est un moteur décisif de la fidélisation et permet de réduire le taux d'attrition (le fameux *churn* anglais), c'est-à-dire le pourcentage d'utilisateurs perdus sur une période donnée. Cette logique s'applique à tout type de site. Seul diffère le type de valeur après fidélisation.

TYPE DE SITE	TYPE DE VALEUR RECHERCHÉE	VALEUR APRÈS FIDÉLISATION
Site d'information	Attention	Mémorisation
Site média	Audience	Audience récurrente
Site d'e-commerce	Ventes	Client fidèle
Site transactionnel	*Leads*	Client
Service en ligne	Utilisation	Utilisateur fidèle

La fidélisation a souvent été le parent pauvre du marketing digital, la course au trafic ayant fait oublier au marketeur l'importance de ce levier. Depuis quelque temps, cependant, la fidélisation semble enfin apparaître comme une action essentielle. Pourtant, Fred Reichheld affirmait déjà, en 1996 dans son best-seller *L'Effet loyauté*, que *« garder un client revient cinq à dix fois moins cher que d'en conquérir un nouveau »* ! Cette affirmation, devenue aujourd'hui un véritable adage marketing, est encore vraie pour le marketing online. Le marketeur devra donc essayer de maximiser la valeur procurée lors de l'acquisition tout au long de la période d'activité de l'internaute. Cette notion d'« activité » est essentielle, car la valeur issue de la fidélisation ne sera pas identique tout au long du cycle de vie de l'internaute.

Le cycle de vie de l'internaute

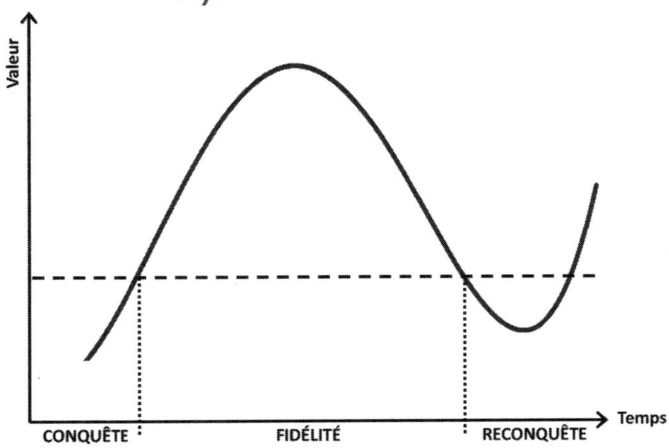

■ LE PLAN MARKETING DIGITAL

Le plan marketing digital permet de planifier dans le temps la stratégie online de l'organisation. Il doit définir les objectifs marketing online et expliquer comment ils seront atteints (cibles visées, *mix marketing*, moyens mis en œuvre, calendrier d'action...).

Même s'il peut découler du plan marketing traditionnel, il est le plus souvent indépendant, dans la mesure où la démarche stratégique abordée précédemment est spécifique au média Internet. Le plan marketing digital a donc des règles, une construction et une exécution qui lui sont propres avec, bien souvent, une équipe dédiée.

Les priorités stratégiques

Nous avons précédemment défini le cadre de la démarche stratégique pour le marketing online en insistant principalement sur la notion de création de valeur. Établir des objectifs pour le plan marketing digital vise justement à identifier, dans la chaîne de valeur, quels sont les enjeux principaux pour l'organisation, lesquels vont permettre de préciser quelles sont les priorités stratégiques, autrement dit quelles sont les actions qui devront être prioritairement déployées par l'organisation pour créer de la valeur.

Ces actions vont nécessairement être en relation étroite avec l'un des trois leviers d'action génériques du marketing online : attirer (acquérir/générer), convertir, fidéliser.

Voici, à titre d'exemple, quelques priorités stratégiques envisageables.

PRIORITÉ STRATÉGIQUE	LEVIER ASSOCIÉ	TACTIQUES
Attirer les visiteurs à la recherche de « bons plans »	Attirer (acquérir)	Faire venir de nouveaux visiteurs sur le site en proposant des offres promotionnelles. Donner un aspect exclusif aux offres proposées.
Faire connaître la marque auprès du cœur de cible	Attirer (générer)	Être présent en continu auprès du cœur de cible. Associer la marque à des temps forts, valorisants pour la cible.
Accroître le taux de transformation	Convertir	Raccourcir le tunnel de conversion. Mettre en œuvre des relances sur abandon de panier.
Augmenter la fidélité des clients	Fidéliser	Utiliser les clients comme ambassadeurs de l'enseigne.
Augmenter les ventes en ligne sur le segment « petit électroménager »	Attirer Convertir Fidéliser	Lancer des campagnes SEM sur la thématique « petit électroménager ». Améliorer le contenu des fiches produits « petit électroménager » pour maximiser la transformation. Identifier dans la base clients ceux ayant une appétence pour ce type de produit et leur proposer une offre dédiée.

La formulation d'une priorité stratégique doit être simple et orienter l'action. Elle peut s'accompagner d'une explication complémentaire en un à trois points donnant plus de précision sur le déploiement tactique de la priorité. Un plan marketing ne devrait pas comporter plus de cinq priorités stratégiques, au risque de perdre en lisibilité pour ceux en charge de l'exécuter ou de le contrôler.

Le *mix marketing*

En marketing traditionnel, le marketing mix traduit la mise en œuvre du positionnement. En Web marketing, il s'agit de la mise en œuvre des tactiques à travers un choix cohérent de leviers, un des adages du marketing online étant de ne pas mettre tous ses œufs dans le même panier ! Il existe, en effet, une multitude de façons d'atteindre (ou de ne pas atteindre) ses objectifs. Il est donc nécessaire, pour un Webmarketeur, d'opérer un arbitrage pertinent entre les leviers. Plusieurs approches sont possibles pour effectuer cet arbitrage.

Arbitrage par objectif

Comme nous le développerons dans la partie 3, chaque levier du marketing online possède ses spécificités et n'est pas nécessairement adapté à toutes les tactiques.

Les liens sponsorisés, par exemple, permettent d'attirer des internautes qui sont dans une posture active de recherche, mais ce n'est pas forcément le levier idéal pour déclencher un achat d'impulsion. L'e-mailing, levier direct et offrant de belles possibilités de personnalisation, pourra, au contraire, susciter ce type d'impulsion. Il sera également utilisé pour entretenir un contact avec des clients dans une logique de fidélisation.

Il est important, au sein du mix, de trouver des leviers générant des résultats immédiats et d'autres permettant des actions plus en profondeur, dont le résultat se mesure dans la durée.

Bref, l'expertise du Webmarketeur est primordiale pour identifier les leviers répondant le mieux aux objectifs stratégiques.

Arbitrage par budget

Entre un nouveau service en ligne développé par une start-up, une enseigne traditionnelle enrichissant son site d'e-commerce et une grande marque alimentaire transférant une part de plus en plus importante de ses investissements publicitaires en ligne, les budgets sont forcément différents.

Plus les budgets sont réduits, plus le choix de leviers à la performance s'imposera pour ne pas diluer l'efficacité marketing (liens sponsorisés, affiliation...). En revanche, se concentrer uniquement sur des leviers à la performance pourrait être une erreur si les budgets permettent de diversifier le mix. Par exemple, dans le cas de la grande marque alimentaire, avoir seulement recours aux liens sponsorisés, c'est, de fait, se limiter aux personnes recherchant déjà la marque ou le produit. En utilisant à bon escient la publicité en ligne, la marque pourra toucher des clients en dehors de son cœur de marché. Une telle démarche lui permettra de développer sa notoriété ce qui, sur le long terme, lui sera bénéfique (et pourra même influencer positivement la campagne de liens sponsorisés !). Concernant la start-up, si l'accès à la publicité en ligne lui semble plus compliqué en termes de budget, elle peut quand même développer sa notoriété grâce à d'autres leviers comme les relations influenceurs (blogueurs, journalistes en ligne...) ou essayer de créer à peu de frais une campagne de buzz (dont le succès n'est cependant jamais garanti !).

Arbitrage par cible

Connaître les habitudes comportementales de sa cible permettra souvent d'identifier des leviers plus pertinents que d'autres.

Les internautes ciblés sont-ils présents massivement sur les réseaux sociaux ? Sont-ils plus à même d'ouvrir et de lire leurs e-mails ? Quels sont les médias en ligne qu'ils consultent le plus ?

Autant de questions qui doivent faciliter l'identification des leviers pertinents.

Arbitrage par concurrence

Enfin, il peut être intéressant de regarder ce que fait la concurrence pour identifier de nouveaux leviers qui auraient pu être négligés.

Test et expérience

La dernière recommandation pour élaborer un mix cohérent est de ne pas avoir peur de tester de nouveaux leviers afin, d'une part, de se faire sa propre expérience et, d'autre part, de vérifier la pertinence du levier pour les objectifs poursuivis par son organisation.

Les plans d'action

Une fois le mix de leviers défini pour chaque priorité stratégique, il faut en quelque sorte mettre l'ensemble en musique ! Autrement dit, concrétiser le mix sous forme de plans d'action.

Un plan d'action nécessite de fixer une temporalité. Souvent il est prévu pour une année (correspondant à une période budgétaire) avec un découpage par mois. Il doit préciser :

- les leviers qui seront activés ;
- les budgets associés à l'activation de ces leviers ;
- les objectifs à atteindre (clics, impressions, ventes, transformation...).

Comme son nom l'indique, un plan d'action doit également comporter une liste d'actions à valider pour permettre sa mise en œuvre. Ces actions sont de trois types :

- préparation : que doit-on faire en amont ?
- mise en œuvre : que doit-on faire pour activer les leviers ?
- analyse : comment mesure-t-on les retours de chaque levier ?

Cette dernière phase est essentielle pour mesurer la performance des leviers et éventuellement calculer le retour sur investissement du plan d'action.

Chapitre 3 ■ Repenser la stratégie à l'heure du Web 2.0

■ DU WEB 1.0 AU WEB 2.0

Pour mieux comprendre le concept de « Web 2.0 », il est intéressant d'avoir une approche quasi historique et de partir du « Web 1.0 ».

Le Web 1.0, modèle de la nouvelle économie

La nouvelle économie

C'est au milieu des années quatre-vingt-dix que de nombreux acteurs du monde économique prennent conscience du potentiel offert par Internet. On parle très rapidement d'une nouvelle révolution industrielle, basée sur l'essor formidable des nouvelles technologies de l'information et de la communication (NTIC), dont Internet est l'emblème. La « nouvelle économie » est en marche et les indicateurs économiques favorables accréditent ce renouveau (c'est particulièrement le cas aux États-Unis où le chômage et l'inflation diminuent fortement, et où les NTIC contribuent à plus de 15 % à la croissance économique).

C'est ainsi que se met en place ce que l'on appelle rétrospectivement le « Web 1.0 » et que nous pourrions qualifier de « Web réplicatif », dans la mesure où l'on voit se reproduire sur le Web des modèles qui existaient « offline ». C'est, par exemple, le cas du modèle de portail Web dominant durant la période, qui n'est qu'une transposition en ligne d'un modèle utilisé par la presse traditionnelle : un portail, comme un magazine papier, propose de l'information et cherche à obtenir une audience élevée (un lectorat important) et à la rentabiliser par la vente de publicité. D'ailleurs, la publicité sur le Web à cette période-là se fait majoritairement sous forme de bandeaux de formats variés, exprimés en pixels (par exemple : 468 × 60,

250 × 250, etc.), c'est-à-dire l'unité de mesure des dimensions d'une page Web, à l'image des encarts dans une publication papier mesurés en fonction de leur taille par rapport à la page (quart-page, demi-page, etc.). Mais la presse n'est pas la seule à voir son modèle transposé en ligne ; de nombreuses activités se dématérialisent en ligne avec plus ou moins de succès : la librairie avec Amazon, le vide-greniers avec eBay, la vente de prêt-à-porter (boo.com) ou de jouets (eToys.com)...

Le système du Web 1.0 réplique bien le modèle des médias et des services traditionnels sur le Web. L'internaute est « passif », il reçoit l'information (récepteur) ou consomme le service (consommateur), mais il n'est pas (ou peu) en position de créateur de l'information ou d'acteur du service.

Le scénario de la bulle

Tout va alors aller très vite. En août 1995, l'introduction en Bourse de Netscape s'accompagne d'une véritable frénésie de la part des investisseurs. En effet, l'action, qui devait être initialement proposée entre 12 $ et 14 $, sera finalement proposée à 28 $, du fait d'une demande très forte. Plus fort encore, lors de sa première journée de cotation, l'action gagnera 108 % à 58,25 $! La société est ainsi valorisée à plus de 2 milliards de dollars, alors même qu'elle est déficitaire (– 4,3 millions de dollars) et que son chiffre d'affaires est inférieur à 20 millions de dollars...

Ce n'est que le début, car pendant un peu plus de quatre ans, les gains promis par les start-ups Internet attirent un nombre croissant d'investisseurs et les introductions en Bourse se succèdent, alors que les valorisations boursières de ces entreprises sont très éloignées de leur réalité économique (faible chiffre d'affaires et, bien souvent, pertes très importantes). Aux États-Unis, le NASDAQ, l'indice des valeurs technologiques, explose (il passe de 2 192 points fin 1998 à 5 048 points le 10 mars 2000 !).

Il règne, à ce moment-là, dans l'écosystème Internet une atmosphère joyeuse. C'est à cette époque que se crée le mythe de la start-up à l'ambiance décontractée, avec une approche totalement décomplexée du business où l'argent arrive facilement (concept des fameux First Tuesday), et les promesses de gains en font rêver plus d'un (notamment sous forme de stock-options). C'est aussi, pour beaucoup de jeunes entrepreneurs, une façon d'inverser l'histoire, car pour la première fois, c'est la jeune génération (en France, on peut penser à Pierre Chappaz de Kelkoo, Orianne Garcia de Caramail, Jérémie Berrebi de Net2One, Loïc Le Meur de Six Apart, etc.) qui a les clés, qui réussit et qui donne à voir à l'ancienne génération de la « vieille économie ». Une génération qui pense pouvoir réinventer les règles de l'entreprise. Pourtant, en mars 2000, la bulle éclate et conduit à un violent réajustement...

L'explication de la bulle

Il est difficile d'expliquer précisément pourquoi la bulle a éclaté au mois de mars 2000. Néanmoins, plusieurs éléments doivent être pris en compte :

- la hausse des taux d'intérêt : ce changement macroéconomique (la FED a augmenté six fois son taux directeur entre 1999 et début 2000) a déstabilisé l'écosystème et la bulle spéculative conduisant au crack de mars 2000, du fait du fort endettement de nombreux acteurs de la nouvelle économie (start-ups Internet, mais aussi opérateurs télécoms, notamment en Europe) ;
- la remise en cause du modèle de monopole : l'ambition de nombreuses start-ups est de reproduire le modèle de Microsoft, à savoir occuper une position dominante sur leur secteur d'activité (c'est le cas, début 2000, d'eBay ou de Yahoo !). Une telle position permet d'avoir des marges bénéficiaires importantes, et donc de s'attirer les faveurs des investisseurs. Or, le 3 avril 2000, après plus de vingt mois d'instruction, la justice américaine déclare Microsoft coupable de violation des lois antitrust et demande la séparation en deux entités de l'entreprise. Le mythe Microsoft s'effondre, ce qui effraie les investisseurs ;
- le retour à la réalité : ce dernier élément est certainement la cause profonde de l'éclatement de la bulle. La constitution de la bulle est liée à une « économie casino » : on investit sur une société en espérant doubler la mise grâce à la spirale haussière et cela, sans prendre en compte la réalité économique de la société. C'est ce qu'Alan Greenspan, président de la FED, a appelé l'*« exubérance irrationnelle »* des marchés. Or, début 2000, la réalité vient frapper de plein fouet certaines start-ups Internet. L'exemple des vendeurs de jouets en ligne est parlant à ce sujet. Alors qu'on annonçait des ventes faramineuses pour Noël 1999, celles-ci ont été très modestes et entachées de problèmes de livraison...

2000-2003 : des lendemains qui déchantent

Le mythe s'effondre...

La conséquence immédiate de l'éclatement de la bulle a été la faillite de nombreuses start-ups Internet (environ une sur deux). Quant aux groupes qui les avaient rachetées à prix d'or, ils durent faire face à un endettement accru, ainsi qu'à de fortes dépréciations d'actifs.

C'est donc une période de vaches maigres qui s'ouvre pour la sphère Internet, avec une défiance (voire un mépris) des acteurs de l'économie « traditionnelle » sur le thème du : « Je vous l'avais bien dit que ça ne marcherait pas ! » Les Webentrepreneurs se font plus rares ou plus discrets, même dans la Silicon Valley. L'indicateur le plus intéressant de ce retournement de situation est le volume d'investissement dans les start-ups Web qui s'effondre après l'éclatement de la bulle, passant de 14 milliards de dollars au plus haut de la bulle (premier trimestre 2000) à à peine 500 millions au troisième trimestre 2003.

... mais les usages se créent

Pourtant, malgré la morosité qui règne chez les acteurs de l'industrie, le grand public se prend de plus en plus au jeu de l'Internet. L'exemple français est d'ailleurs édifiant. Ainsi, au moment de l'explosion de la bulle, à peine 10 % de la population française est connectée à Internet. On comprend alors bien mieux pourquoi les start-ups Internet ont eu du mal à rencontrer leur audience ou leurs acheteurs : le marché n'avait tout simplement pas atteint une taille critique permettant la rentabilité. Or, c'est après l'explosion de la bulle que les technologies d'accès à Internet vont s'améliorer, avec le développement du haut-débit et des offres commerciales correspondantes. Dès fin 2002, l'Internet décolle en termes d'usage dans l'Hexagone avec un nombre de foyers raccordés multiplié par six entre 2001 et 2003 ! Le constat est le même partout en Europe et aux États-Unis : l'heure de l'Internet grand public a enfin sonné !

2004-2009 : le Web 2.0, la renaissance d'Internet

Le renouveau du Web

En 2004, le Web semble se réveiller. Le réveil vient tout d'abord de l'augmentation du nombre d'utilisateurs. Il existe effectivement un changement d'échelle par rapport à la période 1995-2000. La croissance rapide du nombre d'utilisateurs fait passer Internet d'un réseau d'initiés à un réseau grand public. L'adoption est massive, les internautes sont là.

Chez les acteurs du Web, le réveil se fait également dès 2004, avec l'avènement du « roi » Google, sacré maître de la recherche sur le Web (à cette date, 84,9 % des requêtes sur le Web sont faites auprès du moteur de recherche). Forte de cette domination, la start-up entre en Bourse en mai 2004 et ses actions s'arrachent auprès des investisseurs (initialement cotée 80 $, l'action s'échange à 250 $ un an plus tard). Le succès de cette start-up, qui a su résister au krach des années deux mille, relance l'innovation en matière d'Internet et stimule tout l'écosystème Web. Le sentiment émerge que quelque chose de nouveau se passe sur le Web. En septembre 2004, Tim O'Reilly, directeur d'une maison d'édition spécialisée dans l'informatique, va être le premier à évoquer le terme de « Web 2.0 » en l'utilisant pour le nom d'une conférence (la « Web 2.0 Conference » qui s'est tenue à San Francisco en octobre 2004). Ce terme de « 2.0 » a été choisi initialement pour dire qu'il fallait de nouveau compter sur le Web, que de nouvelles choses allaient venir.

Les innovations du Web 2.0

Le Web 2.0 se caractérise par de nombreuses innovations simultanées en termes de technologie, d'ergonomie et de concept.

L'aspect technologique est important avec des techniques nouvelles ou utilisées différemment (format de donnée, langage de développement, architecture des applications, etc.) :

- **Ajax** : ce n'est pas à proprement parler une technologie mais l'utilisation conjointe d'un ensemble de technologies qui permet, entre autres, une plus grande réactivé des interfaces Web, et rapproche ainsi les applications Web des applications de bureau (client lourd) ;
- **syndication & RSS/Atom** : la syndication est la possibilité d'accéder au contenu d'un site depuis un autre site et ce, par l'utilisation d'un format de donnée spécifique comme le RSS ou l'Atom ;
- **Web services & architecture REST** : un Web service permet de communiquer et d'échanger des données entre des applications et des systèmes hétérogènes. L'architecture REST est, quant à elle, adaptée aux services Web. Cet ensemble ouvert et modulaire permet plus de réactivité et de souplesse ;
- **frameworks Web** : un framework est un cadre de référence (outils, bibliothèque de codes, conventions de codage) qui permet de développer rapidement et efficacement une application Web ;
- **XHTML & CSS** : le XHTML est un système de balisage qui succède au classique HTML. Couplé au langage CSS, il permet une séparation du fond (le contenu) et de la forme (le style et l'organisation de la page).

Les innovations ergonomiques concernent particulièrement le changement des interfaces utilisateurs des sites et des applications Web. Le plus marquant est le développement d'interfaces riches, notamment grâce à la technologie Ajax qui permet beaucoup plus d'interaction de l'utilisateur sur les pages Web. On peut citer l'apparition d'onglets, de sélecteur de date, de « *cover flow* », d'éléments déplaçables, etc. La simplification des interfaces fait également partie de l'univers 2.0. Cela passe notamment par la mise en place d'un design plus épuré : menus de navigation simples, couleurs fortes, surfaces riches (dégradés, ombres, réflexions, stries...), texte de taille importante, logo très visible, en-tête de site mis en valeur, bouton de « *call to action* » mis en évidence, etc.

Enfin, de nouveaux concepts se développent et viennent remplacer ou s'additionner aux usages plus anciens :

- **folksonomie** : catégorisation par étiquetage (tags), qui est une alternative au classement par répertoire, notamment utilisée par les annuaires Web ;
- **blog** : il offre une alternative au site personnel en proposant de publier des billets de façon simple ;
- **publication et partage** : possibilité de stocker en ligne des contenus (textes, images, vidéos) afin de les partager avec d'autres ;
- **contribution** : possibilité de créer et/ou de réagir à un contenu (recommandation, critiques, votes, commentaires, etc.) ;
- **widget** : mini-application autonome qui permet de déporter l'information d'un site ou d'une application Web sur un autre support (bureau, blog, page Web...).

Vers les services innovants du Web 2.0

Les innovations présentées précédemment ne constituent pas, à elles seules, le Web 2.0. En fait, le Web 2.0 n'existe que parce que des acteurs du Web se sont saisis de ces innovations (et ont d'ailleurs contribué à leur développement et à leur diffusion) et s'en sont servis pour créer des services Web innovants. Des services qui ont alors été qualifiés de services Web 2.0. Ce sont donc les entrepreneurs, les ingénieurs, les marketeurs qui, en s'emparant des innovations constitutives du Web 2.0 pour créer des services innovants, ont permis l'existence même du Web 2.0.

Ces services de la génération Web 2.0 sont très nombreux. On peut citer pêle-mêle : YouTube, Flickr, Delicious, Wikipédia, Blogger, MySpace, Facebook, LinkedIn, SlideShare, Technorati, Digg, Twitter, FriendFeed, Last.fm, Netvibes, Zoho, Basecamp, etc.

Mais finalement, quel est le point commun entre tous ces services ? Principalement, il s'agit de la place de l'internaute. Celui-ci est replacé au centre de l'Internet et l'aspect relationnel est au cœur de la logique 2.0, notamment avec trois usages centraux :

- le partage : possibilité de partager à n'importe quel moment n'importe quel contenu ;
- la contribution : l'internaute est passé d'un rôle passif à un rôle actif (publication *via* un blog ou un wiki, commentaire/avis/opinion, notation, vote, marquage, etc.) ;
- la communauté : possibilité de se connecter, de discuter et d'engager une relation avec d'autres internautes.

ADAPTER LA DÉMARCHE MARKETING

Un nouveau paradigme

L'effet « 2.0 » a très rapidement envahi le Web. Toute nouveauté ne pouvait être que « 2.0 ». Cette nouvelle logique a eu pour conséquence de faire bouger les lignes et de pousser des acteurs « traditionnels » vers de nouvelles pratiques. C'est, par exemple, le cas des sites de presse en ligne qui se sont peu à peu ouverts aux commentaires des internautes sur leurs articles. Mais au-delà de cette nouvelle logique 2.0, ce sont des mutations beaucoup plus profondes qui sont en jeu.

En mettant l'internaute au cœur de l'Internet, la sphère Web a quasiment défini un nouveau paradigme, celui de l'« internaute-roi ». Pour le marketing, cette nouvelle donne a été l'occasion de rappeler un fondement de la discipline, à savoir l'orientation client. Avec la pénétration de plus en plus massive de l'Internet dans la population, consommateur et internaute ne font plus qu'un. Comment, dès lors, ignorer ce nouveau règne de l'internaute qui s'exprime, partage et adhère à des communautés ?

D'autant plus que l'avènement de ce « paradigme 2.0 » remet en cause le mode de communication des organisations. En effet, la notion de liberté est très présente dans le paradigme 2.0. En un sens, le Web 2.0 fait disparaître toute forme d'autorité formelle ; celui qui a des opinions peut bloguer, celui qui est traversé par une idée peut twitter, celui qui a un document compromettant peut le publier, celui qui a une vidéo étonnante peut la mettre en ligne... Les personnages publics (hommes et femmes politiques, stars...) ne sont plus sur un piédestal et peuvent être rapidement déstabilisés, et tout un chacun est libre de s'exprimer à leur sujet avec une caisse de résonance beaucoup plus forte grâce à Internet. Il en va de même pour les organisations, les entreprises, les marques. Le mode de communication doit donc être adapté et, de manière plus globale, il faut adapter la démarche marketing. C'est l'émergence du marketing 2.0.

De l'action à l'interaction

La posture première du marketing 2.0 est de considérer l'internaute, non pas comme un simple récepteur des actions marketing, mais comme un contributeur et ce, à tous les niveaux de la démarche marketing. L'internaute-consommateur ne doit plus être estimé comme le simple récepteur du processus marketing, il doit au contraire faire partie de ce processus. Le marketeur doit donc être capable de mettre en place les outils permettant de favoriser cette interaction. C'est un changement profond. D'actions à destination de l'internaute-consommateur, le marketeur doit passer à l'interaction.

Pour autant, le marketing 2.0 ne signifie pas que l'internaute-consommateur doive devenir acteur de la communication de la marque ou de l'entreprise. Pour le marketing 2.0, l'internaute-consommateur est *déjà* acteur de la communication. En effet, le Web 2.0 a démultiplié le pouvoir d'expression de l'internaute : celui-ci note, commente, partage et diffuse son opinion très rapidement, etc. Tout bon marketeur a en tête l'objectif d'un taux minimum de satisfaction de 80 %. Ce chiffre provient de l'étude de Jacques Horovitz dans son livre *Total Customer Satisfaction*. Horovitz affirme qu'un client satisfait en parle à trois autres, alors qu'un client mécontent en parle à onze autres. Si vous avez 80 % de clients satisfaits, le bouche-à-oreille transmettra l'information à $80 \times 3 = 240$ personnes et les 20 % de clients insatisfaits en parleront à $20 \times 11 = 220$ personnes. L'impact du bouche-à-oreille commence donc à être positif seulement à partir de 80 % de satisfaction. Or, Internet bouleverse totalement cette approche en amplifiant le phénomène de bouche-à-oreille. Prenons un exemple simple, tiré de faits réels. Une personne lance sur Twitter l'information suivante, qui est une opinion très personnelle sur son opérateur téléphonique : « Marre de l'opérateur X et de leur facturation bidon, encore un mois d'engagement et je me barre ! » Le message est immédiatement diffusé auprès du réseau de cette personne (à l'époque déjà plus de 500 followers). Rien que là, l'effet du bouche-à-oreille est démultiplié. Mais cela continue, car certains réagissent à ce message en appuyant les propos initiaux : « D'accord avec @YYY faut qu'il refasse leur SI chez X, 80 € de hors forfait car ils avaient “oublié” de m'activer l'option iPhone », ou même en citant la concurrence : « @XXX Va chez Z, leur offre ABBA est une tuerie pour seulement 45 € ! » Cet exemple montre que les usages du Web 2.0 favorisent une forme démultipliée de bouche-à-oreille en permettant une interaction avec des personnes que l'on connaît à peine. En fait, l'internaute est entré dans l'ère de la recommandation. Cette recommandation peut être une communication de personne à personne comme dans l'exemple précédent sur Twitter, ou passer par une « interface Web » (comparateur de prix, notation ou avis sur une plate-forme spécialisée, billet d'un blogueur et commentaires associés, etc.). Ce double pouvoir d'expression et de recommandation inverse le rapport de force traditionnel en faveur de l'internaute qui peut maintenant s'exprimer aussi fort que la marque.

Cependant, il ne faut pas voir le marketeur comme désarmé face à cette nouvelle force de l'internaute. Il faut tout d'abord s'adapter. Aussi l'objectif du marketing 2.0 est-il de comprendre finement cette nouvelle place de l'internaute-consommateur et de savoir en tirer avantage. Le marketeur 2.0

doit donc être capable d'amener l'internaute à participer à la construction de la marque pour qu'il y adhère plus fortement et jouer ainsi à plein son rôle de « self média » en diffusant, à son tour, le message de la marque ou de l'entreprise. Ensuite, il faut savoir exploiter cette nouvelle forme d'expression des internautes qui constitue, en fin de compte, autant d'*insights* exploitables par le marketeur, mais également une source de données sur l'internaute (informations personnelles, préférences, comportements en ligne). C'est pourquoi, aujourd'hui déjà, des entreprises importantes font évoluer leur système de connaissance client (CRM) pour y incorporer le plus d'informations possible issues de cet écosystème social. On parle alors de « social CRM ».

Cette nouvelle donne influe sur la chaîne de valeur du marketing online, et plus particulièrement sur le dernier maillon. S'il faut toujours continuer à attirer et à convertir, la notion de fidélisation peut être perçue différemment. L'objectif n'est plus tant d'essayer de répéter la valeur dans le temps que d'encourager l'internaute à recommander l'offre ou le service. La fidélisation « 2.0 » vise non plus à transformer le client en client fidèle, mais à transformer un client en ambassadeur de l'organisation qui, par sa voix, va à son tour attirer de nouveaux internautes. Fondamentalement, cette démarche diminue fortement les coûts d'acquisition (attirer) et devrait augmenter les taux de transformation (convertir). En ce sens, la démarche 2.0 impacte toute la chaîne de valeur du marketing online.

UN MODÈLE DE CRÉATION DE VALEUR DÉPORTÉ

Du site Web aux réseaux

Cette nouvelle ère de l'interaction a profondément changé le rôle du site Web. S'il était au cœur du processus de transformation dans la chaîne traditionnelle du marketing online, l'ère 2.0 a offert une sorte de décentralisation. Les interactions sont multiples et peuvent avoir lieu aussi bien sur le site de l'organisation qu'en dehors (page Facebook, compte Twitter, chaîne YouTube, etc.). Bref, l'interaction a conduit à une fragmentation de la présence sur Internet des organisations.

Les organisations doivent donc passer d'une logique de centralisation (le site Web) à une logique décentralisée de réseau. C'est sur ce réseau que se crée maintenant la valeur.

Le rôle du « marketing 2.0 »

Pour résumer, le marketing 2.0 a permis deux inflexions majeures par rapport au marketing online traditionnel :

- le passage du mode de l'action au mode de l'interaction ;
- le passage de la création de valeur sur un site Web à une création de valeur décentralisée sur un réseau de sites.

En ce sens, la définition du marketing digital doit être adaptée à l'heure du marketing 2.0 : le marketing digital « 2.0 » est l'utilisation par les organisations de différents leviers d'interaction en ligne pour créer de la valeur à travers un réseau de sites Web.

DU WEB À LA PLATE-FORME DIGITALE

Le Web s'est déporté (notamment avec le développement de l'Internet mobile). On passe d'une approche uniquement Web à une approche digitale qui est le reflet de l'extension de la vie numérique/digitale des utilisateurs (PC, téléphone, télé connectée = les trois écrans).

Deux inflexions principales sont ainsi observées :

- Action → interaction → interaction sur des canaux différents ;
- Site → réseau → plate-forme.

Nous pouvons donc donner les définitions suivantes :

- **le marketing digital « 1.0 »** est l'utilisation par les organisations de différents leviers d'action en ligne pour créer de la valeur à travers un site Web ;
- **le marketing digital « 2.0 »** est l'utilisation par les organisations de différents leviers d'interaction en ligne pour créer de la valeur à travers des réseaux ;
- **le marketing de « plate-forme »** est l'utilisation par les organisations de différents canaux interactifs pour créer de la valeur à travers une plate-forme digitale.

Nous abordons logiquement la notion de « plate-forme digitale » dans la suite de cet ouvrage.

Partie II

La plate-forme digitale

Chapitre 4

Penser en termes de « plate-forme »

Le média digital fait dorénavant partie du quotidien de la majorité des individus. Les réflexes marketing et publicitaires ont traditionnellement été tournés vers la diffusion (le « *push* ») de produits ou de services, d'histoires de marques et de messages au plus grand nombre. Ce sont d'ailleurs ces premiers réflexes qui sont abordés dans la partie 3, où nous parlerons de clics, de génération de trafic et de conversion à propos d'une cible très qualifiée.

Le e-marketeur est en fait acteur d'une mutation profonde des réflexes de communication, mutation tournée non plus vers un média de masse, mais vers un engagement de masse. Ce marketing de conversation correspond à des réflexes opposés, le « *pull* ». C'est en fonction d'un intérêt manifeste ou d'un contexte – PC, mobile, TV, point de vente, etc. – qu'une marque s'invite dans le quotidien d'un prospect ou d'un client, échange, partage, se nourrit, grandit. Une présence sur le long terme est possible, avec l'objectif d'influencer une perception et une préférence de marque.

C'est cette présence à long terme que nous qualifions de « plate-forme digitale » : construire une expérience, l'enrichir, la diffuser sur une multitude de points de contact et ce, dans la durée. Le e-marketeur, dans ce nouvel ensemble, dispose de moyens inexistants il y a encore quinze ans pour accroître l'expérience de ses produits ou de ses services, et utiliser ces moyens comme source de différenciation.

Dans ce chapitre, nous avons volontairement séparé une première approche théorique pour donner les éléments d'une grille de lecture, avant d'illustrer, par le biais d'exemples, les différentes natures de plates-formes disponibles.

Les habitudes de consommation « digitales » sont fragmentées, personnelles et peu stables. Notre introduction évoquait la « verticalité » du Web : oui, il existe des sites ou des services de destinations phares – pour les

13-18 ans par exemple, avant-hier Yahoo !, hier Skyblog, aujourd'hui Facebook –, mais cette audience est peu pérenne avec l'enrichissement continu de services ou de divertissements disponibles en ligne venant de « spécialistes ». Deezer ou Spotify pour la musique, L'équipe.fr pour le sport, etc. Le e-marketeur doit donc composer avec cet écosystème en rendant son initiative digitale disponible là où se trouve son audience.

La logique de plate-forme n'a rien d'inaccessible, bien au contraire : le principe consiste à construire un site « central » qui « distribue » une présence sur l'ensemble des points de contact digitaux, que ce soit les réseaux sociaux, des sites médias, des sites d'e-commerce, etc. Par sa nature, la plate-forme digitale fait évoluer cette notion de trafic vers l'interaction et l'engagement d'une audience sur un des points de contact de son choix.

LES NOTIONS

L'adage anglo-saxon qui cristallise la manière dont doivent être pensées ces plates-formes digitales est le suivant : *« Context is God, Content is King, Distribution is Queen.*[1] *»*

- **Le contexte** caractérise le moment de l'interaction qui se complexifie avec les notions de temps, de géolocalisation, de nature des terminaux. Il est plus pertinent, en tant qu'usager, de recevoir une alerte promotionnelle par SMS lors de son passage à proximité d'un point de vente un jour de shopping qu'un e-mail trois jours auparavant. Et quitte à choisir, autant avoir les deux, surtout si l'on a manifesté un intérêt pour recevoir de l'information.
- **Le contenu** caractérise la qualité et la richesse de l'expérience digitale proposée, en fonction de la ligne éditoriale de la plate-forme digitale. Ne parler que de ses produits ou de ses services, c'est bien évidemment proposer une interaction attendue, mais limitée.
- **La distribution** désigne à la fois l'ensemble de la présence choisie de la plate-forme, mais aussi ce que la plate-forme permet de rassembler : des vidéos de qualité sur Vimeo, des commentaires sur des résultats sportifs dans des forums de *L'Équipe*, etc. Chaque point de contact représente un objectif précis et contribue à une expérience globale.

En somme, un point-clé émerge, celui de l'évolutivité. À la manière de la conception d'un logiciel informatique, ces initiatives sont, par nature, pragmatiques et adaptables. Pragmatiques dans le sens qu'elles répondent à un besoin immédiat, une vraie opportunité de « marché ». Et comme les

1. Traduction : « Le contexte est Dieu, le contenu est roi et la distribution reine. »

opportunités évoluent constamment, il faut être en mesure de pouvoir lancer de nouvelles initiatives en fonction de la réaction du « terrain », succès ou échec.

COMMENT SE CONSTRUIT ET SE STRUCTURE UNE PLATE-FORME DIGITALE ?

La construction d'une plate-forme digitale est une réponse de « moyens » face à un enjeu stratégique. Trois questions fondamentales doivent être posées avant toute démarche.

Quel est l'objectif assigné ?

Les initiatives digitales sont fréquemment perçues comme des projets pilotes pour permettre de « tester » des moyens. À ce titre, être présent sur Facebook devient une stratégie. Les moyens sont évidemment différents en fonction des objectifs d'une présence digitale : doit-elle permettre de recruter de nouveaux clients, d'identifier ou de fidéliser des ambassadeurs, ou encore de communiquer en situation de crise ?

Quelle est ma valeur ajoutée ?

Nous sommes ici au cœur de l'échange de valeur évoqué dans l'introduction. Idéalement, l'expérience proposée, tout au moins une partie importante, doit être unique aux yeux des utilisateurs, par l'information ou les services apportés. Il ne s'agit pas de faire mieux mais de faire différent, au travers de bénéfices rationnels et émotionnels que peuvent en tirer les futurs utilisateurs.

Comment travailler avec l'écosystème en place ?

Cette question est au cœur de la notion de plate-forme digitale. Une fois la valeur ajoutée définie, pour créer l'expérience, le e-marketeur peut choisir d'élaborer un contenu ou un service propre, ou d'utiliser l'existant *via* des systèmes de partenariat. Tel ou tel blogueur peut proposer un contenu unique pour une marque. Un service immobilier à destination des familles nombreuses peut ne recenser que les annonces immobilières de quatre chambres et plus sur seloger.com, etc. Nous assistons de plus en plus à un nouveau métier, la curation, qui vise à accélérer la mise en place de telle ou telle plate-forme en identifiant et en instaurant les partenariats utiles.

Parcourir ce chemin permet au e-marketeur de calibrer sa plate-forme en phase de conception, à la manière de la construction d'un site Internet définie précédemment, et de créer ainsi une expérience différenciante.

LA LOGIQUE DE « MÉDIA MÉRITÉ »

La création d'expérience digitale unique prend tout son sens au regard du temps passé par les consommateurs en ligne, et en particulier sur les réseaux sociaux : ce qui nous enchante, ce qui nous surprend, ce qui nous déplaît est partagé, et nous définit de plus en plus comme individus.

Le e-marketeur incarne une nouvelle dimension de toute activité marketing. Traditionnellement, chaque marque disposait :

- **d'un média « propre »** (*« owned media »*) : ses produits, ses points de vente, son site Internet ;
- **de la possibilité d'activer un média « acheté »** (*« bought media »*) : campagne radio, TV, presse, bannières, lancement de produit, relations presse, etc.
- en fonction de la réussite conjointe des deux items précédents, **d'un média « mérité »** (*« earned media »*), *via* des retombées presse, et plus simplement d'un bouche-à-oreille stimulé et peu maîtrisé.

Le e-marketeur peut donc développer une nouvelle dimension de « média mérité », en exploitant le potentiel d'amplification évoqué dans la partie IV. Il s'agit d'amplifier ses campagnes en profitant de nouvelles cibles à moindre coût, en étant référencé sur les moteurs de recherche de manière durable sur tel ou tel mot-clé. Plus fondamentalement, il s'agit de stimuler un flot de conversations qui permet à une marque de croître dans la durée.

Chapitre 5

Les plates-formes « classiques »

Dressons à présent une typologie des plates-formes digitales possibles, en les illustrant par des exemples récents qui ont marqué les auteurs.

LA PLATE-FORME DE COMMUNICATION : MAXIMISER L'AUDIENCE

Une première typologie de plate-forme – qualifions-la de « communication » – vise à proposer des expériences digitales qui permettent d'amplifier un message, une campagne. La finalité est ici de toucher l'audience la plus large possible et ce, de manière la plus impliquante possible.

En effet, les campagnes médias – par exemple de télévision – se construisent sur une notion de pression publicitaire d'une cible donnée par un jeu de couverture (la proportion la plus large possible) et de puissance (la répétition du message sur un temps de campagne défini). C'est la base de calcul du *Gross Rating Point* (GRP). La notion d'interactivité permet de dépasser la consommation passive d'un message (par exemple : quatre fois en quatre jours sur un spot publicitaire de quinze secondes) et de rendre l'exposition publicitaire plus riche (comprenez « plus longue » avec plusieurs minutes de navigation), plus engageante (avec une incitation à « faire quelque chose » avec la marque en question) et durable (la plate-forme digitale est en ligne et se développe dans le temps). Ce type de plate-forme joue essentiellement sur des bénéfices émotionnels.

Un premier réflexe consiste à rendre une campagne disponible sur la Toile de manière cohérente. Nous parlons communément de marketing « intégré » : tout un ensemble de points de contact sont homogènes et véhiculent un même message. Un exemple immédiat est celui de la campagne publicitaire d'Évian en 2009, pendant laquelle une série de spots publicitaires très réussis fut également disponible en ligne pour le divertissement de chacun. Des dizaines de millions d'internautes ont vu cette campagne dans le monde entier : l'objectif de notoriété a été atteint.

Le second réflexe consiste à essayer de saisir les opportunités de ce que chaque point de contact peut apporter, et notamment le digital. C'est ce que nous appelons le « cross-média » ou « transmédia » : chaque point de contact raconte une partie d'une histoire globale. Cette notion nous intéresse particulièrement, car elle permet de réveiller la notion essentielle d'engagement, illustrée ci-après par le cas pratique de la campagne de Compare The Meerkat en 2009 en Grande-Bretagne.

Ce genre d'exemple permet d'illustrer deux propos fondamentaux à toute plate-forme de communication :

- **Définir un terrain d'engagement très clair, tant en termes d'axes que de durée.** En effet, ces plates-formes sont, par nature, divertissantes ; elles sont dimensionnées pour « prendre un peu de temps » du quotidien des audiences touchées. Il y a plusieurs manières d'interagir avec la campagne (contenus sur le making-of, personnification du personnage principal, commentaires possibles, etc.). La richesse de l'interaction disponible dépendra donc de la durée que le digital doit prendre, en pré-campagne (buzz de lancement), lors du lancement des investissements médias significatifs ou après cet investissement.
- **Pour stimuler une conversation, il faut être à l'écoute.** C'est en réagissant aux commentaires des utilisateurs, à leurs questions, à leurs envies qu'une histoire sur la durée peut se forger. Par exemple, on pourrait justement regretter lors de la campagne Évian une faible exploitation du potentiel de prise de parole sur la jeunesse perpétuelle et ce que la marque Évian pouvait incarner à ce sujet.

Zoom sur Compare the Meerkat : contourner la concurrence sur les mots-clés

Le comparateur « Compare the Market » – service en ligne de comparaison de produits d'assurances d'habitation et de voiture – est arrivé sur le marché en 2005. Le modèle économique de ce type d'acteur repose sur un principe d'« apporteurs d'affaires » : en tant qu'intermédiaire objectif, sa fonction est de rediriger le trafic vers les sites des assureurs, en monnayant chaque visite et chaque création de contrat. En 2008, la part de marché de cet acteur n'avait toujours pas décollé. La marque décide d'investir en communication, mais autrement : tous les comportements de recherche sur Google, et donc les achats de mots-clés, se focalisaient sur « compare » ou encore « market », à presque 5 £ le clic. L'ambition était de trouver une alternative à cette compétition, et, en jouant sur les mots, est arrivée l'idée de « meerkat » (les suricates en français). Ainsi s'est construite la campagne : Aleksandr Orlov, suricate et businessman moscovite (!), est furieux que le comparateur de prix Comparethemarket.com prenne du trafic destiné à son service de comparaison de suricate en ligne Comparethemeerkat.com. Ce personnage devient le protagoniste de cette campagne. Focalisé sur l'humour, ses traits de caractère s'exploitent à l'infini, permettant de produire une empreinte digitale très large. La campagne s'est fondamentalement orchestrée autour d'une prise de parole massive en TV (80 % du budget), *print* et *outdoor*. Le digital – *www.comparethemeerkat.com* – avait pour double objectif :

- d'assurer la révélation du personnage, des éléments de l'histoire ;
- de prolonger l'expérience de marque et de donner un écho.

En effet, chaque point de contact en ligne avait sa fonction, par exemple :

- YouTube : scénarisation de l'histoire du personnage (*http://www.youtube.com/user/CompareMeerkat*) ;
- Twitter : scénarisation de la vie actuelle du personnage (*www.twitter.com/Aleksandr_Orlov*) ;
- Facebook : animation communautaire (écoute et réponse) sur la base des contenus YouTube et Twitter (*www.facebook.com/comparethemeerkat*) ;
- autres réseaux sociaux : Blip.fm, Flickr, LinkedIn.

Le grand public disposait donc de tout un « matériel » en ligne pour faciliter le partage et la participation : une musique à télécharger, des « meerkats » à créer/comparer, etc. Les résultats ont été édifiants. Des indicateurs de campagne ont fait état de :

- 5,7 millions de visites générées ;
- plus de 700 000 fans sur Facebook ;
- 55 % des conversations sur le marché de l'assurance concernent la marque Compare The Market.

En termes de business, en cinq mois :

- la part de marché en ligne avait triplé, mesurée par le nombre de requêtes saisies dans le moteur de recherche Google ;
- le nombre de demandes de devis avait augmenté de 80 %, et le coût d'acquisition de nouveaux clients diminué de plus de 60 %.

LA PLATE-FORME RELATIONNELLE : FOURNIR UN SERVICE

Une deuxième typologie concerne la création ou l'enrichissement d'un lien direct entre une marque et ses clients. La source de différenciation recherchée concerne bien évidemment la valorisation de cette relation dans la durée. À la différence des plates-formes de communication, la démarche du e-marketeur est tout d'abord une démarche de service, afin d'être « utile », plutôt que divertissant. Ce type de plate-forme joue avant tout sur un bénéfice fonctionnel de l'usage.

La valeur peut être communément distinguée entre :

- une valeur de « marque », à savoir que la plate-forme relationnelle proposée permet de multiplier les raisons et les fréquences d'interaction (voir ci-après le programme My Coke Rewards de Coca-Cola) ;
- une valeur « commerciale », la plate-forme permettant de stimuler la fréquence et les montants d'achat des cibles vis-à-vis des produits.

Il n'y a pas de règles établies concernant la clé de réussite des plates-formes relationnelles, mais, *via* les deux exemples proposés ci-après, deux points communs ressortent :

- la démarche initiale est très simple : en termes de discours, de parcours utilisateurs, de récompenses et d'implications ;
- la démarche relationnelle repose essentiellement sur la personnalisation : les plates-formes proposent finalement une expérience personnelle quasi unique, en fonction des points collectés ou des projets soutenus de manière caritative.

Zoom sur My Coke Rewards : programme relationnel de Coca-Cola

Aux États-Unis, pour l'achat d'une bouteille de Coca-Cola, chaque consommateur a la possibilité de créer un compte et de faire valoir ses points de six manières différentes :

- être récompensé *via* un catalogue de cadeaux ;
- participer à des jeux-concours occasionnels ;
- participer à des instants gagnants ;
- être récompensé *via* des bons d'achat vers d'autres marques ;
- faire une contribution caritative ;
- faire une contribution à son école en faveur des élèves défavorisés.

Ce programme relationnel, appelé « My Coke Rewards », est devenu depuis son lancement un véritable réflexe, principalement chez les 13-18 ans, et permet à Coca-Cola de pérenniser sa position de marché historique. En quelques chiffres :

- 285 000 visiteurs par jour ;
- 7 codes sont saisis par seconde ;
- 15 millions de participants depuis le lancement et 9 millions de prix distribués.

Le réflexe chez les jeunes est tel que des marques similaires – Nike, Blockbuster, Snapfish, etc. – payent Coca-Cola pour être présentes dans le programme relationnel, et notamment dans le catalogue de cadeaux.

Zoom sur Pepsi Refresh Everything : « *Bye-bye Superbowl !* »

Pepsi décide en 2010, après vingt-trois ans de présence au Superbowl, de ne plus intervenir dans l'interruption publicitaire facturée pas moins de 20 M$. La marque fait le choix de l'engagement sur la durée et propose le site *www.refresheverything.com*. Le principe est simple : permettre à toute personne ayant un projet qui a pour but d'améliorer la société de le soumettre et de mettre en scène un challenge associatif.

« Pepsi Refresh Project » est fondé sur un système de vote des internautes. Tous les mois, mille projets peuvent être soumis et sont filtrés par un jury composé de professionnels. Six catégories de projets sont disponibles : santé, art et culture, alimentation, développement durable, communautés (comprenez « voisins ») et éducation. Une fois filtrés, les projets sont soumis aux votes. Chaque année, dix projets mensuels empocheront 5 000 $, dix autres 25 000 $, dix autres encore 50 000 $ et, enfin, deux projets gagneront 250 000 $ chacun, soit 1,3 million dollars par mois.

Encore une fois, Pepsi s'est reposé sur une série d'experts pour « crédibiliser » son initiative qui, depuis son lancement, fédère tous les mois le nombre suffisant de projets :

- GOOD (*http://www.good.is*), plate-forme collaborative de projets associatifs ;
- Global Giving (*http://www.globalgiving.org*), place de marché entre porteurs de projets associatifs et financiers ;
- Do Something (*http://www.dosomething.org*), la plus grande ONG aux États-Unis pour les projets impliquant des adolescentes.

À mesure que les projets financés par Pepsi deviendront réalité, il sera intéressant de voir si l'association avec Pepsi générera histoire et contenus authentiques concernant ces initiatives.

LA PLATE-FORME COMMERCIALE : VENDRE

Lors de la publication du baromètre E-commerce 2010, La FEVAD indiquait que 70 % des internautes avaient déjà effectué un achat en ligne. Si l'on croise cette donnée avec le taux de pénétration Internet – 67 % –, cela indique que près d'un Français sur deux achète en ligne.

Les marques et les distributeurs ont bien saisi les enjeux d'un nouveau mode de consommation. Praticité, prix, choix, personnalisation, chaque consommateur y trouve son compte, et les freins à l'achat en ligne se lèvent progressivement.

L'ouvrage n'a pas pour ambition de couvrir en détail les pratiques liées à l'e-commerce, beaucoup d'ouvrages de référence sont déjà disponibles, et c'est un métier à part entière. En revanche, il y a deux tendances de fond qui amènent à repenser les plates-formes commerciales.

La première tendance, c'est que l'expérience d'achat se « socialise ». Au-delà des recommandations disponibles sur les produits, l'acte d'achat lui-même est « diffusé » à l'environnement proche des consommateurs et récompense immédiatement le fait d'en parler autour de soi. L'engagement de masse revient à grouper son achat (être à plusieurs pour bénéficier d'un effet volume et baisser le prix, du type Groupon) ou à profiter d'un système d'enchère inversée, comme le présente l'exemple de la campagne Uniqlo ci-après.

Cette socialisation est amenée à se banaliser de plus en plus avec l'avènement des monnaies virtuelles, la plus connue étant Facebook Credits.

Rappelons que la monnaie virtuelle est une valeur monétaire de nature électronique, stockée sur un support, que ce soit un objet à ranger dans sa poche (par exemple : une carte à puce, une carte à piste, une fonction intégrée à un téléphone portable, etc.) ou un compte sur Internet. Elle est l'équivalent des pièces et des billets de la monnaie fiduciaire, sous forme électronique : les unités de monnaie électronique sont transférées directement du porte-monnaie électronique du client à la caisse du « commerçant ».

Donnons deux raisons pour lesquelles ce phénomène est à observer de très près :

- **Cette monnaie fait partie intégrante du plus grand réseau social du monde.** Le 1er juillet 2011, presque un an après son lancement, Facebook a rendu obligatoire l'achat de biens virtuels dans les jeux en ligne présents sur son site *via* l'utilisation des Facebook Credits, seule monnaie de référence. Zynga, l'éditeur de jeux à succès comme Farmville, Mafia Wars, Cityville, attire plus de 232 millions de joueurs tous les mois, et approximativement 5 % d'entre eux payent pour s'acheter des biens virtuels, ce qui représente l'essentiel de ses revenus.

- **Cette monnaie dispose d'une vraie valeur.** Un Facebook Credit = 0,10 $, rendant tout achat ou toute « récompense » très tangible. Avec un programme de monnaie virtuelle largement déployé, les utilisateurs de Facebook devraient rapidement être en mesure d'acheter de vrais biens avec de l'argent virtuel auprès de sociétés ayant recours à Facebook Connect. On peut aisément imaginer acheter un cadeau, bien réel, chez un e-commerçant, dans une liste liée à un mariage organisé sur Facebook, avec de l'argent virtuel bien sûr ! La Redoute a été l'un des premiers annonceurs en France à déployer ce genre d'initiative avec des acteurs spécialisés comme *www.ifeelgoods.com*.

Zoom sur Uniqlo Lucky Counter : Twitter inverse les enchères

À l'occasion du lancement de son site de vente en ligne sur le marché anglais en septembre 2010, l'enseigne japonaise Uniqlo a mis en place une opération dédiée sur le réseau social Twitter : « Lucky Counter. » Le principe ? Plus les internautes twittent les dix articles sélectionnés, plus ils en font baisser le prix ; un principe d'enchère inversée « sociale ».

Une enchère inversée est une enchère en ligne qui consiste à donner la possibilité à un acheteur internaute de fixer un prix d'achat servant de base à la recherche du vendeur souhaitant vendre à ce prix. Certains sites Web proposent des enchères inversées où ce n'est plus le vendeur qui fixe un prix, mais l'acheteur qui indique quelle somme il est prêt à débourser pour obtenir tel objet. Il ne lui reste plus, ensuite, qu'à attendre les propositions. Si le fournisseur trouve le produit demandé au prix exigé, la transaction est alors effectuée. Dans une vente aux enchères inversées, le prix des produits, au lieu d'augmenter, diminue jusqu'à atteindre un plancher, fixé préalablement par le fabricant. La vente s'arrête dès qu'un acquéreur emporte l'objet. Il s'agit d'une forme de commerce axée sur la demande, qui convient particulièrement bien aux demandes et aux offres individuelles. Les acheteurs indiquent ce qu'ils recherchent. Les vendeurs fournissent des offres de vente individuelles parmi lesquelles l'acheteur recherche celle qui lui convient (selon la définition donnée par : *http://encyclopedie.linternaute.com/definition/566/1/enchere_inversee.shtml*, consultée le 8 janvier 2011).

Dans le cadre de cette opération, il était proposé aux utilisateurs de poster sur leur compte un tweet promotionnel prérédigé pour l'article qui les intéressait, chaque tweet généré équivalait à un centime de gagné jusqu'à atteindre la limite d'un prix seuil. À l'issue de l'opération, les dix articles étaient disponibles à l'achat sur *www.uniqlo.com* pendant trois jours au prix atteint après réductions obtenues *via* le réseau social. En intégrant Twitter dans sa campagne promotionnelle, la marque place les internautes au cœur de sa stratégie de communication et de promotion.

L'intérêt a été triple :

- une visibilité online favorisée par les tweets ;
- une promotion instantanée qui évolue selon l'engagement social des internautes : ce mécanisme permet aux consommateurs d'assister en direct aux baisses de prix ;
- une génération de trafic en point de vente parce qu'il implique la visite du site d'e-commerce.

La deuxième tendance, c'est le déploiement multicanal des plates-formes digitales, allant jusque dans le point de vente. L'adage veut qu'un client qui utilise plusieurs points de transaction (site d'e-commerce, boutiques, mobile, etc.) dépense deux à quatre fois plus chez une enseigne qu'un client monocanal. Le principe est simple : une fois qu'un client est convaincu, son réflexe consiste à vouloir « consommer » selon ses envies et sa disponibilité. eBay revendique en 2010 15 % de son chiffre d'affaires par mobile et Ocado (distribution alimentaire sur Internet en Angleterre) 16 %.

Et au-delà de nouveaux canaux de commande, c'est bien l'exploitation du digital en point de vente qui prend un essor particulier. Vitrines interactives, utilisation des tablettes PCs comme support de vente, réalité augmentée dans les cabines d'essayage... toutes les technologies sont au service d'un consommateur qui souhaite s'informer au maximum avant de procéder à son achat. L'exemple de Macy's aux États-Unis est des plus complets en la matière. Le point de vente se trouve repensé : l'accès au « catalogue » peut se faire de manière virtuelle, la nécessité de rendre disponible en rayon l'ensemble de sa gamme est plus faible, permettant d'aérer l'espace ou de le diminuer.

Zoom sur Macy's : une cabine d'essayage virtuelle

Macy's a lancé une cabine d'essayage d'un nouveau genre en novembre 2010 aux États-Unis. Chaque cabine était équipée d'un miroir tactile de 72 pouces et d'un iPad. L'iPad faisait office de catalogue, et l'utilisateur pouvait faire défiler les habits de son choix et les faire afficher par un geste du poignet sur le miroir tactile. Il pouvait par la suite, en ayant créé son « look », solliciter un avis de la part de ses amis *via* un SMS, un e-mail ou encore des commentaires sur les réseaux sociaux.

Chapitre 6

Vers les plates-formes digitales de marque

Les exemples précédents ont permis de dresser un portrait des catégories existantes de plates-formes digitales. En prenant un certain recul, on s'aperçoit que l'expérience digitale commence à faire partie intégrante du « média propre » : en proposant un service, un contenu à part, une marque se différencie. Ces investissements sont d'autant plus cohérents que la plate-forme se distribue, tant de manière digitale que de manière physique, avec un écho de plus en plus important en point de vente.

Le e-marketeur a donc l'opportunité de bâtir une expérience sur le très long terme, expérience que nous désignerons comme « plate-forme digitale de marque ». L'objectif assigné est moins tangible que celui d'audience, de fidélisation ou de vente : c'est la génération de préférence de marque sur le long terme.

L'investissement est clairement de contenu : il s'agit de pouvoir disposer d'un actif matériel tout aussi important que les produits ou les services eux-mêmes. Voici deux exemples pour illustrer notre propos.

Le premier concerne la banque et assurance BNP voulant prouver son engagement ferme pour le tennis, incarné précédemment par une présence historique aux Internationaux de France de Roland-Garros, ainsi qu'aux tournois ATP et WTA. Pour ce faire, la banque a lancé un réseau social par et pour les passionnés de ce sport sur tous ses aspects : actualités, calendrier des événements, matchs en direct, profils de joueurs, jeux en ligne. Le nom ? We are tennis – *http://www.wearetennis.com/fr.*

Le second concerne l'enseigne Castorama qui, *via* une nouvelle signature de marque en 2010, « C'est Castoche », promet un aménagement facile et pratique de son habitat. Le rôle assigné au digital a été de tenir la promesse de facilité, avec la construction d'une plate-forme digitale visant à accompagner tous les « bricoleurs du dimanche ». Pour incarner cette facilité, et permettre à ses prospects ou clients de s'approprier la notion de « bricoler soi-même », notons en particulier :

- un programme de vidéo de démonstration courte, mettant en avant ce que n'importe quel individu disposant d'un peu de temps lors d'un week-end peut faire pour aménager son chez-soi. Ce sont les « week-ends Castoche[1] » autour de projets simples – chauffage, isolation, menuiserie – prenant entre deux heures et une demi-journée : des projets à faire lorsqu'il pleut ! ;
- Les Troc Heures[2] est un réseau social d'échange entre bricoleurs initié par l'enseigne. Le principe est simple : s'échanger des heures de compétences pour faire aboutir son projet personnel. Pour quelques heures de plomberie, un particulier peu proposer quelques heures de décapage ;
- « Lancez-vous[3] » est une série de vidéos courtes pour apprendre quelques gestes à faire soi-même : enduits, aménagement d'une salle de bains, etc.

Cet exemple illustre, en somme, les possibilités sans fin dont une marque ambitieuse dispose pour « activer » sa communauté cible, construire sa légitimité en étant utile, et ainsi impacter sa préférence et ses ventes.

L'élaboration de ce type de plate-forme, très ambitieuse, crée de nouvelles exigences pour un e-marketeur, avec un appel à des compétences encore plus diverses.

La première exigence concerne la production d'un contenu de qualité : bien pensé, bien réalisé, bien distribué. La réalisation des vidéos courtes de Castorama requiert un savoir-faire qui est externalisé. En revanche, c'est à la marque de bien maîtriser son domaine et de connaître les attentes de ses clients. La preuve : ce sont, pour la majorité des cas, des chefs de rayon de Castorama qui ont participé à leur réalisation, et non des acteurs professionnels.

La deuxième concerne la maîtrise des conversations en ligne générées, et notamment l'écoute de celles-ci. Le *community management* évoqué plus haut a une véritable valeur ajoutée lorsqu'il est internalisé, car cette compétence permet à la marque d'être réactive. C'est en étudiant les échanges entre les bricoleurs sur la plate-forme de « trocs » que Castorama pourrait déceler de nouvelles tendances ou des manques de formation de ses clients.

1. *http://www.castorama.fr/store/castCatalog/wrapPageContent.jsp?promoId=weekendscastoche#fr-FR/accueil.*
2. *http://www.lestrocheures.fr.*
3. *http://www.castorama.fr/store/lancez-vous.jsp.*

Enfin, la troisième exigence est celle d'un architecte. La mise en œuvre de ce type de plate-forme requiert des compétences extrêmement diverses et complexes, entre spécialistes d'hébergement vidéos, spécialistes de construction de réseaux sociaux, spécialistes journalistiques pour relater telle ou telle actualité. L'orchestration de ces métiers nécessite, comme dans l'industrie du bâtiment, l'intervention d'un maître d'ouvrage – souvent une agence de communication – et de maîtres d'œuvre spécialistes, en fonction des compétences. Ne pas se faire aider comprend des risques, et notamment celui de réinventer la roue sur des projets à cycle aussi long. Autant se faire accompagner à court terme, avec pour ambition d'être autonome à long terme.

Partie III

Les leviers du marketing digital

Chapitre 7 ■
Conception et référencement de site

■ DÉMARRER UN PROJET DE SITE

Qu'il s'agisse d'un simple site événementiel à durée de vie limitée ou d'un site central dans l'activité de l'entreprise (par exemple un site d'e-commerce d'envergure), un projet de création de site Web nécessite un cadre précis et fera intervenir de multiples compétences.

Avant d'aborder le cadre marketing d'un tel projet, nous vous proposons quelques éléments pour mieux comprendre comment se déroule un projet de création de site Web.

Les intervenants

Il existe aujourd'hui de très nombreux prestataires capables de réaliser un site Web. Tous ne sont pas adaptés à tous les projets. Nous avons retenu trois grandes catégories d'acteurs pouvant intervenir sur un projet de site Web.

Les agences interactives

Ce sont des entreprises issues du monde de la communication et du marketing. Elles possèdent évidemment les compétences pour la conception et la réalisation de sites Internet. Leur vocation est néanmoins plus vaste puisqu'elles peuvent conseiller et accompagner leurs clients dans l'ensemble de leur stratégie de communication sur Internet. Au-delà de la production de sites Web, elles peuvent donc intervenir sur de nombreux aspects du marketing en ligne (création de trafic, conversion, fidélisation, etc.).

Avec le boom d'Internet à la fin des années quatre-vingt-dix, des « *Web agencies* » se sont développées. Il s'agissait d'agences spécialisées dans la création de sites Web, des « *pure players* ». Au fil du temps, beaucoup de Web agencies ont été rachetées par de grands groupes publicitaires afin de renforcer leur expertise interactive. D'autres agences se sont développées pour proposer de nouvelles compétences (technologie, création, marketing, etc.). Bref, aujourd'hui il existe deux grands types d'agences interactives : des « *pure players* », nés avec Internet, et des agences de « marketing services » qui couvrent tous les domaines (digitaux et non digitaux), que certains appellent « agences 360 ».

Quel que soit leur profil, les agences interactives ont une forte approche de conseil et leur dimension créative est un plus. Elles ont souvent une bonne maîtrise des technologies et des innovations techniques multimédias. En revanche, elles n'auront souvent pas les compétences pour gérer des problématiques d'ingénierie forte liées à des processus métiers spécifiques. Elles pourront alors collaborer avec une SSII.

Les sociétés de services et d'ingénierie informatique (SSII)

Les SSII sont des entreprises à fortes compétences technologiques. Elles proposent à leurs clients des compétences spécifiques en ingénierie logicielle, en infogérance, en conseil en organisation, etc. Elles ont souvent développé une expertise Web avec les besoins croissants de leurs clients.

De par leur expertise technologique, les SSII sont particulièrement capables de travailler sur des projets à forte dominance d'ingénierie, et notamment de connecter entre eux des systèmes d'information. Elles seront des prestataires intéressants pour des projets Web d'envergure ayant un impact sur de nombreux départements d'une entreprise (marketing, production, comptabilité, etc.). Cependant, elles ne seront pas en mesure, bien souvent, de proposer des solutions marketing autour du site Internet, comme peut le faire une agence interactive.

Les intégrateurs

Les intégrateurs sont, au même titre que les SSII, des entreprises à fortes compétences technologiques. Il s'agit d'entreprises spécialisées dans l'intégration de solutions *open source*. Autrement dit, ces entreprises partent d'outils *open source* existants et les adaptent aux besoins spécifiques d'un client.

L'avantage de l'intégrateur par rapport à la SSII classique est de pouvoir réduire les coûts en s'appuyant sur une solution déjà existante. Tout comme la SSII, l'accompagnement marketing n'est pas une expertise présente dans ce type de structure.

Les autres prestataires

Pour certains projets de création de site Web d'envergure moindre, il peut être intéressant de collaborer avec un « free-lance ». Cette personne travaillant de façon indépendante se chargera de la réalisation entière du site. Il faut savoir que de nombreux free-lances travaillent en réseau. Chaque free-lance ayant une compétence particulière (design, programmation, intégration, etc.), il « sous-traite » à d'autres free-lances certaines parties du projet.

FOCUS

La tentation de l'*offshore*

Lors de la création d'un site Web, la tentation de recourir à l'*offshore* peut être grande (Europe de l'Est, Inde, Maghreb...), souvent pour des questions de coût. En effet, un projet *offshore* peut permettre de réduire le coût de développement d'un site Web de 30 % à 50 %. Mais ce n'est pas la seule raison qui pousse certains à recourir à l'*offshore*. Un des autres avantages de l'*offshore* est d'avoir accès à des profils difficilement trouvables en France. Le marché de l'emploi pour les développeurs Web (développeur.net/développeur J2EE/développeur PHP...) étant très tendu en France, il est souvent compliqué de trouver rapidement le profil idéal. Recourir à l'*offshore*, c'est avoir accès à un immense réservoir d'ingénieurs qualifiés, et donc à des forces de développement rapidement déployables !

Cependant, un projet *offshore* ne s'improvise pas et sa réussite dépend fortement de la qualité du prestataire, mais aussi de la maturité de l'entreprise initiant le projet. Avoir conscience de la spécificité d'un projet *offshore* est une première chose : distance, langue, communication, différences culturelles... De manière générale, il existe une grande disparité entre les prestataires *offshore* d'un pays à l'autre et au sein d'un même pays. Mieux vaut donc avoir des retours d'expérience d'autres clients avant de se lancer. En revanche, et c'est un point commun souvent rencontré chez les prestataires *offshore*, on constate généralement une forte compétence technique qui masque un manque de maturité business et d'encadrement. Autrement dit, le développement technique sera parfaitement exécuté, mais la prestation risque de manquer de flexibilité, d'approche conseil, de communication... C'est pourquoi un projet d'*offshoring* nécessite une grande maturité du côté du client, notamment dans la phase de spécification qui doit être irréprochable. Sans un cahier des charges parfaitement rédigé et qui ne laisse pas de place à l'interprétation, difficile de s'assurer un succès total pour la création de son site Web.

Certains écueils de l'*offshore* peuvent être évités en ayant recours à un prestataire qui a, par exemple, un représentant en France capable de fluidifier la communication. La tendance est aussi au « *nearshore* », c'est-à-dire travailler avec des pays proches (souvent le Maghreb, et particulièrement la Tunisie), et donc plus facilement « contrôlables ». Une première approche peut aussi consister à ne faire développer en *offshore* que certaines parties très spécifiques (un module par exemple), ce qui a l'avantage de donner un cadre de développement (celui du site existant) et de pouvoir spécifier rapidement et de manière très précise le besoin. Si l'expérience est concluante, d'autres projets peuvent être envisagés par la suite.

En résumé, sans une vraie expertise Web du côté du client et des méthodologies robustes pour la spécification du projet, il est difficile d'envisager un projet en *offshoring*, à moins de commencer avec des projets limités et avec un risque business faible.

Le cahier des charges

Le cahier des charges est le document de référence dans le cadre de la conception d'un site Web. Il doit servir à formaliser les attentes du client vis-à-vis de son/ses prestataires. Si le projet fait appel à plusieurs prestataires, le cahier des charges permettra également de fixer le périmètre d'action de chaque intervenant. Le formalisme de ce document sera plus ou moins important selon le type de prestataire qui sera en charge de la conception du projet : le cahier des charges adressé à une agence interactive pour la réalisation d'un site événementiel sera plus proche d'un brief créatif, alors qu'un cahier des charges adressé à un prestataire technique (SSII, intégrateur) pour un gros site d'e-commerce devra être très formalisé.

Le cahier des charges est un outil fondamental à toutes les étapes d'un projet de site Web :

- en amont du projet : la rédaction du cahier des charges va permettre de formaliser les besoins, et donc d'impliquer l'ensemble des équipes dans une phase de recueil des besoins, puis de s'assurer que toutes les parties prenantes internes sont d'accord sur le projet ;
- lors de la sélection du prestataire : le cahier des charges peut être utilisé pour sélectionner un prestataire, notamment comme support d'un appel d'offres ;
- pendant le déroulement du projet : le cahier des charges permet de préciser le cadre d'intervention du ou des prestataires, d'organiser la relation, de servir de référence de travail entre le client et le prestataire, etc.

Au premier niveau, le cahier des charges doit formaliser les attentes « fonctionnelles » relatives au site Web. L'objectif du site doit être au cœur de cette réflexion fonctionnelle et doit être pensé en termes de valeur créée par le site (voir chapitre II de la partie 1).

TYPE DE SITE	TYPE DE VALEUR
Site d'information	Attention
Site média	Audience
Site d'e-commerce	Ventes
Site transactionnel	*Leads*/prospects
Service en ligne	Utilisation

Cet « objectif-projet » de création de valeur doit être replacé dans un cadre générique qui correspond au contexte du projet et donne des éléments explicatifs sur cet objectif (« Je souhaite un site Web pour {objectif} car {explication/contexte} »). Par exemple, une nouvelle marque de cosmétique bio pour homme pourrait avoir des objectifs différents pour son site Web :

- « Je souhaite un site Web pour faire connaître ma marque car mes clients cibles sont des hommes urbains hyperconnectés. » (Site d'information)
- « Je souhaite un site Web pour parler des produits bio dans leur ensemble car notre marque s'inscrit dans un engagement actif. » (Site média sûrement de type blog)
- « Je souhaite un site Web pour vendre en ligne mes produits car je n'ai pas de réseau physique de distribution. » (Site d'e-commerce)
- « Je souhaite un site Web pour collecter des adresses postales de clients cibles afin de leur faire parvenir un échantillon de produits. » (Site transactionnel)
- « Je souhaite un site Web qui permette de créer une communauté pour tous les convaincus du bio (localisation des enseignes bio, discussion, bons plans, etc.) car cela s'inscrit dans la stratégie de "*brand content*" de notre marque. » (Service en ligne)

Les besoins fonctionnels découlent ensuite directement de l'objectif et du contexte de création du site. Ils seront différents entre un site d'information d'une marque de cosmétique visant à augmenter la notoriété d'un produit et un site transactionnel d'une marque automobile qui souhaite récolter des profils intéressés par un nouveau modèle afin de générer du trafic dans ses concessions. De manière générale, l'expression des besoins fonctionnels doit se faire en pensant aux fonctionnalités, au design, à l'ergonomie et au contenu du site.

Un site Web étant avant tout une « création technique », le cahier des charges ne doit pas se limiter à une approche fonctionnelle, il doit également intégrer la dimension technique (technologie de développement, intégration SI, hébergement, etc.). Selon la complexité du projet, le service marketing sera plus ou moins apte à formaliser cette dimension technique. La composante technique étant toujours présente dans un projet de site Web, mais également dans de nombreuses actions de Web marketing, il peut être intéressant pour un responsable marketing d'avoir une certaine « culture technique Web » afin de pouvoir dialoguer facilement avec les interlocuteurs techniques du projet.

INTÉGRER UNE APPROCHE MARKETING

Le marketing online est, par essence, un marketing de services. Pour le marketeur, il est donc utile de s'intéresser aux concepts issus de cette discipline afin de les transposer dans l'univers online et de les utiliser lors de la conception d'un site Web.

La servuction online

Un des concepts centraux du marketing des services est la servuction[1], c'est-à-dire le processus de production d'un service. Par rapport à l'activité classique de production (« production industrielle »), la servuction est essentiellement marketing car elle concerne la relation entre l'organisation prestataire de services et le client ou usager. On distingue ainsi quatre types de servuction en fonction du mode et de la nature de cette interaction.

		MODE DE RELATION CLIENT/PRESTATAIRE	
NATURE DE LA RELATION CLIENT/PRESTATAIRE		Interaction physique directe	Interaction à distance
	Interaction humaine (avec personnel en contact)	Servuction en face à face avec personnel de contact	Servuction à distance avec personnel
	Interaction automatisée (sans personnel en contact)	Servuction automatisée de proximité	Servuction à distance automatisée

L'ensemble des activités sur Internet correspondent à une servuction à distance automatisée. Ce type de servuction efface totalement la relation entre le personnel en contact et le client, et la remplace par une interaction internaute/site Web (c'est-à-dire une interaction homme/machine).

Il est donc important pour les équipes marketing qui interviennent sur la création d'un site Web d'adopter une approche centrée utilisateur afin de comprendre au mieux cette interaction. Il existe pour cela une démarche appelée « conception orientée utilisateur » (ou *User-Centered Design*, UCS en anglais) dont l'objectif est d'adapter l'interface utilisateur (design et ergonomie) à l'utilisateur final, plutôt que d'imposer un mode d'utilisation choisi par les développeurs. Cette démarche nécessite que l'équipe

1. Le néologisme « servuction » a été inventé par les deux chercheurs français P. Eiglier et E. Langeard en 1987.

marketing soit au centre du processus de réflexion et qu'elle soit motrice dans le projet de création d'un site Web.

Certaines règles précises permettent de mettre en œuvre la conception centrée utilisateur dans un projet de site Web. Il existe même une norme, la norme ISO 13407, qui définit clairement cette démarche.

L'offre de service online

En marketing des services, l'offre de service se décompose en services de base qui doivent satisfaire le besoin principal du client et en services périphériques qui ajoutent de la valeur aux services de base. Dans le cas de la conception d'un site Web, il peut être intéressant d'adopter cette même approche en distinguant les services et fonctionnalités de base, des services et fonctionnalités périphériques.

Les services de base d'un site Internet sont ceux qui vont directement contribuer à la chaîne de valeur (attirer/convertir/fidéliser). Par exemple, pour un site média, il s'agira de l'accès et de la recherche du contenu. Les services périphériques seront ceux qui vont permettre d'enrichir les services de base et de se différencier. Pour un site média, c'est, par exemple, offrir la possibilité de s'exprimer sur l'actualité (système de commentaire sur les articles) ou de personnaliser la page d'accueil du site.

La qualité de service online

Dans les servuctions « traditionnelles » la qualité de service est avant tout liée à l'interaction entre le client/usager et le personnel en contact. Sur Internet, c'est le site Web qui remplace le personnel en contact. La qualité du service est donc avant tout liée à l'interaction entre l'internaute et le site Web. Cependant, cette interface technologique ne doit pas créer trop de distance avec l'internaute.

Le rôle du marketing est donc d'envisager, lors du processus de création du site, tous les éléments qui peuvent pallier cette absence d'interaction interpersonnelle. Cela passe en premier lieu par un travail d'organisation du site en termes, notamment, d'arborescence et d'ergonomie. Il faut ensuite prévoir des outils, soit de substitution (aide en ligne, FAQ, assistant virtuel...), soit d'interaction à distance (chat en ligne, messagerie, téléphone...).

L'interaction clients online

Si le site Web est le support principal de l'interaction, et donc de la satisfaction de l'internaute, il ne faut pas oublier qu'un service se caractérise aussi par la possible interaction entre les clients. La servuction online n'échappe pas à cette règle.

L'interaction clients online

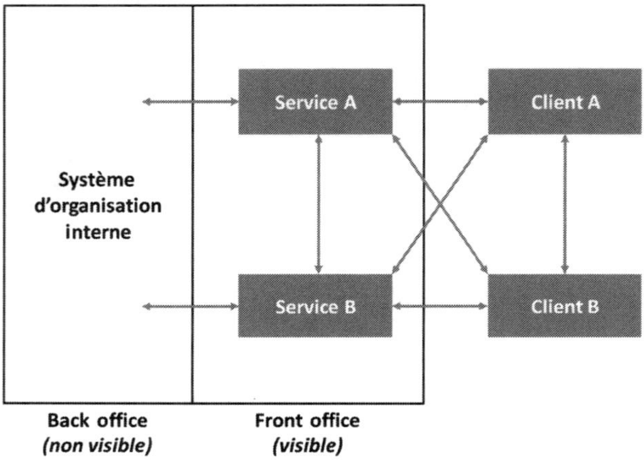

Prévoir les moyens d'interaction entre internautes sur un site Web fait partie de la réflexion que doivent mener les équipes marketing lors de la création d'un site Web. Cela peut prendre des formes très variées selon le type de site. Un site d'e-commerce, par exemple, peut aujourd'hui intégrer des formes très poussées d'interaction client/client :

- partage de commentaires et d'avis sur les produits ;
- recommandation par e-mail d'un produit ;
- partage sur les réseaux sociaux (Facebook, Twitter, Google +) d'une page du site ;
- FAQ « interactive » (voir ce que peuvent proposer des services comme GetSatisfaction ou UserVoice).

METTRE EN ŒUVRE LA STRATÉGIE DE RÉFÉRENCEMENT

La façon qui peut sembler la plus évidente pour qu'un site gagne en visibilité et en trafic, c'est qu'il soit référencé dans un moteur de recherche. Autrement dit, que les pages du site soient présentes dans l'index du moteur et proposées à l'internaute lors d'une requête. On parle alors de « référencement naturel ». Pourtant, apparaître sur la première page d'un moteur de recherche pour une requête donnée n'a rien d'immédiat et n'est en aucun cas « naturel » (avoir un très beau site en flash présentant votre marque de chaussures ne vous garantit absolument pas d'apparaître en première page pour la requête « chaussure femme »). Aujourd'hui le référencement naturel tient à la fois de la science et de l'art. De la science, car il existe certains grands principes à respecter pour espérer gagner les faveurs des moteurs de recherche. De l'art, car les algorithmes des moteurs de recherche qui définissent le classement des sites varient très souvent et qu'un bon référenceur doit en permanence tester de nouvelles approches. C'est pourquoi les Anglo-Saxons utilisent le terme de *Search Engine Optimization* (SEO) pour désigner le référencement naturel.

L'optimisation doit d'ailleurs commencer dès la conception du site. C'est pour cette raison que nous avons choisi d'aborder le sujet ici et de présenter les trois grandes techniques à mettre en œuvre pour optimiser son référencement naturel :

1. *On page* : il s'agit de l'optimisation technique des pages du site pour faciliter le passage des moteurs de recherche et éviter les blocages.
2. *On site* : il s'agit de déployer sur l'ensemble du site un contenu pertinent pour les moteurs de recherche.
3. *Off site* : il s'agit de créer des liens vers le site de façon efficace.

Le référencement on page : optimiser les pages

La problématique du référencement naturel doit être abordée dès la création du site. Il s'agit principalement de respecter certaines règles et certaines techniques pour que les pages du site soient correctement visibles pour un moteur de recherche et puissent être facilement découvertes et parcourues par le moteur.

Le choix du nom de domaine

Le nom de domaine du site, c'est-à-dire l'adresse d'accès au site (*www.monsite.com*), peut avoir un impact sur le référencement, même si tous les moteurs n'accordent pas la même importance à cet élément.

Choisir un nom de domaine incluant un mot-clé pertinent pour son activité peut être une bonne solution pour gagner en visibilité dans les moteurs de recherche. Si, en plus, le nom de domaine est court et descriptif (dit « générique »), alors cela peut être un atout dans une stratégie de référencement. Cependant, la grande majorité des noms de domaine génériques sont déjà déposés, souvent dans un but spéculatif. Pour acquérir ces noms de domaine, il est possible de passer par des plates-formes de revente qui gèrent ce second marché. Une des plus connues en France est Sedo (*www.sedo.com*), qui publie d'ailleurs régulièrement un baromètre du secteur. Ainsi en 2010, quelques records de vente ont été enregistrés pour des noms génériques, et notamment le domaine credit.fr, vendu pour 587 500 €. On peut également citer albumphoto.fr (28 106 €) ou locationvacances.fr (10 500 €). Attention néanmoins au nom de domaine à rallonge avec plusieurs mots-clés (exemple : livre-Web-marketing-strategie-digital.com), la dernière mise à jour de l'algorithme de Google (« Panda ») tend à pénaliser ce type de domaine (cf. *infra* encart sur « Panda »).

Il faut tout de même garder à l'esprit que le référencement naturel n'est qu'un élément parmi tant d'autres à prendre en compte pour le choix d'un nom de domaine. Les contraintes sont les mêmes que pour le choix d'une marque : signification, internationalisation, facilité de mémorisation, prononciation, lisibilité, etc.

Les éléments bloquants

Certaines techniques utilisées lors de la création d'un site Web peuvent empêcher le bon référencement des pages du site :

- flash : cette technologie, qui permet de créer des animations de grande qualité et de diffuser des contenus multimédias sur un site, n'est pas adaptée au SEO. Les moteurs de recherche ont en effet beaucoup de difficultés à accéder au contenu des fichiers flash.
- formulaires : les moteurs de recherche ne savent pas remplir les formulaires et ne peuvent donc pas, par exemple, accéder aux pages qui nécessitent une authentification *via* un formulaire ou aux pages accessibles par une recherche interne sur un site.
- Ajax : cette technologie permet notamment de rafraîchir dynamiquement le contenu d'une page sans avoir à changer de page, et donc d'URL. Cela pose un problème pour les moteurs de recherche, pour lesquels un contenu doit être associé à une URL unique.

Il existe cependant des solutions pour éviter ces blocages techniques. Il faut donc vérifier que le prestataire développant le site Web ait bien pris en compte l'impact des technologies retenues sur le référencement naturel.

Les sites ayant un très grand nombre de pages (plusieurs centaines de milliers) peuvent également être pénalisés par les moteurs de recherche lors de leur lancement. Même si les moteurs ont grandement amélioré leur capacité d'exploration du Web, leur proposer un nouveau site de très grande taille peut gêner l'indexation. Il est alors recommandé de limiter le nombre de pages indexables au lancement, puis de leur proposer graduellement de nouvelles pages.

L'organisation des pages

L'organisation des pages d'un site est un élément-clé dans une stratégie de référencement. Cela doit permettre au moteur de recherche de « comprendre » l'organisation du site, de découvrir de nouvelles pages et de savoir quelles sont les pages les plus importantes. Classiquement, les pages Web d'un site sont organisées autour d'une page d'accueil qui est le point central de la navigation grâce à des liens hypertextes. C'est pourquoi cette page doit permettre un accès direct vers les principales pages du site (grandes rubriques, principaux services, catégories de produits principales, etc.). Une règle de référenceur veut que toutes les pages d'un site soient accessibles en moins de trois clics depuis la page d'accueil. On parle alors de niveau de profondeur pour atteindre une page. Plus les pages ont un faible niveau de profondeur, plus les moteurs y attachent de l'importance. Il est donc impératif de penser à un système de navigation accessible sur toutes les pages du site. Ainsi, les pages principales seront liées et le niveau de profondeur des pages secondaires s'en trouvera amélioré.

La pertinence de la profondeur de site est également importante pour les moteurs. Autrement dit, la décomposition en niveaux et sous-niveaux doit obéir à un découpage pertinent de l'information et du contenu. L'objectif est de regrouper les pages traitant du même sujet à un même niveau de l'arborescence du site. Cette pratique est très bien utilisée par les sites d'information, où chaque article est lié à une rubrique précise, elle-même parfois rattachée à une rubrique principale.

Les liens hypertextes constituent le dernier élément d'organisation qui va jouer fortement dans le référencement d'un site. On parle d'ailleurs de « maillage interne » pour désigner la façon dont sont reliées toutes les pages d'un site. L'optimisation du maillage interne est essentielle pour référencer correctement un site. Elle doit aussi bien être quantitative que qualitative.

L'optimisation quantitative part d'un principe simple : pour les moteurs de recherche, plus le nombre de liens internes pointant vers une page est important, plus cette page sera considérée comme importante. Il est donc possible de gérer la « popularité » des pages d'un site en travaillant le nombre de liens pointant vers ces pages.

L'optimisation qualitative est liée tout d'abord à la qualité de l'ancre du lien, c'est-à-dire le texte cliquable du lien. Dans la mesure du possible, il faut faire correspondre l'ancre du lien avec les mots-clés pour lesquels la page doit se positionner. Ensuite, la qualité du lien se mesure également par la position du lien dans la page. Un lien *contextuel*, c'est-à-dire au cœur du contenu, aura plus de poids aux yeux des moteurs de recherche qu'un lien *structurel* (lien placé dans la structure du site : navigation, menu, pied de page, etc.).

La construction de la page

Pour comprendre comment construire une page Web *« SEO friendly »*, il faut déjà comprendre ce qu'est une page Web. On peut considérer une page Web comme la structuration et la mise en forme d'un contenu (texte, image, vidéo, formulaires, etc.). Le langage informatique permettant ces opérations s'appelle le HTML (« *HyperText Mark-Up Language* »). C'est un langage de « marquage » car on utilise des marqueurs, appelés *balises*, pour indiquer comment doit être structuré et mis en forme le contenu.

La première façon de favoriser le référencement d'un site est d'employer à bon escient les balises HTML et de mettre en œuvre une utilisation *sémantique* du balisage. L'objectif est d'offrir la capacité au moteur de recherche de comprendre le contenu qu'il indexe grâce à une structure (les balises HTML), autrement dit donner du sens (d'où la notion de sémantique) et pondérer chaque élément d'une page Web. Il existe ainsi des balises pour indiquer :

- les niveaux de titres (du plus important, balise < h1 >, au moins important, balise < h6 >) ;
- les portions de contenu important (balise < em > et < strong >) ;
- les paragraphes (balise < p >) ;
- les listes (balise < ul > et < ol >) ;
- etc.

Par exemple, pour le titre d'une page du site d'une agence immobilière proposant des locations en Haute-Savoie :

< Title >Location Immobilier Haute-Savoie</Title >

La dernière version du balisage HTML (HTML5, toujours en cours de spécification) pousse encore plus loin la logique de balises sémantiques. Cette nouvelle version introduit en effet de nouvelles balises donnant toujours plus de sens aux contenus parcourus par les moteurs de recherche. Par exemple :

- la balise < nav > permet de désigner des éléments de navigation. Elle sera très utile pour désigner une série de liens vers d'autres pages, et ainsi indiquer clairement aux moteurs de recherche les liens *structurels* du site en les distinguant des liens *contextuels* ;
- la balise < article > permet de marquer des entrées distinctes dans une page Web. Les moteurs de recherche devraient accorder plus de poids au

texte à l'intérieur de cette balise par rapport au contenu situé sur les autres parties de la page ;
- etc.

En plus des balises, une autre approche est en train de se développer, qui consiste à ajouter dans les pages Web des données uniquement destinées aux moteurs de recherche : ce sont les microformats. Aujourd'hui ils permettent de décrire des contenus liés à des informations de contacts, des événements, des produits... D'un point de vue technique, les microformats se basent sur les balises XHTML traditionnelles (< p >, < div >, < ul >, etc.) en ajoutant des attributs spécifiques (comme des « class ») pour décrire le contenu. Voici, par exemple, une partie du code d'une carte de visite utilisant le microformat « vcard », concernant le nom de famille :

```
< span class = « family-name » >Vaillant</span >
```

D'autres informations présentes dans les pages sont également destinées uniquement aux moteurs de recherche. Il s'agit des balises meta. Placées dans l'en-tête de la page, elles permettent de renseigner un certain nombre de métadonnées concernant la page. Pour le référencement, trois balises meta sont particulièrement importantes :

- la balise description : description de la page. Cette balise est essentielle car elle est souvent utilisée par les moteurs de recherche comme texte de description sous le titre des sites trouvés dans les pages de résultats. Il faut donc la renseigner de façon pertinente avec, pour objectif, de déclencher l'envie, et donc le clic de l'internaute. C'est un véritable travail marketing, d'autant qu'il faut rester concis (maximum 250 caractères) et pertinent (une description unique pour chaque page du site) ;
- la balise *keywords* : liste de mots-clés associés à la page. Historiquement importante, cette balise est aujourd'hui ignorée par la majorité des moteurs à cause du peu de fiabilité de son contenu (pratique de spam sur certains sites). Le mieux reste de ne plus la renseigner ;
- la balise robots : elle permet d'indiquer si les moteurs de recherche doivent indexer ou non une page.

Dans l'en-tête des pages est également présente une autre balise d'importance pour le référencement : la balise title. Comme son nom l'indique, il s'agit du titre de la page. Celui-ci est souvent repris par les moteurs de recherche dans les pages de résultats. À l'instar de la balise meta description, la balise title doit être optimisée pour chaque page du site. Elle doit être concise (60 caractères pour 6 à 10 mots), pertinente (inciter au clic) et *« SEO friendly »* (autrement dit contenir des mots-clés placés de préférence en tête de balise).

FOCUS

Comment trouver un bon nom de domaine ?

Trouver un bon nom de domaine pour un nouveau site n'est pas une tâche aisée.

Les premières recherches sont souvent décevantes car on se rend compte que la plupart des noms de domaine envisagés sont déjà réservés (même si aucun site ne les exploite réellement). L'outil pour vérifier l'existence d'un nom de domaine est le *whois* (*« Who is ? »*). Le service de *whois* proposé par Mail Club est particulièrement pratique (*http://www.mailclub.fr/domaines*) car il suffit d'entrer un terme pour connaître sa disponibilité dans de nombreuses extensions, des plus classiques (.com, .net, .org, .fr...) aux plus originales (.bz, .kg, .ps...).

Si le nom de domaine envisagé est déjà réservé mais n'est pas exploité, peut-être est-il à vendre. Le *whois* fournit parfois les coordonnées du propriétaire du nom de domaine. Il peut donc suffire de le contacter pour démarrer les négociations. Un passage par un tiers de confiance est néanmoins recommandé par la suite (de type Sedo ou Escrow). Celui-ci peut d'ailleurs se charger de toute la négociation avec le propriétaire. Il existe également des places de marché qui référencent des milliers de noms de domaines déjà enregistrés et disponibles à la revente. Là encore, Sedo (*http://www.sedo.fr*) est un acteur incontournable. Vous aurez peut-être la chance de pouvoir mettre la main sur un nom de domaine générique (du type avion.fr ou chaussures.com), mais il faudra souvent en payer le prix (plusieurs milliers d'euros).

Reste donc la solution économique (une dizaine d'euros maximum), qui consiste à trouver un nom de domaine original et toujours libre à l'enregistrement. Il s'agit d'un travail comparable à celui de la recherche d'un bon nom de marque. Voilà une check-list utile pour garantir que son nom de domaine est efficace :

1. concis : un nom de domaine doit être court et dynamique pour favoriser la mémorisation (exemple : voila.fr) ;
2. compréhensible : un nom de domaine doit être évocateur, soit parce qu'il est descriptif (exemple : chateauonline.fr pour la vente de vin sur Internet), soit parce qu'il est suffisamment « signifiant » pour devenir une marque, il est *« brandable »*, comme diraient les Anglo-Saxons (exemple : 1855.com, toujours pour la vente de vin en ligne) ;
3. spécifique : un nom de domaine doit être suffisamment différent de celui de vos concurrents afin de vous distinguer (exemple : spartoo.com et sarenza.com) ;
4. facile à mémoriser et à épeler : il est généralement conseillé d'éviter les tirets, les accents et les nombres dans un nom de domaine ;
5. durable : il faut éviter les références qui pourraient être dépassées (exemple : optic2000.com).

Le choix de l'extension est souvent limité aux classiques « .com » et « .fr ». Pourtant, il est possible, dans certains cas, de trouver des extensions plus originales qui fonctionnent bien. Le « .tv » est facile à retenir, le « .pro » permet de bien clarifier les choses, etc. Très rapidement, devraient aussi apparaître des noms de domaine génériques (comme « .music » ou « .paris ») puisque l'ICANN, l'organisme américain qui gère les extensions de domaines, a autorisé leur mise en place.

Le référencement *on site* : une stratégie de contenu

L'importance du contenu

Le contenu est un élément essentiel pour garantir un référencement efficace. Rien d'étonnant à cela puisque l'on peut voir le contenu comme le « carburant » du moteur de recherche. Les moteurs parcourent les sites à la recherche d'un contenu pertinent et unique qui va alimenter leur index. Plus leur index contiendra de contenus originaux, plus les moteurs de recherche seront capables de proposer à l'internaute les pages les plus pertinentes par rapport à leur requête.

Proposer sur son site du contenu original et pertinent est donc une étape nécessaire pour améliorer son référencement. C'est aussi une des techniques les plus « pérennes », pour peu que la démarche de création soit qualitative.

Identifier les mots-clés

La pertinence d'un contenu, aux yeux d'un moteur de recherche, pourrait se mesurer selon le niveau d'adéquation du contenu avec la requête, et donc le besoin d'un internaute. Produire un contenu de qualité nécessite ainsi tout d'abord d'identifier les besoins des internautes ciblés par le site, et ensuite d'identifier les mots-clés utilisés par ces internautes.

Prenons le cas d'un site d'e-commerce vendant des canapés convertibles. La thématique du site est précise, la cible bien identifiée, mais que dire des mots-clés utilisés par les internautes ? On remarque rapidement que ceux-ci n'emploient pas uniquement l'expression « canapé convertible », mais également les expressions « clic-clac », « bz », « canapé-lit », « banquette convertible », etc.

On se rend ainsi compte que dans le cas d'un site d'e-commerce, chaque rayon devrait se voir associer sa propre liste de mots-clés. Réciproquement, si des mots-clés sont suffisamment distincts pour constituer deux groupes, alors il faut deux rayons différents pour mettre en avant les produits (par exemple, un rayon « bz » et un rayon « clic-clac »). Autrement dit, la structure et la hiérarchie des pages d'un site doivent être suffisamment fines pour que chaque page se rapporte à une thématique unique, et qu'une liste unique de mots-clés lui soit associée.

Pour associer une liste de mots-clés à une thématique et l'enrichir, de nombreux outils peuvent être utilisés :

- un dictionnaire des synonymes ;
- Google Suggest ;
- Google Related Searches (recherches associées) ;

- Google *Keyword* Tool (générateur de mots-clés de Google AdWords) ;
- Google Insight for Search (ou en français Google tendances de recherche) et Google Trends ;
- Les générateurs de mots-clés de Yahoo ! et AdCenter.

Tous ces outils vont permettre de trouver de nombreux mots-clés et de juger de leur poids (impressions, concurrence, etc.). Un travail de benchmark permet une approche complémentaire en regardant à la fois les pratiques des sites concurrents, mais aussi les médias sociaux (blogs, Twitter, forums, etc.) afin de repérer des expressions dans le langage des internautes.

Écrire pour le Web

Une fois les listes de mots-clés établies, il faut passer au travail même d'écriture du contenu. L'objectif est de produire un contenu à la fois cohérent et agréable à lire pour l'internaute, tout en incluant les mots-clés retenus dans le texte. Les mots-clés les plus importants devront être répétés plusieurs fois dans des expressions différentes (par exemple : « clic clac pas cher », « housse clic clac », « matelas clic clac », « promo clic clac », etc.). Même si l'objectif est d'être pertinent pour les moteurs de recherche, attention toutefois au texte « suroptimisé » qui en devient lourd et peu fluide à la lecture pour l'internaute.

Il est conseillé également de faire figurer les mots-clés les plus importants dans certains éléments de la page comme le titre de la page, la balise meta, les titres et les sous-titres, les liens. Ces mots-clés peuvent aussi être mis en exergue avec certaines balises HTML pour souligner leur importance (balise < strong >, balise < em >, dont le rendu habituel est réciproquement la mise en gras et la mise en italique du texte).

FOCUS

Panda ou comment Google a fait trembler le Web !

Dire que Google domine le secteur des moteurs de recherche serait un doux euphémisme. La puissance du moteur repose avant tout sur son algorithme, une véritable boîte noire que les référenceurs du monde entier cherchent à percer. Certains s'y prennent mieux que d'autres. Et c'est souvent le jeu du chat et de la souris entre les gourous du référencement et les ingénieurs de Google. Quand les uns trouvent un moyen d'optimiser un site pour les algorithmes de Google, les autres mettent à jour ce même algorithme pour empêcher tout biais dans le positionnement.

Pourtant le 24 février 2011, le monde du SEO a tremblé aux États-Unis avec le déploiement par Google d'une mise à jour importante appelée « Panda ». Bien plus qu'une mise à jour de son algorithme, Google Panda peut être considéré comme un filtre utilisé par Google pour nettoyer l'index des sites qu'il référence. Ce grand nettoyage vise à pénaliser dans l'index les sites dont le contenu n'aurait pas de valeur ajoutée pour les internautes. Sont particulièrement visés aux États-Unis les fermes de contenu[1] et les comparateurs de prix. Certains de ces sites ont perdu jusqu'à 80 % de leur trafic !

Alors, que change réellement cette mise à jour et comment bien gérer son référencement ? Fondamentalement, Panda change la donne. L'objectif pour Google n'est plus que les sites soient pensés pour les moteurs de recherche (*Search Engine Optimization*), mais bien pour les utilisateurs (*User Optimization*). Cette optimisation doit aller dans deux sens :

- du contenu à valeur ajoutée pour l'utilisateur :
  - le contenu original et travaillé sera encore et toujours privilégié par Google ;
  - la qualité du contenu sera également évaluée par l'intérêt social de ce dernier (est-il partagé sur les réseaux sociaux ? Y a-t-il un grand nombre de + 1 ?, etc.) ;
  - la popularité d'un site va dépendre de toutes les pages du site. Aucune des pages ne doit proposer du contenu de faible qualité. Si une page propose un tel contenu, alors il vaut mieux en interdire le référencement ;
  - le contenu devra être pertinent et « accessible » pour éviter que l'utilisateur ne quitte le site rapidement : le rebond (quitter la page dès l'arrivée sur le site) et le « *pogo-sticking* » (revenir dans les résultats de recherche après avoir visité la page) sont des indicateurs utilisés pour le classement des sites ;
- une expérience de qualité pour l'utilisateur :
  - il ne faudra pas abuser de la publicité sur le site, surtout au-dessus de la ligne de flottaison (partie visible du site sans devoir faire défiler la page) ;
  - le temps de chargement ne devra pas être trop long (au-delà de deux secondes, le site est déjà considéré comme lent).

1. Les fermes de contenu sont des sites qui créent des articles sur des sujets divers en identifiant, à partir des requêtes des internautes sur les moteurs de recherche, les sujets ayant un trafic potentiellement intéressant, mais pas de réponse adéquate. Google considère que le contenu, souvent rédigé par des amateurs, y est de qualité très moyenne.

Le référencement *off site* : une stratégie de liens

Si le contenu est généralement considéré comme la base d'un référencement pérenne, la stratégie de liens (ou *linking*) est souvent rapidement efficace. Les deux stratégies sont pourtant indissociables. À quoi bon chercher à obtenir des liens vers les pages d'un site dont le contenu serait pauvre et peu pertinent ? Inversement, à quoi bon produire un contenu de qualité et pertinent si aucun autre site n'y fait référence ?

C'est là qu'intervient toute la stratégie de *linking*, dont l'objectif est d'obtenir des liens en provenance d'autres sites, les fameux *backlinks*. La force de l'algorithme de Google a longtemps reposé sur cette notion de *backlink*. En effet, le moteur de recherche a été rendu célèbre pour le score de qualité qu'il attribuait à chaque site. Ce score, appelé PageRank (du nom de Larry Page, l'un des deux fondateurs de Google), variait en fonction du nombre de *backlinks* qu'un site recevait et de « l'autorité » du site dont émanait le *backlink* (l'autorité du site étant fonction du PageRank de ce site). Pour un site A ayant un PageRank de 4, il est très intéressant de recevoir un lien d'un site B ayant un PageRank de 6 (donc doté d'une plus forte autorité). Aujourd'hui le PageRank n'est plus au cœur de l'algorithme de Google. Cependant, les *backlinks* sont toujours un élément pris en compte par les moteurs de recherche pour mesurer la popularité d'un site ou d'une page.

Il est donc important de trouver des moyens de générer des *backlinks*. Évidemment, avoir un contenu de qualité devrait permettre de générer « naturellement » des *backlinks*. Néanmoins, même avec un contenu de qualité, certaines pages auront du mal à générer des liens.

Certaines méthodes facilitent la récolte rapide des *backlinks* :

- Link Ninja : cette méthode, qui consiste à rechercher soi-même les sites les plus pertinents et à négocier la mise en place d'un lien, est longue à déployer, mais souvent très qualitative (maîtrise du lien et de la page des destinations).
- Link Bait : cette méthode consiste à appâter *(bait)* les autres sites grâce à un contenu de qualité et original qui donne envie d'être partagé et discuté (l'humour, la polémique, les classements, l'actualité sont de bons moyens d'obtenir des liens).
- *Social Media Optimization* (SMO) : cette méthode consiste à être présent sur les très nombreux médias sociaux afin de générer des liens.

L'essentiel dans une stratégie de *linking*, c'est de générer des liens qui semblent le plus « naturels » possible pour un moteur de recherche. Il faut donc des liens de tout type : des sites récents et anciens, des petits et des gros sites, des sites à forte et faible notoriété, des sites en tout genre (blogs, forums, annuaires, médias, etc.), des liens réciproques et non réciproques, etc.

Vers le référencement universel

Aujourd'hui, les moteurs de recherche ne se contentent plus de proposer dans leurs pages de résultats des liens vers des sites Web. Ils y proposent également des photos, des vidéos, des cartes, des produits, des actualités, ou même encore la météo, le cours de la Bourse ou une séance de cinéma ! Ces résultats complémentaires permettent alors de parler de « recherche universelle » (concept popularisé par Google). Actuellement, près de 20 % des recherches donneraient lieu à l'affichage d'un résultat complémentaire.

Ainsi, dans une stratégie de référencement naturel, il faut savoir comment tirer profit de ces résultats complémentaires pour générer du trafic, et donc savoir mettre en place une stratégie de référencement universel.

La première étape d'une stratégie de référencement universel consiste à faire l'inventaire de tous les contenus disponibles pouvant apparaître dans un résultat universel : avez-vous des photos ou des vidéos ? Avez-vous une ou des adresses physiques pour votre activité ? Avez-vous un blog ou publiez-vous des articles ? Avez-vous des documents non HTML (pdf, PowerPoint, Word...) ?

Si vous n'avez pas tous ces types de contenus, il faut vous demander s'il y a une véritable nécessité à en produire. C'est le cas, par exemple, des vidéos dont le coût de production n'est pas négligeable. Le trafic escompté permettra-t-il de rentabiliser l'investissement ? La vidéo pourra-t-elle être bien référencée ? Autant de questions à se poser.

Une fois les contenus identifiés, il faudra, pour chacun d'entre eux, mettre en place des actions spécifiques :

- photos/vidéos : leur donner un nom explicite, contextualiser le média par du texte (balise « alt », texte entourant le média, etc.), diffuser ces contenus (sites de partage et réseaux sociaux) ;
- carte : inscrire son établissement sur Google Maps ou en réclamer la propriété s'il a été créé par un utilisateur, optimiser le texte de sa fiche, inciter les utilisateurs à laisser des commentaires ;
- actualités : inscrire son site sur Google News s'il peut être considéré comme un véritable média de qualité, ou bien publier ou susciter des articles sur des sites déjà référencés sur Google News (travail proche des relations presse) ;
- documents : les publier sur les plates-formes spécialisées (scribd.com, slideshare.com, etc.) et les partager sur les réseaux sociaux.

Récapitulatif 1 : démarrer un projet de site

La mise en place d'un projet de création de site Web fait intervenir un client et un ou des prestataires techniques.

On distingue trois grands types de prestataires techniques :

- les agences interactives ;
- les SSII ;
- les intégrateurs.

Le cahier des charges est le document central d'un projet de création de site Web. Il permet de formaliser les attentes du client vis-à-vis de son/ses prestataires dans le cadre de la conception du site Web.

Récapitulatif 2 : intégrer une approche marketing

Les équipes marketing doivent intervenir sur les projets de création de site Web. Elles doivent adopter une approche centrée utilisateur afin d'apporter leur expertise et faire des propositions pour gérer l'interaction utilisateur/site. Les méthodes de conception orientée utilisateur peuvent être utilisées.

L'équipe marketing est en charge de bâtir l'offre de service en ligne. Elle doit s'articuler entre services de base (besoin principal de l'utilisateur) et services périphériques (qui ajoutent de la valeur aux services de base).

L'équipe marketing est également garante de la qualité de service, c'est-à-dire de l'expérience utilisateur sur le site Web (arborescence, ergonomie, design). Il faut aussi prévoir des outils pour pallier l'absence d'interaction directe avec du personnel.

L'équipe marketing doit en outre étudier les outils d'interaction entre internautes qui doivent être mis en place sur le site.

Récapitulatif 3 : mettre en œuvre la stratégie de référencement

Une stratégie de référencement efficace se construit en trois temps :

1. L'optimisation des pages (stratégie on page). Il s'agit de l'optimisation technique des pages du site pour faciliter le passage des moteurs de recherche et éviter les blocages :

- choisir un nom de domaine efficace ;
- mettre en place une organisation des pages cohérente ;
- construire un code de page propre et structuré ;
- lever les blocages techniques.

2. La mise en place de la stratégie de contenu (stratégie *on site*). Il s'agit de déployer sur l'ensemble du site un contenu pertinent pour les moteurs de recherche :

- prendre en compte l'importance du contenu ;
- identifier les mots-clés ;
- écrire du contenu adapté au Web.

3. La mise en place de la stratégie de liens (stratégie *off site*). Il s'agit de créer des liens vers le site de façon efficace.

Chapitre 8 ■
Les liens sponsorisés (SEM)

■ DÉCOUVRIR L'ENVIRONNEMENT

SEM, SEO et SEA

Dans le Web marketing, les acronymes anglo-saxons sont légion et le domaine des liens sponsorisés n'échappe pas à la règle. Ainsi les professionnels du Web utilisent-ils très couramment l'acronyme SEM (*Search Engine Marketing*) pour désigner la publicité faite sur les moteurs de recherche... même si cet emploi est un peu approximatif !

Pour expliquer ce paradoxe, commençons par observer une liste de résultats dans un moteur de recherche. Par exemple, une recherche « credit immobilier » sur Google. Deux types de liens sont présentés. En haut de page et sur la colonne de droite on trouve des « liens commerciaux », comme l'indique Google. Il y en a trois sur la partie haute de la page avec un fond de couleur, c'est l'espace premium. Sur la colonne de droite on en retrouve jusqu'à huit supplémentaires. Ces liens ont été achetés par des annonceurs ; ce sont des liens sponsorisés, autrement dit de la publicité sur un moteur de recherche ou, en anglais dans le texte, *Search Engine Advertising* (SEA). Le reste de la page est composé de résultats dits « naturels », il s'agit des pages de sites Web trouvés « naturellement » par les moteurs de recherche et classées selon des algorithmes propres à chacun d'entre eux. Il existe des techniques permettant de gagner des positions dans les résultats naturels d'un moteur de recherche, cela nécessite des optimisations. C'est pourquoi les Anglo-Saxons utilisent le terme de *Search Engine Optimization* (SEO) pour désigner les résultats naturels.

On a donc, d'un côté le référencement payant (SEA) et, de l'autre, le référencement naturel (SEO). Ces deux formes de présence sur les moteurs de recherche font partie des leviers marketing déployables, c'est-à-dire le SEM. Autrement dit, SEM = SEA + SEO. Seulement, le jargon professionnel

Résultats de recherche « naturels » et publicités sur le moteur de recherche

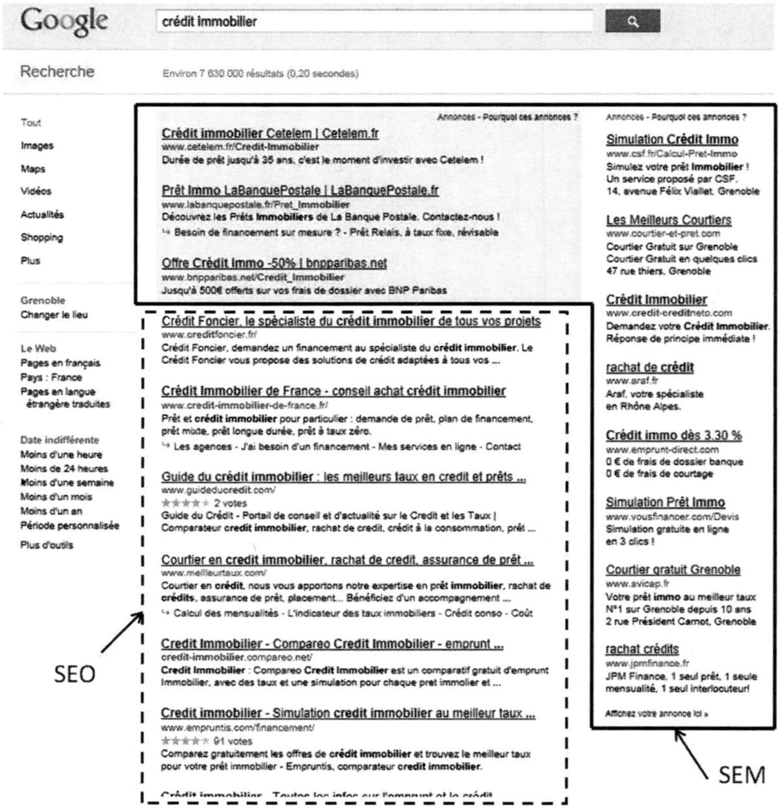

n'a jamais (en tout cas pas encore) retenu l'expression SEA et lui a substitué le terme SEM !

En résumé, les termes employés par les professionnels sont les suivants :

- SEM = référencement payant = liens sponsorisés = liens commerciaux = *Search* ;
- SEO = référencement naturel = référencement.

Les acteurs du marché

Trois acteurs américains se partagent le marché français du SEM :

- **Google** *via* son programme AdWords ;
- **Yahoo !** avec Yahoo ! Search Marketing ;
- **Microsoft** avec AdCenter.

Pourtant, pour de nombreux professionnels le SEM reste associé quasi exclusivement à Google. Et pour cause ! Le moteur de recherche représente plus de 90 % des recherches effectuées sur le marché français. Microsoft avec Bing (son nouveau moteur de recherche lancé en juin 2009) représente moins de 3 % des recherches et Yahoo ! moins de 2 %. Le reste des recherches est effectué principalement sur les portails des fournisseurs d'accès à Internet (Orange, SFR, Free, Alice...) qui diffusent d'ailleurs, pour la plupart, les liens sponsorisés... de Google ! Au final, le géant américain de la recherche concentre près de 95 % de la diffusion de liens sponsorisés sur le marché français.

Cette domination a conduit Yahoo ! et Microsoft à mener une alliance stratégique afin d'unir leur force sur le marché du SEM. Concrètement, le moteur de recherche Bing va, à terme, être utilisé par les deux sociétés, et c'est la technologie de Microsoft qui a été retenue pour diffuser les liens sponsorisés sur ce moteur. Cette alliance est déjà opérationnelle aux États-Unis. Pour la France, la migration devrait avoir lieu courant 2012.

Si les concurrents de Google veulent s'allier, c'est que le *search* représente le premier marché d'investissement publicitaire sur Internet en France. À en croire les chiffres publiés par le Syndicat des régies Internet (SRI[1]), les dépenses en SEM étaient de 960 millions d'euros en 2010 (croissance de 9 % par rapport à 2009) en France.

Le fonctionnement du système

Le principe général du SEM est relativement simple, mais sa mise en œuvre et ses subtilités en font une véritable science pour certains, un art pour d'autres !

Le principe du SEM repose sur la possibilité pour un annonceur d'acheter des mots-clés afin de déclencher l'affichage d'une annonce publicitaire lorsque la requête saisie par l'internaute sur le moteur de recherche correspond au mot-clé acheté. L'achat des mots-clés est basé sur un système d'enchère.

1. Observatoire de l'e-pub SRI-CAPGEMINI, disponible sur *http://www.sri-france.org/*.

Les annonces publicitaires

Les annonces diffusées sur les moteurs ont un format identique, composé de quatre éléments :

- un titre ;
- une description sur deux lignes ;
- une URL affichée ;
- une URL de redirection (utilisée lors du clic).

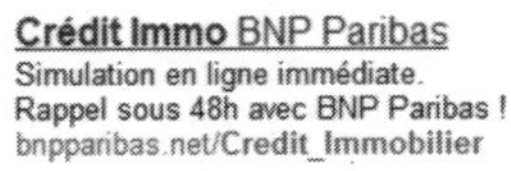

Chaque annonce est rattachée à un ensemble de mots-clés. Il est conseillé, pour chacun de ces groupes de mots-clés, d'avoir plusieurs versions d'annonce afin de trouver la version la plus efficace (cf. *infra* « structure d'une campagne »). Des modifications, même minimes, sur une annonce peuvent fortement augmenter le nombre de clics sur celle-ci.

Pour certains mots-clés, où de nombreuses annonces sont en concurrence, un affichage premium apparaît en haut de page pour les trois premières annonces. Le format de l'annonce est identique mais la description s'affiche sur une unique ligne au lieu de deux.

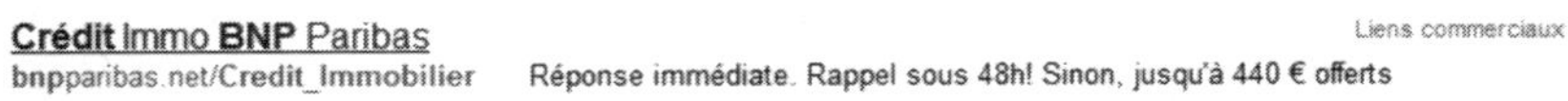

La position de l'annonce dans la page de résultats (affichage premium sur les positions de 1 à 3, puis affichage « classique » sur les positions suivantes) est importante car meilleure elle est, meilleur est le nombre de clics sur l'annonce. Cette position dépend du système d'enchère.

Le système d'enchère

Pour déterminer la position d'une annonce, deux éléments sont pris en compte par les moteurs de recherche : l'enchère et la qualité.

L'enchère est le montant maximal que l'annonceur est prêt à payer pour un clic sur son annonce. On parle alors de « coût par clic maximal » (CPC_{max}). Le CPC_{max} est associé à un mot-clé car c'est ce « qu'achète » l'annonceur : il achète un mot-clé dont la saisie par l'internaute déclenche l'affichage de son annonce. L'annonceur ne paiera que si l'internaute clique sur l'annonce. Si l'internaute ne clique pas, l'annonceur ne paie rien. Le système est concurrentiel, dans la mesure où d'autres annonceurs peuvent enchérir sur un même mot-clé. Ainsi, toutes choses égales par ailleurs, l'annonceur ayant la plus forte enchère sera positionné en tête de résultat.

Les annonces des autres annonceurs prendront les positions inférieures par ordre décroissant d'enchère.

Toute la subtilité du système, c'est que l'enchère n'est pas le seul élément pouvant garantir la position. Un score de qualité (*Quality Score* ou Q_S) est appliqué à l'annonceur pour chacune de ses enchères. Ce score vient en quelque sorte moduler le poids de l'enchère. Autrement dit, un annonceur avec un score élevé mais une enchère faible pourra voir son annonce positionnée devant celle d'un autre annonceur ayant une enchère plus élevée, si le score de qualité de ce dernier est faible (cf. *infra* pour plus d'information sur le *Quality Score*).

Généralement, on résume le système de positionnement d'une annonce par la formule suivante :

$$\text{Positionnement} = CPC_{max} \times Q_s$$

Les indicateurs

Pour mieux appréhender l'univers du SEM, certains indicateurs sont incontournables :

- **le taux de clics** : cet indicateur mesure le nombre de clics sur une annonce par rapport au nombre d'affichages (aussi appelés « impressions ») de cette annonce sur le moteur de recherche. Une fois de plus, l'acronyme anglais est souvent utilisé pour désigner ce ratio, soit CTR pour *Click Through Rate*. Le CTR est un indicateur-clé de la performance d'une annonce. Il contribue également au *Quality Score* (cf. *infra*) ;
- **le coût par clic moyen (CPC_{moy})** : cet indicateur donne le coût moyen d'un clic sur une annonce (budget dépensé/nombre de clics). À chaque clic sur une annonce, un coût spécifique est associé (toujours inférieur au CPC_{max}). Le calcul de ce coût dépend de la position de l'annonce par rapport au concurrent et de son niveau de qualité (cf. *infra* pour le détail du calcul) ;
- **la position moyenne** : cet indicateur donne la moyenne des positions d'une annonce. Par exemple, une annonce qui s'affiche 100 fois en position 1, 200 fois en position 2 et 500 fois en position 3 aura une position moyenne de : $(100 \times 1 + 200 \times 2 + 500 \times 3)/(100 + 200 + 500) = 2{,}5$;
- **la part d'impressions** : cet indicateur permet de mesurer le taux de diffusion des annonces d'une campagne et se calcule en faisant le ratio entre le nombre de requêtes ayant déclenché une impression de l'annonce et le nombre de requêtes qui ont ou auraient pu déclencher une impression de l'annonce. Autrement dit, cet indicateur permet de comprendre le nombre d'occasions manquées d'affichage d'une annonce.

Le réseau de contenu

Avant de voir plus en détail comment créer une campagne SEM performante, il faut s'attarder sur un dernier élément : le réseau de contenu. En effet, il est possible d'utiliser les technologies de diffusion SEM pour diffuser une annonce… en dehors d'un moteur de recherche ! C'est ce que l'on appelle la « diffusion contextuelle ».

Le principe de la diffusion contextuelle est relativement simple. Des sites s'inscrivent au réseau de diffusion. Ils définissent des emplacements dans les pages où ils souhaitent faire apparaître des liens sponsorisés. Chaque page est alors analysée par le moteur de recherche afin d'en déduire un champ sémantique. Le moteur fait de même pour les campagnes SEM des annonceurs afin de trouver les annonces qui sont contextuellement adaptées au contenu du site de diffusion. Ensuite, les mécanismes d'enchère, de qualité et de position entrent en jeu comme pour la diffusion classique.

Prenons, par exemple, une page consacrée au régime sur le site Doctissimo. En bas de page, on trouvera des annonces contextuelles en rapport avec les régimes. Ce système permet une meilleure pertinence et offre donc un nombre conséquent d'impressions supplémentaires pour les annonces. En revanche, les taux de clics sont plus faibles que sur les moteurs de recherche (les annonces contextuelles étant souvent moins visibles que sur un moteur, car souvent placées en bas de page…).

Aujourd'hui, seul Google propose un réseau de diffusion contextuelle *via* le réseau AdSense. Yahoo ! a coupé son réseau en France en avril 2010 (Yahoo ! Publisher Network) et AdCenter de Microsoft ne propose pas cette fonctionnalité sur le marché français. Il faut également noter que Google a renommé en 2010 son réseau de diffusion contextuelle : on ne parle plus du « réseau de contenu Google », mais du « réseau *display* de Google ». Cette évolution sémantique est riche de significations. Cela montre bien la volonté de Google d'ouvrir son réseau de diffusion contextuelle à d'autres supports que les annonces textuelles, en particulier les bannières publicitaires (cf. pour plus d'information sur ces évolutions le chapitre 9 sur la publicité en ligne).

CRÉER UNE CAMPAGNE PERFORMANTE

Comme vous l'aurez compris en lisant l'introduction précédente, la solution AdWords de Google domine le marché du SEM. Dans les chapitres suivants nous nous référerons exclusivement à cette solution, sauf mention contraire.

La structure d'une campagne

La structuration d'une campagne SEM peut, à elle seule, influer grandement sur les performances de la campagne. C'est donc un élément à ne pas négliger.

Voici un schéma résumant les différents « niveaux » de la structure SEM.

Les différents niveaux de la structure SEM

Détaillons ces différents niveaux :

- **le compte** correspond à une entité de gestion des campagnes. Au sein d'un compte, plusieurs campagnes peuvent être créées et gérées. C'est à son niveau que se gèrent toutes les options d'administration (facturation, accès au compte, alertes, etc.). À chaque compte correspond un identifiant unique. Les agences et les plus gros annonceurs qui possèdent plusieurs comptes peuvent les regrouper au sein d'un centre multicompte ;
- **la campagne** constitue l'élément de base de la structure SEM. De nombreux réglages ne s'appliquent qu'au niveau de la campagne, en premier lieu desquels le budget alloué à celle-ci. D'autres réglages sont disponibles comme le type de réseau de diffusion (réseau de recherche et/ou de contenu), les horaires de diffusion des annonces, ou encore les zones géographiques de diffusion ;
- **les groupes d'annonces (ou *adgroups*)** sont une subdivision des campagnes. Ils permettent de regrouper ensemble des mots-clés et des annonces pertinentes. La notion de pertinence est essentielle car à un ensemble de mots-clés vont être associées des annonces. Il faut donc que les mots-clés regroupés au sein d'un même *adgroup* partagent un lien sémantique ou thématique.

Les enchères sont gérées au niveau des mots-clés. On peut donc attribuer une enchère spécifique à chacun des mots-clés. Pour faciliter la gestion, il est également possible d'associer une enchère à un groupe d'annonces. Cette enchère s'applique alors à l'ensemble des mots-clés de ce groupe. Si une enchère est définie à la fois pour un mot-clé et un groupe d'annonces, c'est l'enchère du mot-clé qui prime.

Prenons l'exemple d'une agence immobilière proposant des maisons et des appartements à la vente et à la location à Lyon et Grenoble. Le gestionnaire de l'agence sait que ces futurs clients cherchent à acheter ou à louer un type de bien précis dans une ville précise. Il doit donc recréer ce niveau de précision dans sa structure SEM afin de proposer les annonces les plus pertinentes. Voici deux suggestions d'organisation des campagnes :

	CAMPAGNES	*ADGROUPS*	MOTS-CLÉS
Compte Agence Immo	Campagne Lyon	Vente + Appartement	Acheter appartement Lyon, achat appartement Lyon, appartement en vente Lyon, etc.
		Vente + Maison	Acheter maison Lyon, achat maison Lyon, maison en vente Lyon, etc.
		Location + Appartement	Louer appartement Lyon, location appartement Lyon, appartement en location Lyon, etc.
		Location + Maison	Louer maison Lyon, location maison Lyon, maison en location Lyon, etc.
	Campagne Grenoble	Vente + Appartement	Acheter appartement Grenoble, achat appartement Grenoble, appartement en vente Grenoble, etc.
		Vente + Maison	Acheter maison Grenoble, achat maison Grenoble, maison en vente Grenoble, etc.
		Location + Appartement	Louer appartement Grenoble, location appartement Grenoble, appartement en location Grenoble, etc.
		Location + Maison	Louer maison Grenoble, location maison Grenoble, maison en location Grenoble, etc.

	CAMPAGNES	*ADGROUPS*	MOTS-CLÉS
Compte Agence Immo	Campagne vente	Lyon + Appartement	Acheter appartement Lyon, achat appartement Lyon, appartement en vente Lyon, etc.
		Lyon + Maison	Acheter maison Lyon, achat maison Lyon, maison en vente Lyon, etc.
		Grenoble + Appartement	Acheter appartement Grenoble, achat appartement Grenoble, appartement en vente Grenoble, etc.
		Grenoble + Maison	Acheter maison Grenoble, achat maison Grenoble, maison en vente Grenoble, etc.
	Campagne location	Lyon + Appartement	Louer appartement Lyon, location appartement Lyon, appartement en location Lyon, etc.
		Lyon + Maison	Louer maison Lyon, location maison Lyon, maison en location Lyon, etc.
		Grenoble + Appartement	Louer appartement Grenoble, location appartement Grenoble, appartement en location Grenoble, etc.
		Grenoble + Maison	Louer maison Grenoble, location maison Grenoble, maison en location Grenoble, etc.

Appartement Lyon
Trouvez un appartement à acheter
à Lyon. Photos en ligne.
AgenceImmo.fr/Lyon+Achat

Appartement Grenoble
Trouvez un appartement à louer
à Grenoble. Photos en ligne.
AgenceImmo.fr/Grenoble+Location

On constate que les mots-clés regroupés ensemble répondent tous à un croisement « type de transaction + type de bien + ville » car c'est ce que recherche réellement un futur client. En opérant ce regroupement thématique, on peut ainsi proposer des annonces pertinentes dans chaque *adgroup*.

Les deux structures de campagnes proposées devraient être tout aussi performantes l'une que l'autre. En revanche, chacune d'entre elles répond à un besoin particulier. La première sera adaptée si notre agent immobilier gère une agence dans chacune des deux villes et que chaque agence a un budget de communication dédié. En effet, avec cette structure, il pourra allouer un budget spécifique à chaque ville puisqu'il y a une campagne par ville. La seconde structure sera plus adaptée si notre agent immobilier définit son budget de communication en fonction du type de transaction (par exemple, 80% du budget pour la vente et 20% pour la location). Si notre agent gère encore plus finement son budget par ville et par transaction, on pourrait alors imaginer la création de 4 campagnes [(location + vente) × 2 villes].

On constate que la structure d'une campagne doit toujours permettre d'atteindre un niveau de finesse suffisant au niveau des *adgroups* pour que les regroupements de mots-clés puissent faciliter la création d'annonces très ciblées. L'autre constat, c'est que la structure d'un compte SEM doit s'adapter à l'activité, et notamment à la façon dont les budgets de communication sont attribués et au niveau de granularité du *reporting* à mettre en place.

La typologie des mots-clés

Lors de la création d'une campagne SEM, il faudra s'interroger sur les types de mots-clés à y faire figurer. Typiquement les mots-clés peuvent être regroupés dans trois grandes catégories.

Les mots-clés « marque »

Faciles à identifier, ce sont ceux liés à une marque et à ses dérivés (les fautes d'orthographe, les approximations, les dérivés de type produit + marque, etc.). Il peut sembler étrange d'acheter sa propre marque dans une campagne SEM. Néanmoins, trois arguments prouvent la pertinence de cet achat :

- **améliorer son niveau de qualité** : un mot-clé « marque » va enregistrer un taux de clics bien plus élevé que les autres mots-clés. Ce taux de clics élevé va contribuer à améliorer le score de qualité de l'annonceur et va donc contribuer à diminuer son CPC moyen (cf. *infra* pour plus d'information sur ce mécanisme) ;
- **capitaliser sur sa notoriété** : un mot-clé « marque » permet de capitaliser sur sa notoriété en proposant une annonce renvoyant vers une offre spécifique que l'annonceur souhaite mettre en avant. Cela est d'autant plus vrai avec la mise en place sur AdWords des *sitelinks*. Ce sont ces liens supplémentaires (jusqu'à quatre) qui s'affichent en plus de l'annonce classique. Par exemple, voilà comment Jet tours utilise sa notoriété pour orienter l'internaute vers des offres spécifiques ;

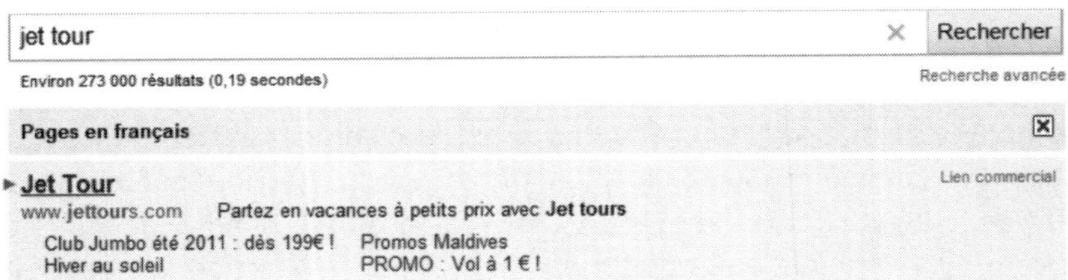

- **se protéger face à la concurrence** : depuis septembre 2010, Google autorise les annonceurs à utiliser des marques tierces en tant que mots-clés à condition, bien sûr, que l'annonce associée respecte les principes habituels de la publicité (pas de concurrence déloyale, pas de publicité comparative, etc.). Parfois, pour un annonceur, il vaut donc mieux acheter sa marque pour « contrer » toute utilisation gênante par un tiers.

Les mots-clés génériques

Ils sont le plus directement rattachés à l'activité de l'annonceur. Ce sont généralement des expressions courtes (1 à 3 mots maximum), employées quotidiennement et fortement recherchées sur les moteurs. Ces mots-clés peuvent potentiellement générer beaucoup de trafic mais, la concurrence étant importante, le CPC moyen sera élevé.

Par exemple les mots-clés génériques pour un libraire pourraient être : « livre », « librairie », « libraire », « livre de poche », « librairie en ligne ».

Ces mots-clés présentent également des déclinaisons. Il s'agit d'expressions contenant les mots-clés génériques, associés à des précisions de recherche. Par exemple : « livre pas cher », « acheter livre », « trouver livre », « livre en promo », etc. Ces mots-clés génèrent souvent moins de trafic, mais ils peuvent être très intéressants selon le positionnement de l'annonceur… ou totalement inefficaces (par exemple « livre gratuit » pour notre libraire). Dans ce dernier cas, il faudra utiliser les fonctions d'exclusion pour ne pas afficher une annonce lorsque certains mots sont présents dans la requête de l'internaute (c'est ce que l'on appelle les « mots-clés négatifs »).

Les mots-clés *long tail*

La « *long tail* » (ou « longue traîne » en français) est un concept issu des statistiques. Il désigne une distribution de population spécifique : quelques individus sont fortement représentés dans la population (fréquence élevée), alors que le reste de la population, composée de nombreux individus, est peu représenté individuellement (faible fréquence de chaque individu). Le schéma ci-après illustre ce type de distribution dans le domaine du SEM. Cela revient à dire qu'un petit nombre de mots-clés génère un grand nombre de clics, et que les clics restants sont générés par une multitude d'autres mots-clés.

***Long tail* ou longue traîne**

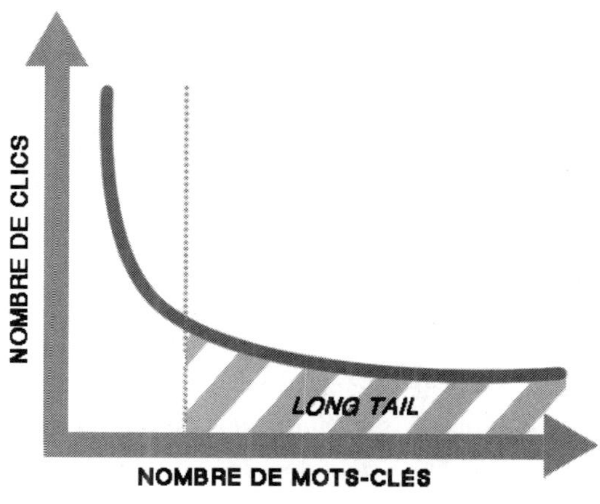

Le petit groupe de mots-clés générant de nombreux clics comprend tous les mots-clés génériques, ces fameuses expressions courtes (1 à 3 mots) et très concurrentielles (« livres », « librairie », etc.). Plus on s'approche de la *long tail*, plus les expressions seront des déclinaisons des mots-clés génériques (« acheter livre », « livre pas cher », « livre auteur français », etc.). La *long tail* sera, quant à elle, composée d'expressions longues (souvent plus de 4 mots) et rarement recherchées (« meilleur livre policier de 2010 », « roman littérature française XIXe siècle », « livre fantastique auteur suédois avec couverture noir »...).

Il est important d'inclure dans ses campagnes des expressions de *long tail* et ce, pour plusieurs raisons :

- c'est un apport de trafic non négligeable. Le concept de la *long tail* met en effet en évidence que la somme des quelques clics générés par une multitude de mots-clés peut être tout aussi importante que les nombreux clics générés par quelques mots-clés génériques ;
- c'est un moyen d'éviter la concurrence. Il y en a toujours moins sur les mots-clés de *long tail* que sur les mots-clés génériques. Le CPC moyen est donc plus faible sur ce type d'expression. Cette moindre concurrence s'explique par la spécificité des expressions qui sont souvent propres à une activité, mais aussi par le travail supplémentaire que nécessite la mise en place de campagnes *long tail* ;
- c'est un moyen de conversion efficace. Dans la mesure où la requête de l'internaute est très spécifique, si l'on peut lui proposer une annonce et une page de destination en parfaite adéquation avec sa demande (souvent des pages profondes du site, pas la *home page*), il y a de grandes chances que sa visite amène une conversion (achat, *lead*, inscription, etc.).

La réussite d'une campagne *long tail* passe donc par l'identification des expressions longues, propres à une activité (pour un e-commerçant, il s'agira souvent des références produits issues de son catalogue). Il faudra ensuite conserver la cohérence propre à toute campagne SEM, à savoir une page de destination et une annonce en rapport avec l'expression achetée.

Dans l'exemple de notre agence immobilière, la *long tail* pourrait se construire en cherchant des expressions plus précises sur le type de bien (« appartement avec terrasse », « maison avec jardin », « maison neuve », etc.) ou sur la localisation géographique (« lyon 4 », « lyon quartier guillotière », « centre ville grenoble », etc.). Évidemment, il est inutile d'acheter un mot-clé comme « vente appartement avec terrasse à lyon confluence » si l'agent immobilier ne possède pas ce type de bien en portefeuille !

Le ciblage des mots-clés

Comme nous venons de le voir, une campagne SEM efficace nécessite d'identifier tous les mots-clés et toutes les expressions susceptibles d'être tapés par un internaute dans un moteur de recherche. Ce travail peut vite se révéler chronophage. Heureusement, il existe un paramétrage au niveau des mots-clés achetés en SEM qui permet de réduire ou d'élargir la correspondance entre le mot-clé acheté et l'expression saisie par l'internaute. C'est ce que l'on appelle le « ciblage ». Autrement dit, associer un paramètre de ciblage à un mot-clé permet de définir si la requête de l'internaute doit ou ne doit pas déclencher l'affichage d'une annonce.

On distingue deux moyens de ciblage : le ciblage positif et le ciblage négatif.

Le ciblage positif

Il est associé à chaque mot-clé acheté dans une campagne. Trois paramètres de ciblage peuvent être définis :

- **le ciblage exact** (ou *exact match* en anglais) : c'est le ciblage le plus précis. Il ne déclenche l'affichage d'une annonce que lorsque la requête saisie par l'internaute correspond *exactement* au mot-clé acheté. Par exemple, dans le cas de notre agence immobilière, si le ciblage exact est appliqué au mot-clé « appartement lyon », les annonces de l'agence ne seront diffusées que lorsqu'un internaute saisira exactement ce mot-clé, et pas « *acheter* appartement lyon », « appartement lyon *centre* », « appartement *à* lyon »... Ce ciblage permet donc de limiter les affichages des annonces en privilégiant la qualité de la correspondance. En revanche, en limitant les affichages, il diminue, de fait, les volumes d'impression. Ainsi, c'est un ciblage à privilégier pour les expressions dont on est assuré qu'elles sont saisies telles quelles par les internautes (cf. *infra*) ;
- **le ciblage « expression »** (ou *phrase match* en anglais) : c'est un ciblage intermédiaire. Il ne déclenche l'affichage d'une annonce que lorsque la forme exacte du mot-clé acheté est présente dans une *expression* saisie par l'internaute. Par exemple, si le ciblage *exact* est appliqué au mot-clé « appartement lyon », les annonces seront diffusées pour les requêtes comme « acheter appartement lyon », « appartement lyon à vendre », « louer appartement lyon centre », mais pas pour la requête « acheter un appartement à lyon ». Ce ciblage permet donc d'afficher plus souvent les annonces, sans pour autant acheter de très nombreux mots-clés. En revanche, avec ce ciblage la qualité de la correspondance sera un peu moindre. Par exemple, pour « appartement lyon » en ciblage « expression », les annonces s'afficheront pour la requête « architecture appartement lyon » ce qui, *a priori*, ne correspond pas à un internaute intéressé par les offres immobilières de notre agence (un ciblage négatif adapté peut limiter ce type de problème, cf. *infra*) ;

- **le ciblage large** (ou *broad match* en anglais) : c'est le ciblage le moins restrictif. Il déclenche l'affichage d'une annonce dès que la requête saisie par l'internaute contient le ou les mots-clés présents dans l'expression achetée. Pour un ciblage large, l'expression « appartement lyon » déclenchera l'affichage des annonces pour toutes les requêtes suivantes : « lyon appartement », « acheter un appartement à lyon », « louer à lyon un appartement », « appartement en vente lyon », etc. Il faut également savoir qu'associer un ciblage large à un mot-clé déclenche automatiquement l'activation du ciblage large étendu (ou *expanded broad match* en anglais). Cette fonctionnalité permet d'afficher les annonces lorsque la requête saisie par l'internaute est « suffisamment proche » de l'expression achetée. Cette « proximité » est déterminée par Google ; il s'agit principalement des fautes d'orthographe, des variations singuliers/pluriels, des abréviations et des acronymes, ou encore des synonymes ou des requêtes liées (comme « fleurs » et « tulipes »). Ainsi, du fait du ciblage large étendu, l'achat de l'expression « appartement lyon » déclenchera l'affichage des annonces pour des requêtes comme « appartements lyon », « appart à lyon », « apartement lion », « immeuble lyon »... Ce type de ciblage permet donc des volumes importants mais peut fortement réduire la qualité, notamment sur des mots-clés à double sens (quand on achète le mot « livre » en ciblage large, parle-t-on de livre à lire ou de livre sterling ?).

Depuis juillet 2010, Google propose également une option appelée « modificateur de requête large » (*modified broad match* en anglais) qui permet d'offrir plus de restrictions qu'un ciblage large tout en proposant un volume important. L'option s'applique à un ou plusieurs mots d'une expression achetée en ciblage large (le mot est alors précédé du signe « + »). Chacun de ces mots doit figurer dans la requête de l'internaute de façon exacte ou avec une variante proche pour déclencher l'affichage des annonces. Pour Google, les variations proches incluent les fautes d'orthographe, les variations singuliers/pluriels, les abréviations et les acronymes, ainsi que les variantes dérivées d'un même radical (« maçon » et « maçonnerie »). En revanche, les synonymes et les recherches liées ne sont pas considérés comme des variantes proches.

Pour récapituler, voici un schéma paru sur le blog de Google AdWords et reprenant les différents types de ciblage disponibles.

Ciblage des mots-clés avec AdWords[1]

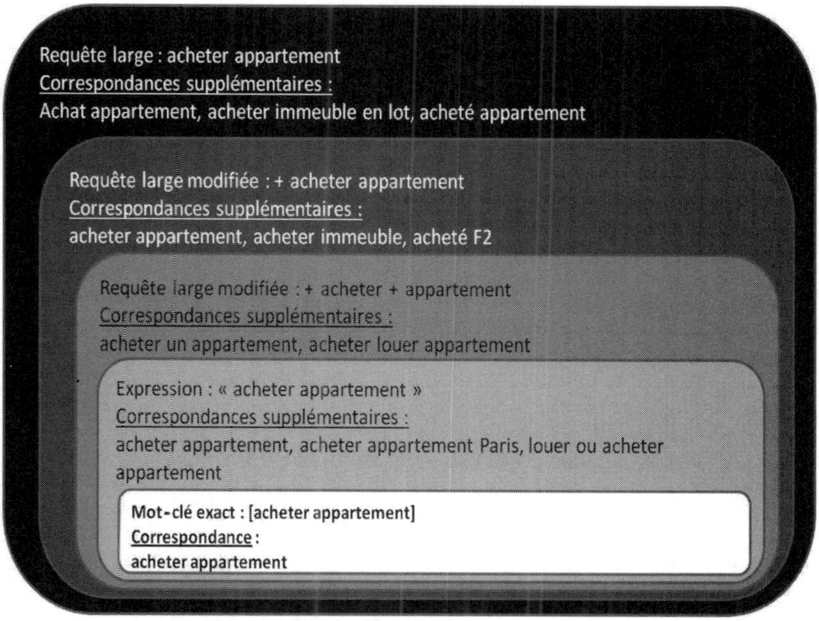

Source : Google, au cœur d'AdWords : le blog officiel d'AdWords en français, *http://adwords-fr.blogspot.com/2010/07/nouvelle-fonctionnalite-le-modificateur.html.*

Le ciblage négatif

Il est associé non pas aux mots-clés achetés (ceux qui déclenchent l'affichage des annonces), mais à des mots-clés qui restreignent l'affichage des annonces. Autrement dit, il s'applique aux mots-clés que l'on souhaite exclure de sa campagne. Nous y avons fait allusion précédemment avec l'achat du mot-clé « appartement lyon » en ciblage « expression », qui déclenchait l'affichage des annonces avec la requête « architecture appartement lyon ». En appliquant un ciblage négatif sur le mot « architecture », on indique que l'on ne souhaite pas afficher ses annonces chaque fois que la requête de l'internaute contient le mot « architecture ». Voilà donc un bon moyen de contrôler la qualité des correspondances.

1. Dans chaque ensemble, le mot-clé indiqué correspond également aux requêtes de recherche figurant dans les cadres plus petits.

Comme pour les mots-clés positifs, il existe trois niveaux de ciblage négatif :

- **le ciblage négatif exact** : il permet de ne pas afficher les annonces lorsque l'internaute saisit une requête correspondant exactement à l'expression passée en ciblage négatif. Un ciblage négatif exact sur le mot-clé « location appartement lyon » permettra de ne pas afficher les annonces lorsque l'internaute saisira cette expression. Mais si l'internaute saisit « louer appartement lyon », cela n'aura aucun effet ;
- **le ciblage négatif « expression »** : il permet de ne pas afficher les annonces lorsque l'internaute saisit une requête contenant exactement l'expression passée en ciblage négatif. Un ciblage négatif « expression » sur le mot-clé « location appartement » permettra de ne pas afficher les annonces pour les requêtes de type « location appartement », « location appartement lyon », « trouver location appartement lyon »... ;
- **le ciblage négatif large** : il permet de ne pas afficher les annonces lorsque l'internaute saisit une requête contenant les mots-clés de l'expression passée en ciblage négatif. Un ciblage négatif large sur le mot-clé « location lyon » permettra de ne pas afficher les annonces pour les requêtes de type « location appartement lyon », « location d'un appartement à lyon », « maison en location à lyon »... À l'heure actuelle, le ciblage négatif large n'inclut pas d'option pour étendre le ciblage (ainsi « appartement », « appartements », « appart », « apart » devront être ajoutés en ciblage négatif large car les fautes d'orthographe, les variations singuliers/pluriels et les abréviations n'y sont pas prises en compte).

Choix et évolution des ciblages

Choisir des ciblages est toujours une opération délicate et il existe de nombreuses façons d'arriver au même résultat. Par exemple, on peut décider d'acheter de très nombreux mots-clés en ciblage positif exact en essayant de déterminer au mieux quelles seront les requêtes des internautes, ou d'acheter seulement les mots-clés les plus génériques en ciblage positif large tout en ajoutant des mots-clés en ciblage négatif pour exclure les requêtes non appropriées. Les deux approches paraissent intéressantes et l'idéal serait de les combiner.

En fait, il faut procéder par étapes. Dès le lancement de la campagne, il faut pouvoir inclure le plus possible de mots-clés en ciblage exact, mais comme il est difficile de prévoir ce que vont saisir exactement les internautes, la liste initiale sera réduite. Ces mots-clés en ciblage exact devront avoir une enchère élevée (cf. section consacrée au *Quality Score* pour une justification de ce principe). Il faut ensuite ajouter une série de mots-clés en ciblage « expression ». Il s'agira d'expressions génériques avec un maximum de deux ou trois mots. Ces mots-clés devront avoir une enchère inférieure de 20 % à 30 % à l'enchère de ciblage exact. Enfin, on ajoutera quelques mots-clés très génériques en ciblage large avec une enchère inférieure de 40 % à 50 % à l'enchère de ciblage exact. Des mots-clés négatifs pourront également être ajoutés.

Voici les mots-clés qui pourraient être utilisés par un libraire en ligne ayant un rayon « science-fiction » (ces mots-clés seront dans un *adgroup* spécifique).

EXACT	EXPRESSION	LARGE	NÉGATIF
Roman science fiction	Roman science fiction	Roman science fiction	Gratuit
Roman de science fiction	Roman de science fiction	Livre science fiction	
Romans science fiction	Romans science fiction		
Romans de science fiction	Romans de science fiction		
Livre science fiction	Livre science fiction		
Livre de science fiction	Livre de science fiction		
Livres science fiction	Livres science fiction		
Livres de science fiction	Livres de science fiction		
Roman sf	Roman sf		
Roman de sf	Roman de sf		
Romans sf	Romans sf		
Romans de sf	Romans de sf		
Livre sf	Livre sf		
Livre de sf	Livre de sf		
Livres sf	Livres sf		
Livres de sf	Livres de sf		
Livre de poche sf			
Livres de poche sf			
Acheter roman science fiction			

EXACT	EXPRESSION	LARGE	NÉGATIF
Acheter roman de science fiction			
Acheter romans science fiction			
Acheter romans de science fiction			
Acheter livre science fiction			
Acheter livre science de fiction			
Acheter livres science fiction			
Acheter livres de science fiction			
Acheter roman sf			
Acheter roman de sf			
Acheter romans sf			
Acheter romans de sf			
Acheter livre sf			
Acheter livre de sf			
Acheter livres sf			
Acheter livres de sf			

On se rend compte que certains mots-clés sont achetés avec tous les types de ciblage (exact, « expression », large). C'est, par exemple, le cas du mot-clé « roman science fiction ». Quel est l'intérêt ? L'idée est assez simple : il faut générer au maximum les clics sur les mots-clés achetés en exact (cf. *infra* pour justification de ce principe). Donc, quand l'internaute tape « roman science fiction », c'est le mot-clé exact qui déclenchera l'affichage de l'annonce (car l'enchère est plus élevée). En revanche, si l'internaute tape « achat roman science fiction », c'est le ciblage « expression » qui devrait déclencher l'affichage de l'annonce. Le ciblage large pourra également déclencher l'affichage. L'objectif d'avoir ajouté un ciblage « expression » est de s'assurer que tous les affichages se font bien sur une expression qui nous intéresse (moins de « déchets » que sur le ciblage large). Il est donc facile, par la suite, de générer un rapport de requête pour identifier les mots-clés qui pourraient être ajoutés en ciblage exact. Le ciblage large sur « roman science fiction » permet en quelque sorte de rattraper toutes les impressions qui n'ont pas été possibles *via* le ciblage exact et « expression ».

Une fois la campagne lancée, il faut la surveiller de près, et notamment générer des rapports de requête afin de savoir ce qu'ont réellement saisi les internautes avant de cliquer sur les annonces. On découvrira alors des requêtes inutiles, ce qui permettra d'identifier de nouveaux mots-clés à exclure (ciblage négatif), mais également des requêtes que l'on n'avait pas imaginées. Cette optimisation de « reclassement du *broad* » permet une optimisation de la campagne. Après plusieurs semaines (ou mois, selon le volume de recherche), il faudra également penser à supprimer les mots-clés n'ayant généré aucune impression.

Dans le cas de notre libraire en ligne, voici ce qu'il pourrait ajouter quelques semaines après son lancement.

EXACT	EXPRESSION	LARGE	NÉGATIF
Ouvrage de science fiction	Ouvrage de science fiction	Ouvrage science fiction	Occasion
Ouvrage science fiction	Ouvrage science fiction		
Meilleures ventes science fiction			
Meilleurs livres science fiction			

Trouver des mots-clés

Une des questions récurrentes quand on lance une campagne SEM est de savoir comment trouver les mots-clés à y intégrer.

La première façon est d'utiliser sa connaissance métier. Pour chacune des thématiques qui seront employées en SEM, il faut faire un *brainstorming* pour déceler les mots-clés susceptibles d'être tapés par les internautes. Tous les services de l'entreprise au contact du client (vente, marketing, service client, etc.) devraient pouvoir apporter de précieuses informations. L'objectif est de savoir ce que dit le client.

Cette première approche sera complétée par l'utilisation d'outils dédiés, et notamment quatre proposés par Google :

- **Google Suggest** : quand on commence à taper une recherche sur Google, le moteur de recherche suggère des expressions. Ce sont les expressions les plus populaires. Il est judicieux de s'en inspirer pour créer sa liste de mots-clés ;

- **Google Search** : le moteur de recherche Google propose maintenant un outil intéressant permettant de trouver de nouveaux mots-clés. Il s'agit des « recherches associées », auxquelles on accède en cliquant sur « Plus d'outils ». Comme son nom l'indique, la recherche associée présente une liste d'expressions proches de celle saisie (liste basée sur les recherches des internautes). Cela permet évidemment d'enrichir sa liste de mots-clés ;
- **le générateur de mots-clés de Google AdWords** : à partir d'une liste de mots-clés ou d'un site donné, le générateur propose une liste importante de mots-clés, des statistiques associées et des outils de filtrage. C'est un outil puissant qui permet de trouver rapidement de nouveaux mots-clés ;
- **Google Insight for Search** : cet outil permet de connaître les tendances de recherches associées à un ou plusieurs mots-clés. Il permet également de trouver, pour un mot-clé donné, les expressions associées les plus recherchées.

Avec tous ces outils vous devriez être en mesure de générer de longues listes de mots-clés. Une dernière approche intéressante est d'essayer de regrouper ces mots-clés en fonction de *patterns*. Un *pattern* est un modèle typique de recherche utilisé fréquemment par les internautes pour leur recherche dans votre domaine d'activité. Identifier des *patterns* permet ensuite de créer facilement des mots-clés de *long tail*. Par exemple dans l'immobilier, le *pattern* le plus classique est le suivant : « type de transaction + type de bien + localisation. » Cela donne des requêtes du type : « acheter appartement besançon », « louer villa nice », « achat maison loiret », « location appartement bretagne ». Ainsi, en croisant une liste des types de transaction avec les biens et les localisations françaises (région, département, ville), on peut facilement générer une liste de centaines de milliers de mots-clés très pertinents.

Une dernière chose : une fois la liste de mots-clés générée, il faudra penser à la dupliquer au singulier et au pluriel, avec et sans accents car pour Google les mots-clés « vêtement », « vêtements », « vetement » et « vetements » sont quatre mots-clés différents ! En revanche, Google ne prend pas en compte les apostrophes, les tirets et les majuscules (donc « Sainte-Anne-d'Auray » est le même mot-clé que « saint anne d auray »).

Rédiger des annonces efficaces

La rédaction d'une annonce SEM est tout un art. Le message doit être, par nature, condensé (sur Google, un titre de 25 caractères, deux lignes de description de 35 caractères chacune et une URL), mais doit également attirer l'œil de l'internaute pour l'inciter à cliquer. Pas toujours facile.

Quatre critères sont à prendre en compte pour juger de la qualité d'une annonce. Elle doit être spécifique, cohérente, impactante et différenciante.

Une annonce spécifique et cohérente

Une annonce est rattachée à un *adgroup* qui contient lui-même une série de mots-clés. Comme nous l'avons expliqué précédemment, les *adgroups* doivent être le plus spécifique possible, il en est donc de même pour les annonces.

Un libraire en ligne vendant des romans policiers et des romans de science-fiction aura tout intérêt à créer un *adgroup* pour chacune de ces catégories de livres, avec des mots-clés spécifiques, des annonces dédiées et une page d'arrivée correspondant au rayon en question. L'ensemble mots-clés/annonce/page d'arrivée doit être cohérent !

La rédaction de l'annonce doit donc être en cohérence avec les autres éléments de l'*adgroup* et spécifique à celui-ci. Il ne faut pas créer une même annonce générique pour toutes les campagnes.

Notre libraire pourrait, par exemple, utiliser les annonces suivantes.

Pour chaque *adgroup* une seule annonce ne suffit pas ; il faut créer plusieurs versions d'annonce. Un minimum de trois annonces par *adgroup* est recommandé.

Une annonce impactante et différenciante

En SEM, la concurrence est souvent importante. Il faut donc s'en démarquer en ayant une annonce impactante et un message différenciant.

L'annonce doit constituer une proposition pour l'internaute. Elle doit être immédiatement compréhensible avec un vrai bénéfice, une vraie promesse pour l'internaute. La promesse doit au maximum être différente de celle proposée par les concurrents.

Par exemple, pourquoi notre petit libraire ne mettrait-il pas en avant la qualité du conseil et l'expertise des libraires ?

Certaines formulations sont plus efficaces que d'autres. Un verbe d'action en tête d'annonce est très incitatif (« Trouvez », « Découvrez », « Achetez »...). Les annonces contenant une promo fonctionnent aussi très bien. De même, l'urgence favorise les clics (« dès maintenant », « dépêchez-vous », « aujourd'hui seulement », etc.), et il peut être intéressant de formuler la proposition sous forme de question en s'adressant directement à l'internaute.

Romans policiers
Vous cherchez un roman policier ?
Découvrez notre sélection exclusive
Ma-Librairie.com/Roman-Policier

Une fois que le contenu du message est suffisamment impactant et différenciant, il faut travailler sur la forme. Cela peut paraître compliqué, tant le support est réducteur. Pourtant, il existe certaines façons d'optimiser la lisibilité des annonces.

Tout d'abord, il faut capitaliser certains mots pour favoriser la lisibilité et mettre en avant les termes les plus importants. Il peut aussi être efficace de jouer sur la longueur des lignes ou l'ajout de caractères spéciaux.

Bref, en matière de création d'annonce, il faut faire des tests pour trouver les annonces les plus efficaces, sans pour autant enfreindre les règles éditoriales de Google (limitation de la ponctuation, pas de mot tout en majuscule, restriction de certains superlatifs, etc.).

Le rôle de la balise keywords

Il est possible d'insérer dans ses annonces un marqueur spécifique appelé « balise *keywords* », qui permet d'afficher la requête tapée par l'internaute. La balise s'écrit de la sorte : « {*keyword* : texte}. »

Par exemple, il est possible d'utiliser la balise dans le titre de l'annonce « {KeyWord : Livre Policier} ». Imaginons que l'internaute tape « acheter livre policier » ; dans ce cas-là, le titre de l'annonce sera : « Acheter Livre Policier. » La balise a bien été remplacée par la requête de l'internaute. On remarque que chacun des mots de la requête a été capitalisé car la balise a été écrite avec la casse suivante « KeyWord ». Si l'on veut un affichage en minuscule, il faut utiliser la casse « keyword », et pour seulement la première lettre en majuscule : « Keyword. » Si l'internaute avait saisi la requête « acheter livre policier d'Harlan Coben », celle-ci n'aurait pas pu être affichée car elle dépasse la limite de taille de la ligne de titre (25 caractères). Dans ce cas-là, le texte défini dans la balise après le mot *keyword* est utilisé en remplacement. On aurait donc eu comme titre « Livre Policier ».

La balise keywords peut être très efficace. En effet grâce à elle, le mot-clé s'affichera en gras dans l'annonce puisque tous les mots présents dans la requête de l'internaute sont affichés en gras lorsqu'ils figurent dans le texte de l'annonce. Ceci ne manquera pas de faire augmenter le taux de clics sur les annonces intégrant la balise keywords... Enfin, théoriquement. Car de nombreux annonceurs utilisent cette technique (très souvent dans le titre de l'annonce), ce qui uniformise la présentation des liens sponsorisés. Voici un exemple très parlant :

Une telle uniformité ne permet à aucune annonce de sortir du lot. Peut-être serait-il judicieux pour ces annonceurs de ne plus utiliser la balise keywords dans le titre de leur annonce afin de se différencier de leur concurrent !

OPTIMISER UNE CAMPAGNE

Le *Quality Score*

Le *Quality Score* (Q_S) est un élément central du système d'enchère de Google. C'est, avec le niveau d'enchère, l'élément qui détermine la position d'une annonce et le CPC associé. Rappelez-vous la formule présentée plus haut :

$$\text{Positionnement} = CPC_{max} \times Q_s$$

Mais alors, qu'est-ce qui est pris en compte par Google pour déterminer ce score de qualité ? Pas si simple de le dire. Google a développé une formule qui lui est propre et ne donne que très peu d'informations à ce sujet. Si l'on se réfère à l'aide en ligne d'AdWords[1], voici les éléments qui seraient pris en considération dans le calcul du *Quality Score* :

1. *http://adwords.google.com/support/aw/bin/answer.py?hl=fr&answer=10215*

- **le taux de clics** (CTR), ou plus exactement l'historique de CTR du triptyque mot-clé/annonce/url. Le CTR est l'élément essentiel utilisé par Google pour juger de la qualité d'une annonce. Plus l'annonce est cliquée, plus Google la juge pertinente pour l'internaute (et rentable pour lui, puisqu'il facture chaque clic sur une annonce !). La notion d'historique du triptyque est un peu plus complexe. En effet, Google ne regarde pas uniquement le CTR à un instant donné, mais depuis la mise en ligne de l'annonce afin d'analyser ses variations ou sa stabilité. De plus, le CTR est analysé au niveau du triptyque mot-clé/annonce/URL, autrement dit une modification du texte d'annonce ou de l'URL de destination remet à zéro l'historique du triptyque ;
- **l'historique du compte** : là encore, cette notion est basée sur le CTR. Il s'agit de mesurer la performance du compte au fil du temps à travers l'évolution du CTR. L'historique du compte est également impacté par l'historique de CTR du triptyque mot-clé/annonce/url et la performance individuelle de chacun des mots-clés. Parmi les éléments impactant l'historique du compte, seule la performance des mots-clés est facilement mesurable. En effet, Google attribue pour chaque mot-clé un niveau de qualité[1] (note de 1 à 10) visible sur l'interface. Élément important et souvent méconnu, l'historique ne s'« accumule » que sur les mots-clés bénéficiant d'un ciblage exact ou d'un ciblage plus large, mais correspondant exactement à la requête de l'internaute (autrement dit, l'historique est pris en compte pour le mot-clé « livre » acheté en ciblage large si l'internaute saisit la requête « livre » mais pas la requête « livre policier ». Pour activer l'historique, il faudrait avoir acheté en ciblage exact le mot-clé « livre policier ») ;
- **la qualité de la page de destination** : il s'agit pour Google de mesurer la pertinence de la page de destination par rapport au mot-clé acheté et à la requête de l'internaute. *Grosso modo*, Google va vérifier que la page de destination contient bien le mot-clé acheté ou des variations sémantiques proches ;
- **la pertinence du mot-clé** : il s'agit cette fois de mesurer la pertinence du mot-clé par rapport aux annonces de l'*adgroup* et par rapport aux autres mots-clés de celui-ci, mais également la pertinence du mot-clé par rapport à la requête de recherche ;

1. Nombre de personnes assimilent à tort le niveau de qualité visible au niveau de chaque mot-clé dans l'interface avec le véritable *Quality Score* qui sert de multiplicateur à l'enchère pour déterminer le positionnement d'une annonce. Google le rappelle pourtant très clairement dans son aide en ligne : *« Notez que le niveau de qualité détaillé n'est pas identique au multiplicateur de qualité utilisé pour calculer le classement des annonces ou le coût par clic (CPC). »*

- **les autres facteurs de pertinence** : Google reconnaît considérer d'autres facteurs sans réellement les dévoiler. Il semblerait notamment que le temps de chargement des pages de destination soit devenu un critère pris en compte par Google dans son algorithme.

Enchères, position et CPC

La position d'une annonce dans la liste de résultats dépend de son score de positionnement selon la formule déjà présentée :

$$\text{Positionnement} = CPC_{max} \times Q_s$$

Prenons l'exemple de trois annonceurs :

- Annonceur A → positionnement = 3 € × 11 = 33
- Annonceur B → positionnement = 2 € × 20 = 40
- Annonceur C → positionnement = 1 € × 34 = 34

Les annonces seront donc positionnées dans l'ordre suivant :

- Position 1 = annonceur B
- Position 2 = annonceur C
- Position 3 = annonceur A

Cet exemple montre bien qu'il ne suffit pas d'avoir l'enchère la plus élevée pour être en première position. Maintenant, quel CPC va-t-il être payé par chaque annonceur ? La formule est assez simple :

$$\text{CPC réel} = (\text{Position à battre} \div \text{Niveau de qualité}) + 0{,}01\ €$$

Le tableau suivant permet de calculer les CPC réels de chaque annonceur.

ANNONCEUR	CPC max	×	NIVEAU DE QUALITÉ	=	CLASSEMENT DE L'ANNONCE	CPC réel
B	2 €	×	20	=	40 (n° 1)	34/20 + 0,01 € = 1,71 €
C	1 €	×	34	=	34 (n° 2)	33/34 + 0,01 € = 0,98 €
A	3 €	×	11	=	33 (n° 3)	Coût minimal[1]

1. Lorsqu'une annonce est diffusée en dernière position ou est la seule à être diffusée, le CPC réel est alors le « coût minimal » de mise en concurrence. Ce coût dépend uniquement du niveau de qualité du mot-clé correspondant : plus il est élevé, plus le CPC réel sera faible, et *vice-versa*.

On constate ainsi que pour un annonceur en première position, il n'y a pas d'intérêt, toutes choses égales par ailleurs, à augmenter son niveau d'enchère. En revanche, améliorer son niveau de qualité permet de diminuer immédiatement ses coûts.

Si l'annonceur C décide d'augmenter son enchère de 50 %, il passe alors en position 1 mais n'augmente, au final, son CPC réel que de 20 %. Dans le même temps, l'annonceur B passe en position 2 et voit son CPC réel diminué.

ANNONCEUR	CPC max	×	NIVEAU DE QUALITÉ	=	CLASSEMENT DE L'ANNONCE	CPC réel
B	2 €	×	20	=	40 (n° 2)	33/20 + 0,01 € = 1,66 €
C	1,50 €	×	34	=	51 (n° 1)	40/34 + 0,01 € = 1,19 €
A	3 €	×	11	=	33 (n° 3)	Coût minimal[1]

La logique d'optimisation

Maintenant que nous avons abordé toute la logique de gestion d'une campagne SEM, nous pouvons nous attarder un peu sur la logique d'optimisation qui en découle. Pour étudier cette dernière nous nous référerons au schéma ci-après, qui reprend l'ensemble des mécanismes du SEM en partant de la formule centrale de calcul du positionnement que l'on commence maintenant à connaître :

$$\text{Positionnement} = CPC_{max} \times Q_s$$

En blanc se trouvent les deux objectifs permettant de piloter la démarche SEM, à savoir le nombre de conversions et le coût par conversion. Ce qui est associé à une conversion dépendra du type de site étudié (vente, *leads*, visites, inscription, utilisation, etc.).

En noir se trouvent les éléments constitutifs d'une campagne SEM. On ne peut avoir d'action directe sur eux.

En gris se trouvent les leviers actionnables de la campagne SEM. Ce sont tous les éléments sur lesquels on peut avoir une action directe. Autrement dit, ceux qui pourront être optimisés.

1. *Idem*.

Optimiser une campagne SEM

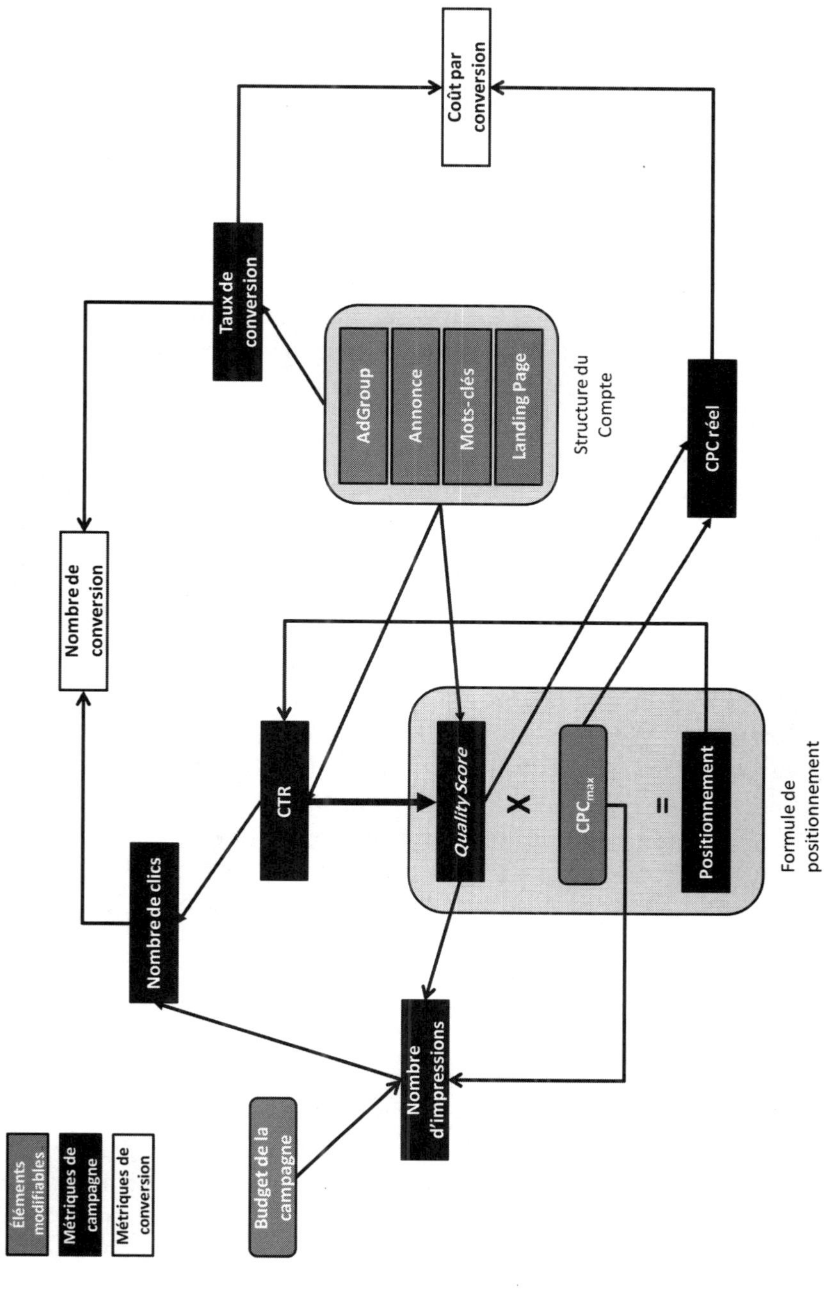

La meilleure façon de lire le graphique est de partir d'un des deux objectifs et de suivre les flèches à l'envers. Par exemple, pour réduire le coût par conversion il faut améliorer le taux de conversion ou diminuer le CPC réel. Pour diminuer le CPC réel, on peut diminuer l'enchère (premier levier actionnable) ou améliorer le *Quality Score*. Pour améliorer le *Quality Score* on peut améliorer la structure du compte (deuxième levier actionnable divisé d'ailleurs en plusieurs éléments : les annonces, les mots-clés, les pages de destination).

L'optimisation des budgets

Jouer sur les budgets des campagnes est un moyen simple d'optimiser ses investissements en SEM. La mécanique est élémentaire : si une campagne fonctionne bien, autant augmenter le budget quotidien qui lui est alloué et diminuer le budget d'une autre campagne dont les performances sont plus faibles. Cette mécanique suppose néanmoins que les budgets soient « transférables » d'une campagne à une autre et que le potentiel d'impressions de la campagne ne soit pas atteint.

Google indique d'ailleurs dans l'interface AdWords les campagnes pour lesquelles le potentiel n'est pas exploité au maximum. Cette indication prend la forme d'un budget recommandé, calculé en fonction des performances de la campagne sur les quinze derniers jours. Google prévoit ainsi l'incidence que pourrait avoir un nouveau montant de budget sur le nombre d'impressions générées.

Il faut cependant faire attention lorsque l'on optimise une campagne en variant son budget quotidien. En effet, le trafic d'une campagne n'est pas équivalent d'un jour sur l'autre. Par exemple, de nombreux annonceurs constatent que le nombre de recherches portant sur leurs mots-clés est beaucoup plus important en semaine que durant le week-end. D'ailleurs, le système AdWords prend en compte ces fluctuations car certains jours les dépenses peuvent atteindre jusqu'à 120 % du budget quotidien afin de compenser d'autres journées plus creuses. Bref, il vaut mieux bien connaître les variations hebdomadaires et saisonnières liées à son activité lorsque l'on fait des optimisations au niveau du budget.

L'optimisation des CPC

La gestion des CPC est au cœur des stratégies d'optimisation en SEM. Comme nous n'avons cessé de le répéter, le CPC_{max} attribué à un mot-clé ou à un groupe de mots-clés a une influence directe sur le positionnement, et donc sur le taux de clics, mais également sur le CPC réellement facturé. Au final, une action sur le CPC a un impact direct sur le volume de clics et le coût de chaque clic (et donc le volume et le coût de conversion).

Ainsi, l'objectif est d'optimiser l'enchère du CPC_{max} pour chaque mot-clé ou, dans le cas de comptes SEM de grande taille, pour chaque groupe de mots-clés. Pour cela, il faut identifier les mots-clés les moins rentables (coût par conversion au-dessus de l'objectif) et diminuer l'enchère progressivement. Mais attention à ne pas trop diminuer l'enchère car si la position moyenne se dégrade, le mot-clé risque de ne plus générer aucune conversion. À l'inverse, pour les mots-clés les plus rentables, il peut être intéressant d'augmenter l'enchère pour obtenir plus de volume. Là encore, tout est question de dosage car une augmentation trop importante pourrait effectivement amener beaucoup de volume, mais dégraderait la rentabilité en renchérissant le CPC réel du mot-clé.

L'ajustement des CPC doit donc toujours se faire en gardant un œil sur la position moyenne du mot-clé sur une période récente.

Ce type d'optimisation devrait, dans l'idéal, se faire quotidiennement.

L'optimisation de la structure du compte

Autant l'optimisation des campagnes en jouant sur le CPC et les budgets est rapide et immédiate à mettre en œuvre, autant l'optimisation de la structure demande un travail plus approfondi, parfois plus risqué mais souvent plus payant.

En effet, comme le montre le schéma ci-dessus, le travail sur la structure impacte directement le taux de clics, le taux de conversion et le *Quality Score*. Autant dire que l'effet de levier de telles optimisations peut être très important.

Ces optimisations concernent tous les niveaux d'une campagne :

- **les mots-clés** : l'ajout et la suppression de mots-clés constituent un élément important de l'optimisation. Il faut notamment supprimer les mots-clés inefficaces (pas d'impressions, pas de clics) et ceux peu rentables (coût par conversion élevé et mauvaise position). La technique de reclassement du *broad* (cf. *supra*) est également très utile pour ajouter de nouveaux mots-clés pertinents en ciblage exact et spécifier des mots-clés à exclure afin de mieux cibler les affichages des annonces. Ces optimisations joueront à court terme sur le CTR et à moyen terme sur le *Quality Score* ;
- **les *landing pages*** : travailler les pages d'arrivée (*landing pages*) de ses campagnes SEM est un moyen efficace d'augmenter ses conversions. Cela a en effet un impact direct sur le taux de conversion, mais également à moyen terme sur le *Quality Score* si ces *landing pages* sont cohérents avec les mots-clés achetés et les annonces diffusées. L'utilisation de tests A/B avec l'outil Google Optimiseur de site peut faciliter cette

démarche (cf. pour plus d'informations sur le sujet le premier chapitre de la partie 3 sur la conception de site) ;

- **les annonces** : la modification des annonces d'une campagne a un effet immédiat sur le taux de clics et donc, par ricochet, sur le *Quality Score*. La meilleure façon d'optimiser les annonces est d'avoir une approche incrémentale. Il faut commencer par mettre en compétition plusieurs versions d'annonces avec des accroches différentes. Après quelques jours à quelques semaines de diffusion, une des annonces sera plus performante que les autres. On utilisera alors l'accroche de cette annonce pour créer de nouvelles versions avec des variations plus subtiles (par exemple en ne modifiant plus que l'URL affichée). Et ainsi de suite ;
- **les *adgroups*** : il se peut parfois qu'un *adgroup* ne performe pas suffisamment car les mots-clés qui le composent ne sont pas suffisamment homogènes. Il faut donc scinder l'*adgroup* en plusieurs nouveaux groupes ayant chacun une thématique plus fine, et donc des groupes de mots-clés plus cohérents. Ce type d'optimisation devra se faire dans un premier temps en dupliquant les mots-clés et l'annonce la plus efficace dans de nouveaux *adgroups* sans pour autant supprimer l'*adgroup* original (afin d'éviter des pertes d'historique et de *Quality Score*). L'*adgroup* original pourra être supprimé une fois que les nouveaux *adgroups* auront suffisamment d'historique.

Tests et optimisations

Qu'il s'agisse de CPC, de budget ou de structure de compte, la réussite d'une optimisation passe par une phase de test. Certaines optimisations fonctionneront très bien pour certaines campagnes d'un annonceur, mais pas pour les campagnes d'un autre annonceur, ou même pour différentes campagnes d'un même annonceur. Tests et optimisations sont donc indissociables.

Il faut cependant faire attention à la façon dont sont menées les analyses de tests. Pour que ceux-ci soient révélateurs, il faut éviter tout biais temporel dans l'analyse. Le premier biais est celui de la saisonnalité qui est corrélée à l'activité de l'annonceur, mais également à des éléments du calendrier (vacances, jours fériés, élections, événements sportifs, etc.). Il ne faut pas faire comme ce responsable marketing qui a paniqué en voyant les résultats de ses campagnes pour la semaine du 5 juillet 2010 en recul de 40 % par rapport à la semaine précédente, malgré des optimisations fraîchement mises en place. Ce responsable avait simplement oublié que, la semaine du 5 juillet, les quatre plus importants matchs de la Coupe du monde de football 2010 avaient été diffusés ! Au-delà de la saisonnalité, il y a également des variations de performance au cours d'une semaine (week-end par rapport aux autres jours, pic sur un jour précis dans certains secteurs, etc.).

Bref, lors de l'analyse d'un test, il faut comparer des périodes comparables (une semaine par rapport à une autre, un jour précis par rapport au même jour de la semaine précédente, etc.).

Néanmoins, même en procédant de la sorte on n'élimine pas tous les biais dans l'analyse. En effet, des facteurs externes difficiles à mesurer peuvent influer sur les performances : les fluctuations de la demande, les autres actions marketing, les changements de pratique des concurrents et même les variations météorologiques (une journée de très beau temps fera « fuir » les internautes !). C'est pourquoi Google propose depuis septembre 2010 un outil appelé ACE pour *Adwords Campaign Experiments*, qui permet de tester de façon simultanée sur une même période de temps certains changements appliqués à une campagne. L'outil permet notamment de comparer l'impact d'une modification d'enchères, de mots-clés ou de groupes d'annonces. Grâce à cette méthode, les tests sont exécutés plus rapidement, et surtout les résultats obtenus sont moins dépendants des données de saisonnalité et autres facteurs.

FOCUS

AdWords, un écosystème en évolution permanente

AdWords, c'est en quelque sorte la cash machine de Google ! Sans ce service de publicité, Google ne serait pas ce qu'il est devenu aujourd'hui. Il n'est donc pas étonnant que l'entreprise accorde un grand soin à le faire évoluer pour répondre aux besoins des annonceurs et/ou améliorer les revenus qu'elle en tire en trouvant des solutions pour maximiser le nombre de clics.

Parmi les dernières nouveautés, on peut citer le développement des extensions d'annonces, lesquelles permettent d'associer à une annonce des éléments complémentaires comme des produits, un lieu, des liens complémentaires, des avis de consommateurs...

Extension d'annonces Google AdWords

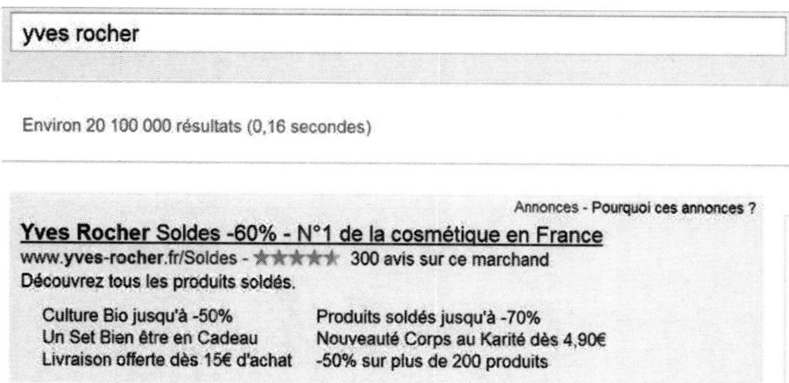

Google mène également des tests pour changer l'affichage des annonces en position premium, en autorisant des descriptions plus longues ou en accolant le nom de domaine au titre de l'annonce.

Annonces avec description longue et nom de domaine accolé au titre

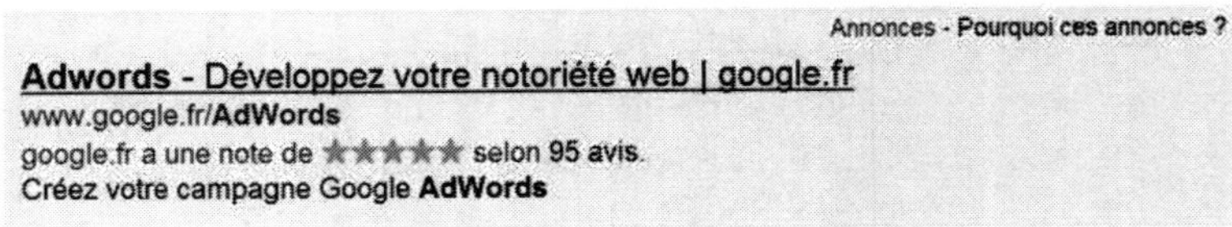

Dernièrement aussi, Google a mis en place une option permettant de cibler finement les appareils affichant les annonces : ordinateurs, mobiles ou tablettes.

Pour rester informé de cet écosystème en évolution permanente, la meilleure solution reste de consulter le blog français d'AdWords à l'adresse : *http://adwords-fr.blogspot.com/*.

Récapitulatif 1 : découvrir l'environnement

Le *Search Engine Marketing* (SEM) regroupe le référencement naturel (SEO, *Search Engine Optimization*) et le référencement payant, c'est-à-dire l'achat de liens sponsorisés (SEA, *Search Engine Advertising*). Dans le langage courant de nombreux professionnels du Web, le SEM désigne cependant exclusivement l'achat de liens sponsorisés.

Avec plus de 90 % de part de marché, Google est le premier moteur de recherche en France et, à ce titre, le plus gros diffuseur de liens sponsorisés avec son programme Google AdWords.

Le principe du SEM repose sur la possibilité pour un annonceur d'acheter des mots-clés afin de déclencher l'affichage d'une annonce publicitaire lorsque la requête saisie par l'internaute sur le moteur de recherche correspond au mot-clé acheté. L'achat des mots-clés est basé sur un système d'enchère. Google peut diffuser jusqu'à onze annonces par page.

La position d'une annonce sur une page de résultats de recherche dépend de deux éléments : l'enchère de l'annonceur (CPC_{max}) et la qualité (Q_s) :

$$\text{Positionnement} = CPC_{max} \times Q_s$$

Récapitulatif 2 : créer une campagne performante

La structure d'une campagne SEM répond à une organisation à plusieurs niveaux : campagne, groupe d'annonces, mots-clés et annonces. Chaque élément de cette structure va jouer sur la performance de la campagne.

Trois grands types de mots-clés doivent être exploités dans une campagne SEM :

- les mots-clés « marque » sont liés à une marque et à ses dérivés ;
- les mots-clés génériques sont le plus directement rattachés à l'activité de l'annonceur. Ce sont généralement des expressions courtes (1 à 3 mots maximum), employées quotidiennement et fortement recherchées sur les moteurs. Ils sont peu nombreux, mais génèrent beaucoup d'impressions ;
- les mots-clés de *long tail* sont composés d'expressions longues (souvent plus de 4 mots) et rarement recherchées (« meilleurs livres policiers de 2010 », « roman littérature française XIXe siècle », « livre fantastique auteur suédois avec couverture noir »...). Ils sont très nombreux, mais chacun génère peu d'impressions.

Chaque mot-clé peut être ajouté dans un compte avec un ciblage différent : ciblage exact, ciblage « expression », ciblage large, ciblage négatif.

La rédaction d'une annonce SEM obéit à des contraintes importantes (titre de 25 caractères maximum, deux lignes de description de 35 caractères chacune et une URL pour Google AdWords). Pour inciter l'internaute à cliquer, l'annonce doit être spécifique, cohérente, impactante et différenciante.

Récapitulatif 3 : optimiser une campagne

Le *Quality Score* est un élément central de la logique d'optimisation. Il est calculé à partir de nombreux indicateurs, parmi lesquels :

- l'historique du taux de clics du triptyque mot-clé/annonce/url ;
- la qualité de la page de destination ;
- la pertinence du mot-clé.

Le coût payé à chaque clic se calcule selon la formule suivante :

$$\text{CPC réel} = (\text{Position à battre} \div \text{Niveau de qualité}) + 0{,}01\ €$$

La logique d'optimisation d'une campagne découle de la formule de positionnement :

$$\text{Positionnement} = CPC_{max} \times Q_s$$

Chapitre 9 ■
La publicité en ligne

■ DÉFINIR LA STRATÉGIE DE COMMUNICATION

Internet et la publicité

Si la télévision est associée aux spots de trente secondes et les journaux à leur pleine page quadri, la publicité sur Internet fait la part belle à la bannière. Celle-ci se décline à l'envi en différents formats souvent animés ou interactifs, et incluant de plus en plus de la vidéo (cf. *infra* pour plus de détails sur le format de la publicité en ligne). C'est pourquoi on a tendance à parler de « campagnes de bannières » pour désigner la publicité en ligne. Les Webmarketeurs étant comme toujours très anglophiles, on parle également de « campagnes *display* » ou tout simplement de « *display* ».

Aujourd'hui le *display* est d'ailleurs devenu un incontournable du mix plurimédia. Tous les plus grands annonceurs ont recours à la publicité en ligne. Internet s'est en effet imposé comme un média de premier choix pour les annonceurs. Ainsi les investissements bruts (c'est-à-dire avant remises) sur le marché français en publicité online se sont-ils élevés à 3,9 milliards d'euros selon le baromètre Kantar Media. Pour avoir une idée des montants d'investissements nets, il faut se référer à l'observatoire de l'e-pub publié par le Syndicat des régies Internet[1]. Ce montant était de 480 millions d'euros en 2009 et de 540 millions en 2010 (en croissance de 12 %). On ne manquera pas de remarquer que le taux de remise sur Internet n'est pas loin d'avoisiner les 90 % ! En tout cas, le *display* reste le deuxième levier d'investissement marketing online après le SEM.

1. Observatoire de l'e-pub SRI-CAPGEMINI, disponible sur *http://www.sri-france.org/*.

Et tout laisse à croire que la publicité en ligne a encore de beaux jours devant elle, si l'on se réfère aux tendances sur le marché américain puisque les investissements en *display* sont passés de 22,7 milliards de dollars en 2009 à plus de 25 milliards en 2010, soit une croissance de plus de 11 % !

Les principales étapes d'une campagne

Comme nous venons de le voir, Internet est un média à part entière et élaborer une campagne de communication online repose sur les mêmes principes que pour une campagne de communication « classique ». Le processus de mise en œuvre d'une campagne pourrait être le suivant.

Les étapes d'une campagne de communication online

Le rôle des agences est important dans ce processus, même si de nombreux outils sont à la disposition des annonceurs pour permettre aux plus audacieux (ou aux moins fortunés...) de s'en affranchir.

Les étapes d'une campagne de communication online sans recours à une agence

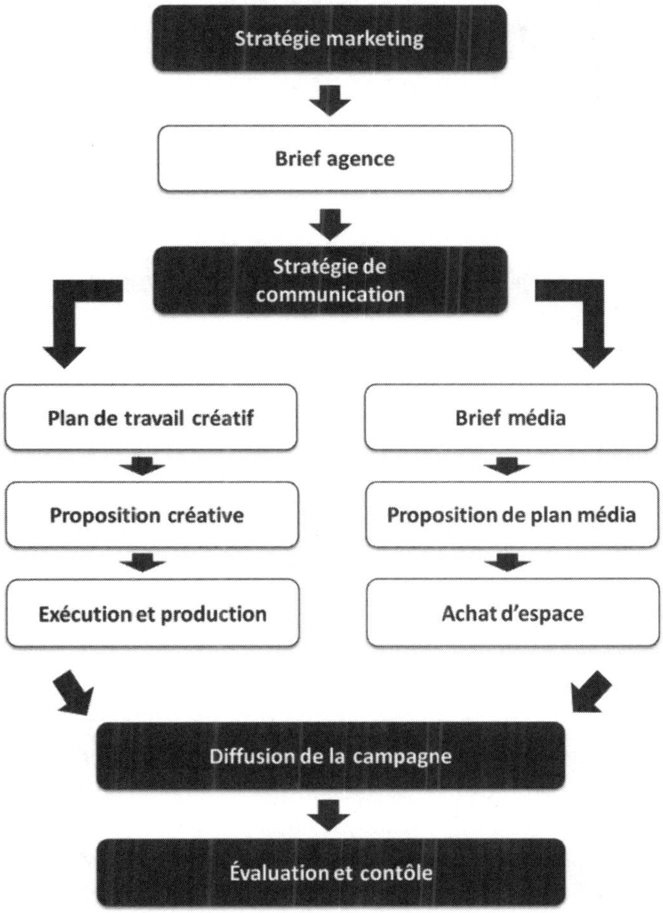

Notoriété et performance

En matière de publicité sur Internet on oppose très souvent deux logiques distinctes : d'un côté la notoriété et, de l'autre, la performance (ce qui, en langage de marketeur, donnerait « *branding* » *versus* « perf' »).

Cette opposition s'est construite avec l'arrivée sur le média Internet d'annonceurs « traditionnels » habitués aux campagnes de communication en télé, presse ou radio. L'arrivée de ces budgets a permis la croissance du support « *display* » et conduit tous les acteurs du secteur à développer de nouvelles pratiques. L'indicateur d'origine des campagnes de bannières était le taux de clics (ou *Click Through Rate*, CTR), indicateur qui servait à mesurer la performance d'une campagne. Seulement, en quelques années, les taux de clics ont considérablement diminué : les premières campagnes de bannières sur Internet enregistraient des taux de clics de plus de 5 %, alors qu'aujourd'hui il vaut mieux compter sur 0,1 % ! Cette chute des CTR a d'ailleurs détourné de nombreux annonceurs du support « *display* », notamment des « *pure players* » pour qui le support n'était plus suffisamment performant.

Derrière cette désaffection du support par certains annonceurs, se pose la question de la mesure de l'efficacité du support. Pour ceux qui sont à la recherche de performances immédiates, le clic semble être une mesure légitime. C'est l'approche à la performance du média. Une approche qui peut encore être précisée, si, au lieu de s'arrêter au clic, on poursuit la chaîne de valeur jusqu'à la transformation. On entre alors dans une approche très ROIste du média (« J'ai payé tant pour une campagne *display*, cela m'a rapporté tant ») avec des indicateurs comme le CTR, le CPC (coût par clic) ou encore le CPA (coût par action). Certains acteurs de l'écosystème se sont spécialisés dans ce type d'approche.

D'autres acteurs ont préféré adopter une attitude différente face à la question de l'efficacité du support. Le constat était simple : le taux de clics n'est pas un indicateur suffisant pour mesurer l'efficacité d'une campagne. Si sur 1 000 affichages d'une campagne, seul un internaute clique, que dire alors des 999 autres internautes qui ont été exposés à la campagne sans cliquer ? N'y a-t-il pas un impact à prendre en compte ? Sûrement. Cette nouvelle perception du support « *display* » constitue en soi un changement de paradigme. Une campagne de publicité sur Internet peut, au même titre qu'une campagne de presse ou de télé, contribuer à la notoriété d'une marque et influer sur le comportement des internautes qui y sont exposés. Les objectifs de notoriété par le *display* ont donc permis de faire apparaître de nouvelles mesures issues de la publicité traditionnelle comme des taux de mémorisation, des indicateurs de perception de marque ou d'intention d'achat...

CRÉER LES SUPPORTS

La diversité des formats

En quelques années les formats de la publicité en ligne se sont fortement diversifiés, des simples bannières animées aux mini-sites, en passant par les formats « riches », panorama des formats publicitaires sur Internet.

La première bannière publicitaire fut diffusée en 1994. Il s'agissait d'un bandeau publicitaire de l'opérateur télécom américain AT & T. La taille de la bannière était de 468 pixels de large pour 60 pixels de hauteur (468 × 60).

Ce format, relativement imposant pour l'époque (la résolution d'un écran était alors de 640 × 480), est devenu un format de référence. Rapidement de nouveaux formats se sont développés, particulièrement aux États-Unis. En 1996 est créé à New York l'Internet Advertising Bureau (IAB) qui se chargera d'établir des standards pour les bannières Internet.

Aujourd'hui l'IAB reconnaît une quinzaine de formats standard pour les bannières publicitaires.

Les formats standard des bannières publicitaires

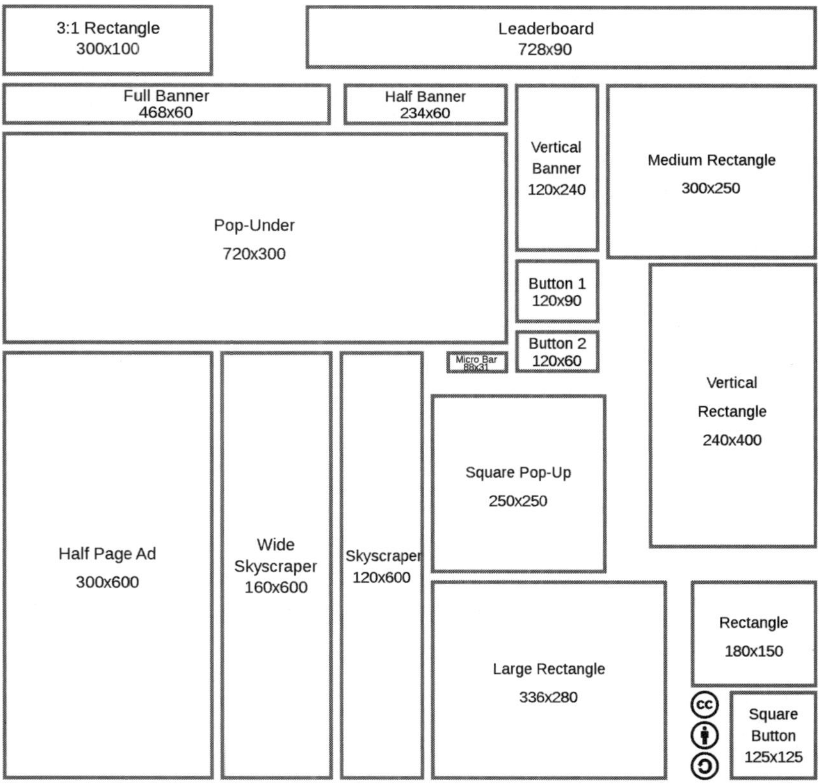

Source : Wikipédia, *http://en.wikipedia.org/wiki/File:Standard_Web_banner_ad_sizes.svg.*

Les premières bannières sont apparues en France en 1996. Une confusion règne alors sur les formats puisqu'il n'existe pas encore de standard.

La taille des bannières n'est pas la seule variation de format possible. On voit de plus en plus le contenu même des bannières évoluer : de simples bannières animées (format gif), on est passé à des bannières « riches » réalisées en flash (« *rich banners* »), des bannières interactives, des bannières « étirables/dépliables » (« *expand banners* »), et aujourd'hui des bannières vidéo.

Au final, on constate que la bannière sort de plus en plus de son emplacement réservé pour attirer toujours plus l'œil de l'internaute.

Cette recherche d'un impact plus grand conduit un nombre croissant d'éditeurs à proposer des formats premium comme :

- les habillages de site : modification de la charte graphique d'un site afin de mettre en avant la publicité d'un annonceur ;
- les interstitiels : affichage d'une publicité en plein écran entre la consultation de deux pages Web ou au chargement du site ;
- les *corners* : publicité placée dans le coin d'une page Web comme une page cornée qu'il faut survoler pour afficher entièrement la publicité ;
- les *footers* : format publicitaire permettant de faire « flotter » en permanence en bas de page une publicité qui souvent s'étire (*« expand »*) au passage de la souris ;
- les *hockey sticks* : combinaison sur une même page de deux bannières publicitaires, une horizontale et une verticale à la façon d'une « crosse de hockey » ;
- etc.

Ces formats premium deviennent même parfois des mini-sites à eux seuls puisque, au clic ou au survol de la publicité, c'est toute une page Web avec du contenu dédié qui s'ouvre et dans laquelle il est possible de naviguer !

Dans cette course aux formats premium, certains éditeurs mettent en place des dispositifs « événementiels » qui permettent un niveau d'interaction fort avec l'internaute.

On peut aller encore plus loin dans l'interaction avec l'internaute. L'agence Buzzman l'a bien compris, lorsqu'elle a proposé à Tipp-Ex une campagne très poussée qui a rapidement fait le tour de la Toile en septembre 2010. Tout commence par une vidéo sur YouTube (*http://www.youtube.com/watch?v=4ba1BqJ4S2M*). À vous de voir la suite...

Chocapic a également poussé l'interaction très loin en proposant aux internautes de prendre le contrôle du site MSN.fr grâce à une application de réalité augmentée. Une autre très belle réalisation à découvrir sur le French Click Club : *http://www.frenchclickclub.com/campagne/chocapic*.

Exécution et production

Les agences interactives restent l'interlocuteur privilégié des annonceurs pour la réalisation de leurs créations publicitaires sur Internet (même si certains annonceurs possèdent également des studios de création internes).

Le travail créatif représente une part importante du succès d'une campagne, au même titre que le choix des supports et le ciblage. Le recours à des formats de plus en plus premium permet d'ailleurs une expression plus grande des équipes créatives.

En termes de coût, il est difficile de chiffrer exactement la part de l'exécution et de la production. Cela peut commencer à quelques centaines d'euros pour des bannières gif animées standard et aller jusqu'à plusieurs dizaines de milliers d'euros pour des campagnes vidéo de grande envergure.

FOCUS

La vidéo, nouvel eldorado de la publicité en ligne

L'année 2011 a réellement marqué le décollage de la publicité vidéo sur Internet avec un marché dépassant le seuil des 100 millions d'euros (soit 18 % du marché de la publicité en ligne). C'est pourtant un marché récent, puisque la première publicité vidéo a été diffusée en août 2006 sur le site Youtube.com (lui-même fondé en février 2005). Reste qu'aujourd'hui, la vidéo est devenue un usage majeur du Web puisque 75 % des internautes déclarent regarder des vidéos en ligne. Il n'est donc pas étonnant que les publicitaires profitent de cet engouement du public.

On peut distinguer deux grands types de format vidéo publicitaire sur le Web. Le premier est simplement la diffusion d'un contenu vidéo dans un format publicitaire classique (bannière). On parle alors de « *display* vidéo ». L'autre format en plein essor est l'« *instream video* ». Autrement dit la diffusion d'une vidéo publicitaire au sein d'un format vidéo plus long (vidéo sur un site de partage, catch-up TV, VOD, bandes-annonces cinéma, etc.). Les vidéos *instream* sont majoritairement diffusées avant la vidéo principale (on parle alors de « *preroll* »), et il est souvent impossible pour l'internaute d'interrompre ou de zapper la publicité. Ce format *instream* est, en fin de compte, assez proche de ce qui existe en télévision (principe du « spot » publicitaire). Il n'est donc pas étonnant de voir les gros annonceurs télé (grande conso, télécoms, automobile, banque, etc.) s'emparer de ce format, souvent pour compléter leur dispositif média et surtout pour tenter de toucher certaines cibles peu consommatrices du média télé (par exemple les CSP +).

Si aujourd'hui, pour beaucoup d'annonceurs, la publicité vidéo Web vient en complément de la publicité télé, la donne pourrait changer dans les années à venir si l'on en croit les résultats d'une étude Nielsen sur la qualité du support Internet par rapport au support télé. En effet, la mémorisation (générale, de la marque ou du message) est systématiquement supérieure pour une campagne vidéo Web par rapport à une campagne TV.

Cependant, pour marquer des points de mémorisation, il faut produire des vidéos capables de retenir l'attention des internautes et, mieux encore, de les engager. On rentre alors en plein dans l'ère du « *storytelling* », ou l'art de raconter une histoire autour d'un produit pour captiver l'internaute. C'est, par exemple, le cas de Garnier avec sa vidéo « *Evolution of Style* » qui a été vue plus de 5 millions de fois sur YouTube[1] et qui a fait partie des vidéos publicitaires les plus partagées en 2011. Cette possibilité de viralité est aussi un des grands avantages de la publicité vidéo sur Internet.

La publicité vidéo sur le Web semble donc promise à un bel avenir en offrant des possibilités d'interaction toujours plus importantes.

1. Source : *http://youtu.be/lryS J4dJwBc.*

DIFFUSER LA CAMPAGNE

Les espaces et les modes d'achat

Une des particularités du média Internet, c'est le caractère quasi infini de l'inventaire publicitaire (c'est-à-dire les pages sur lesquelles on peut diffuser de la publicité). Si la quantité disponible est presque illimitée, la qualité des inventaires varie considérablement d'un support à un autre.

On peut schématiquement représenter cette réalité par une pyramide qui permet de distinguer trois grands types d'inventaires avec chacun un mode d'achat spécifique.

Trois grands types d'inventaires

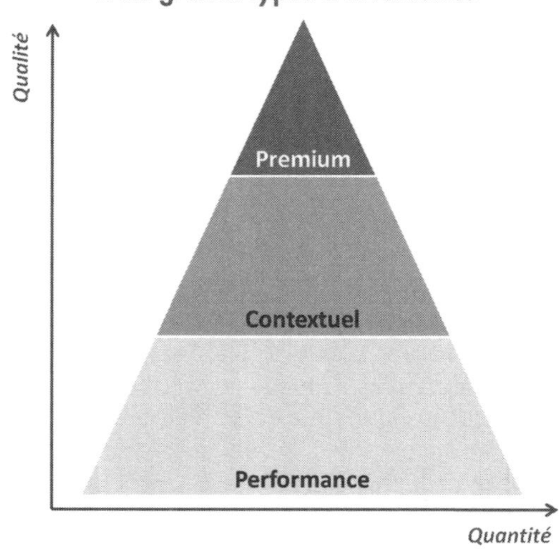

Les espaces premium correspondent à des inventaires limités, mais de qualité. On retrouvera dans ces inventaires les pages offrant la plus grande visibilité (par exemple les *home pages* des grands sites médias, des grands portails ou encore des sites thématiques de qualité). Le taux de couverture de ce type de support (c'est-à-dire le nombre d'internautes touchés par le support par rapport au nombre total d'internautes), couramment appelé *reach* par les marketeurs Web, est très élevé. L'achat de ces espaces se fait principalement au CPM (coût pour mille) avec des tarifs bruts de 30 € à plus de 100 €. Certains espaces ne s'achètent qu'au forfait. Par exemple, Orange propose une exclusivité de vingt-quatre heures sur sa *home page* (« la plus puissante du Web » avec 3 millions de visiteurs uniques garantis) à 380 000 € brut pour un format « medium rectangle » de 300 × 250. La commercialisation de ses espaces est exclusive, soit directement auprès de l'éditeur, soit auprès d'un intermédiaire, la régie publicitaire.

Les espaces contextuels sont intermédiaires, avec un inventaire important de qualité moyenne. Le *reach* de ce type d'espace est relativement moyen. Ce sont des espaces valorisés principalement grâce à du ciblage contextuel, lequel propose tout simplement d'adapter la publicité en fonction du contexte de diffusion et, en premier lieu, le contenu de la page (par exemple une publicité pour un courtier en ligne sur la rubrique finance d'un journal en ligne). D'autres dimensions entrent dans le contexte de diffusion comme l'horaire, la date, la géolocalisation de l'internaute (grâce à son adresse IP), etc. Ce type d'espace est souvent commercialisé sous la forme de verticaux ; ce sont des packs/chaînes regroupant les inventaires de plusieurs supports différents mais ayant des contextes identiques (par exemple le pack « Femmes » de la régie Hi-media regroupe les inventaires de *Biba*, *Closer*, 750 grammes, Meetic, *Top Santé*, etc.). Ce type d'espace s'achète généralement au CPM (CPM brut de 10 € à 50 €) et plus rarement au CPC.

Enfin, les espaces à la performance correspondent à des inventaires quasi illimités, mais peu qualitatifs. Ce type d'espace offre un *reach* relativement faible. En revanche, ce sont des espaces qui se prêtent particulièrement bien à des problématiques d'acquisition de trafic ou d'achat à la performance et ce, grâce à la mise en œuvre de technologies de ciblage évoluées, et notamment les technologies de ciblage comportemental, lequel consiste en quelque sorte à afficher la bonne publicité au bon internaute, au bon moment ! Pour cela, il faut constituer un profil pour chaque internaute à travers son comportement en ligne (pages consultées, requêtes saisies, comportement vis-à-vis des publicités, achat, mise en panier, etc.). Cette étape de *profiling* est facilitée par l'utilisation de cookies. Les acteurs spécialisés dans ce type d'espace disposent souvent de deux réseaux publicitaires : un réseau de data, qui permet justement d'identifier le comportement des internautes et de recueillir les données nécessaires au ciblage, et un réseau de diffusion sur lequel vont être diffusées les publicités des annonceurs par rapport au profil souhaité. De nombreux modes d'achat sont disponibles pour ce type d'espace : CPM (souvent *« low cost »*, parfois moins d'un euro), CPC, CPA ou encore CPM-A (achat d'un volume au CPM, mais avec des optimisations fines de ciblage, notamment grâce au *retargeting*[1], afin d'atteindre un objectif de CPA). La commercialisation de ces espaces se fait uniquement en réseau, du fait de la grande fragmentation des inventaires. De nombreux acteurs ont monté leur réseau (les grandes régies comme Orange, Yahoo !, Hi-media proposent ce type de commercialisation, mais il existe aussi des spécialistes comme Advertising.com, Specific Media, Adconion, etc.).

Ciblage et plan média

La réalisation du plan média Internet est l'œuvre du média planner (ou parfois Webplanner). En fonction de la stratégie de communication, et notamment des cibles de la campagne et du budget, il détermine les supports les plus adéquats pour la campagne. Il se charge ensuite de l'achat auprès des agences spécialisées, des régies ou directement des annonceurs.

De nombreux outils sont à disposition des média planners Internet pour élaborer un plan média :

- les panels permettent d'avoir accès aux données d'usage et d'audience des principaux sites. En France, le panel Médiamétrie/NetRatings est celui de référence de l'écosystème publicitaire Internet. Les éditeurs y font référence en permanence, notamment à travers des indicateurs de visiteurs uniques, de *reach* ou d'indice d'affinité (affinité du support sur une cible par rapport à la moyenne du panel) ;
- les bases de données de l'agence sont précieuses, elles permettent de connaître l'historique de toutes les campagnes diffusées et des performances de chaque support ;
- les piges publicitaires permettent de recenser les campagnes réalisées sur Internet par les différents annonceurs en indiquant les supports utilisés et les valorisations budgétaires estimées.

1. *Retargeting* : technique de reciblage publicitaire, autrement dit technique permettant de retoucher un internaute ayant eu un comportement spécifique (visite d'un site, clic sur une publicité, etc.) grâce à un affichage publicitaire spécifique.

En 2008, Google a lancé son service de média planning, Google AdPlanner (*www.google.com/adplanner*), qui permet à chacun de s'initier aux joies du média planning. En quelques clics, on peut définir son audience (données sociodémographiques, centres d'intérêt, sites visités, etc.), trouver les supports les plus pertinents et créer son plan média.

Voici, par exemple, les vingt premiers supports conseillés par Google pour cibler les femmes de 25-34 ans, habitant à Lyon et aimant les voyages :

lyonWeb.net	marmara.com
rhonealpesjob.com	lastminute.com
ebookers.fr	alibabuy.com
lesiteimmo.com	easyvols.fr
opodo.fr	expedia.fr
leprogres.fr	disneylandparis.com
easyjet.com	edreams.fr
advences.com	infobebes.com
bravofly.fr	jetcost.com
disneylandparis.fr	look-voyages.fr

Un écosystème de plus en plus complexe

Le marché de la publicité en ligne est un véritable écosystème avec une densité d'acteurs très importante. Il est parfois difficile de s'y retrouver. On peut cependant regrouper les acteurs du *display* en grandes familles comme sur le schéma ci-après.

Puisqu'il s'agit d'un marché, on retrouve de part et d'autre les acheteurs (annonceurs) et les vendeurs (éditeurs de sites Web). Un premier niveau d'intermédiation est possible. Les annonceurs peuvent avoir un mandataire pour leurs achats d'espace : l'agence média. Les agences jouent également un rôle de conseil, notamment dans le choix des stratégies d'achat. Sont ici concernés les grands acteurs traditionnels comme Havas, Omnicom, Publicis... Les éditeurs peuvent, eux aussi, recourir à un intermédiaire pour vendre leurs espaces, à savoir une régie publicitaire. La régie peut commercialiser en exclusivité tout ou partie de l'inventaire de son client. Aujourd'hui, il existe une petite dizaine de régies d'importance en France (Lagardère, Adverline, Hi-media, Horizon Media...). Au centre du schéma, se trouvent les réseaux publicitaires (Ad Networks), qui disposent des espaces invendus des éditeurs ou de leur régie. Chaque réseau possède sa spécificité (réseaux d'audience,

L'écosystème de la publicité en ligne

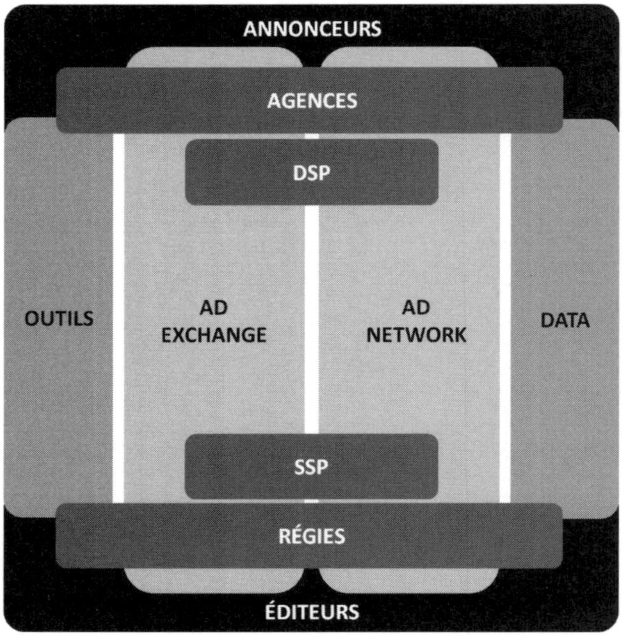

réseaux thématiques, réseaux à la performance, réseaux *low cost*, etc.) et ils sont très nombreux sur le marché, des plus gros (Google AdSense, Orange Advertising, Microsoft Advertising, Yahoo !, 24.7 Real Media...) aux plus spécialisés (AdConion, NextPerformance, Specific Media...).

Cet écosystème ne pourrait exister sans certains outils et certaines données :

- les outils : de nombreux acteurs proposent des outils et des technologies permettant de cibler, de diffuser, de réserver, de facturer ou encore de mesurer les campagnes publicitaires. On retrouve notamment dans cette catégorie les gros *adservers* du marché, à savoir AdTech, Smart AdServer, DoubleClick, Atlas, OpenX, etc.
- les données : la collecte, le traitement, l'analyse et l'échange des données constituent un maillon essentiel de la publicité sur Internet. Sans les acteurs de la donnée, il ne serait pas possible d'avoir accès à des informations sur le comportement des internautes et de cibler au mieux la publicité.

Cette multiplicité des acteurs rend une campagne *display* longue à mettre en place et relativement coûteuse. L'intermédiation dans l'écosystème du *display* accapare en moyenne 65 % de la valeur. Autrement dit, pour un annonceur achetant un espace à 10 € le CPM, l'éditeur ne touchera en moyenne que 3,50 € le CPM.

C'est pourquoi de nouveaux acteurs sont apparus afin de simplifier le processus d'achat/vente en proposant des systèmes le plus automatisés possible. Ces nouveaux acteurs existent depuis déjà plusieurs années aux États-Unis, mais ils ne sont arrivés en France qu'en 2010 : il s'agit des *adexchanges*. En français dans le texte, il s'agit de plates-formes d'échanges publicitaires, c'est-à-dire de plates-formes permettant d'automatiser l'achat et la vente d'inventaires publicitaires. Ces systèmes reposent sur un double principe :

- le temps réel : les acheteurs (agences, annonceurs) et vendeurs (éditeurs, régies) sont présents sur une place de marché où ils peuvent placer en temps réel des « ordres » d'achat ou de vente d'espaces ;
- les enchères : les ordres d'achat/vente sont basés sur un système d'enchère.

Ce double principe n'est pas sans rappeler celui qui prévaut dans le domaine du *search* (achat de mots-clés), où les enchères en temps réel déterminent les achats. Le rapprochement avec ce qui prévaut dans le *search* est d'ailleurs de plus en plus vrai, car les plates-formes d'échange permettent d'avoir un ciblage très optimisé, grâce, notamment, à la « data » présente dans les systèmes. La logique du *display* migre donc peu à peu d'un achat d'espace (des pages avec publicité sur un support donné) à de l'achat d'audience ciblée. En ce sens, de nombreux acteurs considèrent maintenant le *display* comme un levier efficace d'acquisition, et plus seulement comme un levier de notoriété.

Si les adexchanges visent à fluidifier l'achat/vente d'espace en faisant gagner du temps, ils permettent également de réduire l'intermédiation. Ainsi, il est possible pour un annonceur ou son agence de réduire le coût moyen d'achat, alors même que les éditeurs peuvent vendre leur inventaire au meilleur prix. L'exemple américain tend à montrer que le coût d'intermédiation diminue à environ 50 % de la valeur d'achat dans le système des adexchanges, permettant en moyenne de réduire de 15 % le prix d'achat pour l'annonceur tout en augmentant les revenus de l'éditeur de presque 20 %. Pour reprendre l'exemple précédent, au lieu d'acheter un espace à 10 € le CPM, l'annonceur pourrait l'acheter seulement à 8,50 € (– 15 %) et l'éditeur toucher 4,20 € (+ 20 %). Cela est possible car la part de l'intermédiation a été réduite à (8,5 – 4,2)/8,5 = 50,6 %.

Évidemment, ce nouveau phénomène a entraîné l'émergence de plusieurs plates-formes d'adexchange. Il a donc fallu développer des outils permettant de se connecter en temps réel à ces différentes plates-formes, aussi bien du côté des annonceurs que des éditeurs :

- les *Demand Side Platforms* (DSP) permettent aux annonceurs ou à leurs agences d'acheter en temps réel les espaces correspondant aux audiences ciblées auprès de différents acteurs (réseaux publicitaires, réseaux d'échange, SSP) ;
- les *Sell Side Platforms* (SSP) permettent aux éditeurs d'optimiser en temps réel la mise en vente de leur inventaire publicitaire en le monétisant au meilleur prix (fixation d'un prix plancher) auprès de différents acteurs (réseaux publicitaires, réseaux d'échange, DSP). Du fait de ce mécanisme d'optimisation, les SSP sont également parfois appelés *« yield optimizers »*.

FOCUS

Facebook Ads : le ciblage comportemental

Les chiffres publiés par eMarketer sont sans ambiguïté : Facebook est devenu aux États-Unis le premier support publicitaire en *display* ! Avec une part de marché estimée à 17,7 %, le réseau social a ravi la place de leader au vénérable « ancêtre » Yahoo ! (13,3 %). En diffusant quasiment une bannière sur trois, Facebook générerait déjà plus de 2 milliards de dollars de revenus aux États-Unis.

Alors, comment expliquer l'engouement des publicitaires américains pour Facebook ? Certainement grâce aux possibilités de ciblage offertes par le réseau social.

En effet, la plate-forme publicitaire de Facebook permet de cibler les utilisateurs à partir des renseignements qu'ils ont eux-mêmes fournis en remplissant leur profil. Cela va de la situation géographique, l'âge, le sexe, à la situation de couple ou les écoles qu'ils ont fréquentées ! Cela ouvre des perspectives très intéressantes pour atteindre une cible très précise. Par exemple un magasin de puériculture à Lille pourra choisir de cibler uniquement les femmes de 27 à 37 ans, habitant à Lille et qui sont fiancées, en couple ou mariées (plus de 75 000 personnes). En associant ce ciblage avec une publicité attractive, cela devrait permettre de générer du trafic qualifié.

La publicité sur Facebook

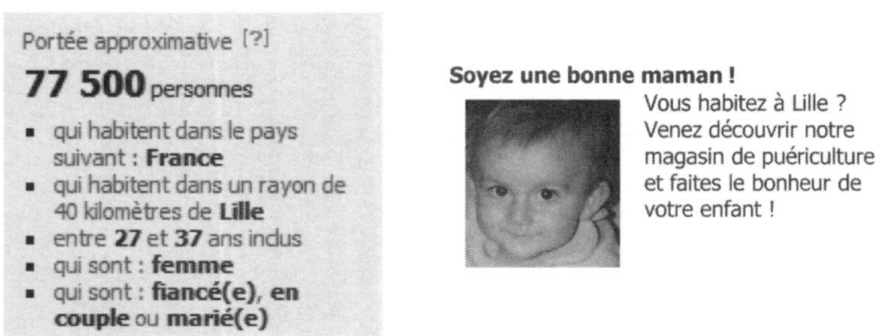

Il ne faut d'ailleurs pas se tromper lors de la conception de la publicité. Sur Facebook, les utilisateurs ne recherchent pas d'informations sur des offres ou des produits. C'est un espace de socialisation. Il ne faut donc pas adopter une approche trop « commerciale ». Une publicité réussie doit interpeller l'utilisateur en étant au plus proche de ce qui l'intéresse, l'annonceur doit ainsi utiliser au mieux les caractéristiques de sa cible. Pour nos jeunes mamans lilloises, une belle photo de bébé avec un titre accrocheur (« Jeune maman à Lille ? »/ « Soyez une bonne maman ! ») est une piste à explorer. L'exploration et les tests sont d'ailleurs un élément essentiel pour trouver la publicité la plus efficace : il faut varier les images, les titres, les descriptions... Le système de vente sur Facebook est majoritairement au CPC (même si le CPM peut également être choisi) avec un système d'enchère fortement dépendant du taux de clics de la publicité. Autrement dit, le coût sera d'autant plus faible que le taux de clics de l'annonce sera élevé.

Facebook propose aussi d'autres formats de publicité comme les actualités sponsorisées qui permettent d'inclure dans le message certaines informations « sociales » de l'utilisateur (comme le nombre d'amis ayant aimé la page cible de la publicité). Pour les grands comptes, il est en outre possible d'être présent sur la page d'accueil de Facebook avec des formats « événementiels » (vidéo, sondage, événements, etc.).

ÉVALUER LES RÉSULTATS D'UNE CAMPAGNE

Le suivi

Le suivi d'une campagne *display* nécessite la mise en place d'outils spécifiques : les outils de *tracking*. Le *tracking* est un élément indissociable de toute campagne de publicité. Sans *tracking*, aucune mesure ne peut être effectuée. Le *tracking* est souvent double : un code de *tracking* du côté de l'outil de diffusion (l'adserver), et un code de *tracking* du côté de l'annonceur (annonceur en direct, l'agence média ou l'agence interactive).

Techniquement, un *tracking* se constitue de trois éléments :

- un pixel de *tracking* : cet élément permet de mesurer les impressions ;
- une URL de *tracking* : cet élément permet de mesurer les clics ;
- un code de conversion : cet élément permet de mesurer le comportement de l'internaute suite au clic sur le site de destination (achat, remplissage d'un formulaire, etc.).

Selon les besoins de l'annonceur ou de son agence, le *tracking* peut comprendre un ou plusieurs de ces éléments.

Mesurer la performance

La performance d'une campagne se mesure dans un premier temps uniquement *via* les données de *tracking* qui permettent de remonter trois indicateurs :

- le nombre d'impressions/d'affichages ;
- le nombre de clics ;
- le nombre d'actions effectuées sur le site suite à un clic.

Ces trois métriques permettent de calculer deux ratios importants : le taux de clics (clics/impressions) et le taux de transformation (actions/clics). Les premières campagnes de bannières des années quatre-vingt-dix enregistraient souvent des taux de clics (CTR) de plus de 5 % (5 clics pour 100 affichages). Aujourd'hui, le nombre de clics a radicalement baissé et le taux de clics moyen est plus proche de 0,2 % (2 clics pour 1 000 affichages). Évidemment, le CTR varie grandement en fonction de la pertinence de la campagne, du ciblage, du format, de la création, etc. Il n'est donc pas rare de voir des CTR dix fois plus élevés ou... dix fois plus faibles ! Voici, à titre d'exemple, une ventilation du CTR moyen en fonction du format des bannières :

Taux de clics moyen selon la taille de la bannière

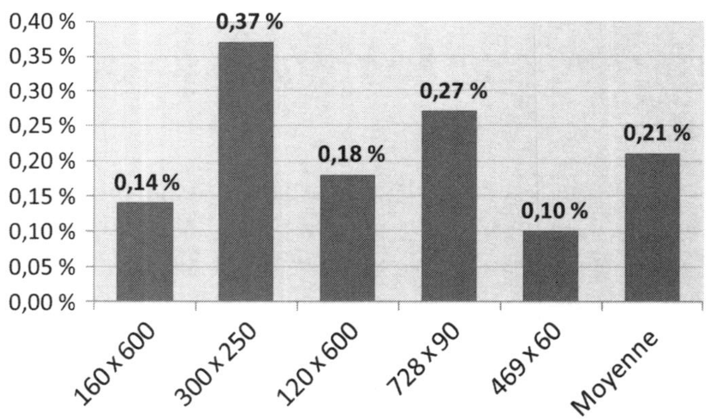

Source : *http://www.marketingsherpa.com/1news/chartofweek-09-16-08-lp.htm*.

Ces informations de base peuvent ensuite être croisées avec d'autres données pour affiner la mesure (heure/jour de diffusion, format, page, ciblage, etc.).

Ces données de base (données post-clic) restent relativement limitées et conviennent surtout aux annonceurs faisant de l'achat à la performance. Elles ne permettent pas de mesurer l'impact de la publicité au-delà du clic.

Un second niveau d'analyse consiste à proposer des données *post-view*. L'analyse s'intéresse ici au comportement des internautes ayant vu la publicité et étant identifiés comme tels grâce à un système de cookie. Ce type de donnée permet de mesurer le trafic et les conversions induits par la campagne publicitaire.

L'évolution du nombre de recherches liées à la marque est aussi un indicateur à suivre suite à une campagne de communication publicitaire sur Internet.

Des études beaucoup plus poussées peuvent également être proposées pour les budgets les plus importants :

- les post-tests d'image : mesure de l'impact de la campagne sur la notoriété, l'agrément, etc.
- les indicateurs d'engagement : mise en place d'indicateurs mesurant l'engagement (durée d'exposition, visionnage, temps passé sur le site, etc.) ;
- l'impact sur les ventes : mesure de l'impact de la campagne sur l'achat ou l'intention d'achat (*via* le croisement d'un panel de consommateurs et d'un panel d'internautes).

FOCUS

Le *retargeting*, une nouvelle façon de cibler les internautes

Le *retargeting*, ou reciblage publicitaire, est une technique de ciblage apparue il y a seulement quelques années sur le marché français. Initialement imaginée pour les e-commerçants, la technique est aujourd'hui employée par d'autres types de sites comme les services en ligne. L'idée du *retargeting* se base sur un constat simple : dans de nombreux cas, l'internaute ne convertit pas lors de sa première visite. Les investissements réalisés pour aller chercher de nouveaux visiteurs qualifiés permettent, au mieux, de ne convertir que 5 % de ces visiteurs. Que faire avec les autres ? C'est à cette question que répond le *retargeting* en proposant de retoucher les visiteurs d'un site qui n'auraient pas converti leur première visite.

Comment cela fonctionne-t-il ? Grâce à un système de cookie, le prestataire de *retargeting* va identifier tous les internautes qui auront visité le site de l'annonceur sans avoir converti. Grâce à des espaces achetés à bas prix à des régies publicitaires (« *low cost* CPM »), le prestataire va présenter aux internautes identifiés par les cookies une bannière personnalisée afin de les encourager à revenir sur le site de l'annonceur et, cette fois, à se convertir. La pertinence du *retargeting* va dépendre en grande partie du niveau de personnalisation de ces bannières. Et c'est là toute la « magie » du *retargeting*. En effet, en utilisant des algorithmes basés sur les données de navigation de l'internaute cible, les bannières de *retargeting* peuvent mettre en avant les produits que l'internaute aura déjà consultés, une offre promotionnelle liée au panier que l'internaute aurait abandonné, ou encore une suggestion de produits liés aux goûts de l'utilisateur. Ainsi, par exemple, une bannière de *retargeting* pour la marque Sarenza apparaîtra sur un site de cinéma, après que l'internaute aura visité le site de ce célèbre vendeur de chaussures en ligne.

Pour l'annonceur, le *retargeting* représente un coût supplémentaire par rapport au coût habituel de création de trafic, mais c'est également l'opportunité de rendre ce trafic initialement acquis beaucoup plus rentable en tentant de transformer les 95 % de trafic qui habituellement ne transforment pas ! Le modèle d'achat est majoritairement au CPC avec des taux de clics et de transformation qui se rapprochent de ceux que l'on peut connaître avec des campagnes SEM (le CTR pouvant être supérieur à 2 % pour des bannières très personnalisées).

Récapitulatif 1 : définir la stratégie de communication

La publicité en ligne, ou *display*, est en plein essor. Avec 540 millions d'investissements publicitaires nets, il s'agit du deuxième levier d'investissement en ligne après le SEM.

La mise en œuvre d'une campagne de publicité en ligne se fait en quatre grandes étapes (cf. figure « Les étapes d'une campagne de communication online », page 110) :

1. Définition de la stratégie de communication.
2. Création des éléments graphiques et élaboration du plan média.
3. Diffusion de la campagne.
4. Mesure des résultats.

Les agences interactives sont au cœur du système du *display*.

En matière de publicité sur Internet on oppose très souvent deux logiques distinctes : d'un côté la notoriété et, de l'autre, la performance (« *branding* » *versus* « perf' »).

Récapitulatif 2 : créer les supports

L'Internet Advertising Bureau reconnaît une quinzaine de formats standard pour les bannières publicitaires (de l'historique 468 × 60 au très classique pavé de 300 × 250).

Le contenu des bannières a fortement évolué : de simples bannières animées (format gif), on est passé à des bannières « riches » réalisées en flash (« *rich banners* »), des bannières interactives, des bannières « étirables/dépliables » (« *expand banners* ») et aujourd'hui des bannières vidéo.

De plus en plus, les grands annonceurs sont attirés par des formats premium ou « événementiels » qui permettent un niveau d'interaction fort avec l'internaute.

Le travail créatif représente une part importante du succès d'une campagne. Le recours à des formats de plus en plus premium permet une expression plus grande des équipes créatives.

Récapitulatif 3 : diffuser la campagne

L'inventaire publicitaire sur Internet est quasi infini. En revanche, la qualité des inventaires varie considérablement d'un support à l'autre :

- les espaces premium correspondent à des inventaires limités, mais de qualité ;
- les espaces contextuels sont intermédiaires avec un inventaire important de qualité moyenne ;
- les espaces à la performance correspondent à des inventaires quasi illimités, mais peu qualitatifs.

La réalisation du plan média Internet est l'œuvre du média planner (parfois appelé Webplanner). En fonction de la stratégie de communication, et notamment des cibles de la campagne et du budget, il détermine les supports les plus adéquats pour la campagne. Il se charge ensuite de l'achat auprès des agences spécialisées, des régies ou directement des annonceurs.

L'écosystème du *display* fait intervenir de nombreux intermédiaires (qui accaparent 65 % de la valeur). De nouveaux acteurs sont apparus afin de simplifier le processus d'achat/vente en proposant des systèmes le plus automatisés possible et permettant de redistribuer la valeur.

Récapitulatif 4 : évaluer les résultats d'une campagne

Le suivi d'une campagne de publicité en ligne nécessite la mise en place d'un élément technique appelé « *tracking* ».

Les indicateurs classiques d'une campagne *display* sont :

- le nombre de clics et le nombre d'impressions ;
- le taux de clics ;
- le taux de transformations.

Aujourd'hui le taux de clics moyen est proche de 0,2 %.

Les campagnes de grande ampleur utilisent d'autres techniques de mesure comme les post-tests d'image, les indicateurs d'engagement, etc.

Chapitre 10
Affiliation et partenariat

DÉCOUVRIR L'ÉCOSYSTÈME

Le fonctionnement de l'affiliation

L'affiliation est un levier marketing digital qui repose sur un principe commercial bien antérieur à l'apparition d'Internet : la rémunération des apporteurs d'affaires. Transposé sur le Web, cela donne un système faisant intervenir deux acteurs principaux :

1. L'annonceur (ou affilieur), qui souhaite mettre en avant une offre spécifique.
2. L'affilié, un tiers qui accepte de diffuser l'offre de l'annonceur en échange d'une rémunération souvent liée au volume d'affaires généré (commandes, *leads*, inscription à un service ou toute autre action spécifique définie par l'annonceur).

Le programme d'affiliation mis en place dès 1996 par Jeff Bezos, le fondateur d'Amazon[1], est souvent considéré comme le premier programme du genre sur Internet. Ce programme a en tout cas connu un vaste succès et est piloté depuis son début par des équipes dédiées au sein de la société. Cela nécessite des ressources importantes aussi bien humaines (Amazon compte des centaines de milliers d'affiliés à travers le monde) que techniques (il faut une plate-forme robuste et intelligente afin de suivre l'ensemble des ventes générées par les affiliés, de fournir des outils de mise en avant des produits, de surveiller les fraudes éventuelles, etc.). Autant dire que ce type de programme d'affiliation n'est pas à la portée du premier annonceur venu.

C'est pourquoi un troisième acteur entre en jeu dans le cadre de l'affiliation sur Internet : la plate-forme d'affiliation.

1. *https://affiliate-program.amazon.com/gp/associates/join/getstarted.*

Le rôle de la plate-forme d'affiliation

La plate-forme d'affiliation joue le rôle d'intermédiaire entre les affiliés et les annonceurs. C'est à la fois un prestataire technique, un gestionnaire de la relation affilié/affilieur et un tiers de confiance.

Le prestataire technique

L'aspect technique est au centre de l'activité d'une plate-forme. En effet, cette dernière offre à l'annonceur et aux affiliés une solution technique. L'objectif est de suivre le trafic en provenance des affiliés et les actions réalisées sur le site de l'affilieur. Ce rôle est primordial car il permet de déterminer la rémunération de chaque affilié et pour l'affilieur le montant de ces dépenses. La solution doit être suffisamment fiable pour éviter toute erreur de comptage.

Le gestionnaire de la relation affilié/affilieur

En tant qu'intermédiaire entre l'affilié et l'affilieur, la plate-forme assure de nombreuses prestations :

- elle se charge de recruter de nouveaux affiliés et de bâtir un vaste réseau ;
- elle met à disposition des annonceurs son réseau d'affiliés ;
- elle conseille l'affilieur dans la mise en place et l'évolution de son programme ;
- elle gère la relation contractuelle entre l'affilié et l'affilieur ;
- elle gère les paiements des affiliés ;
- etc.

Le tiers de confiance

La plate-forme étant au centre de la relation entre les affiliés et les affilieurs, elle joue également un rôle de tiers de confiance. C'est elle qui s'assure que chacune des parties se comporte loyalement (contrôle des fraudes, contrôle de la mise en place correcte des dispositifs techniques, etc.). Elle garantit aussi les remontés de données, et en particulier le trafic en provenance des affiliés et les actions engendrées sur les sites des affilieurs. C'est elle qui va déterminer à quel affilié doit être attribuée une action sur le site de l'affilieur, et ainsi déterminer la rémunération de l'ensemble des affiliés.

La plate-forme joue donc un rôle de garant dans la relation affiliés/affilieurs.

L'affiliate manager

Le Webmarketeur lançant un programme d'affiliation aura un contact privilégié au sein de la plate-forme d'affiliation en la personne de l'*affiliate manager.* Celui-ci aura à la fois un rôle de conseil auprès de l'annonceur (proposition de nouveaux affiliés, animation du programme, évolution de la rémunération, etc.) et un rôle de gestion du programme auprès des affiliés.

Les principales plates-formes françaises

On compte une dizaine de plates-formes d'affiliation sur le marché français. Les sept principales sont regroupées au sein d'une association, le Collectif des plates-formes d'affiliation (CPA[1]).

Selon un article paru en octobre 2009 sur le Journal du Net[2], ces sept plates-formes gèrent plus de 1 500 programmes d'affiliation.

PLATES-FORMES	NOMBRE D'ANNONCEURS	NOMBRE D'AFFILIÉS
Tradedoubler	220 (France)	19 000
Zanox	240 (France)	15 000
Netaffiliation	400 (France)	30 000
Affilinet	120	25 000
Commission Junction	200	15 000
Effiliation	200	45 000
Public-Idées	350	17 000

La typologie des affiliés

Lors de la création des premières plates-formes d'affiliation, la majorité des affiliés était composée de sites édités par des Webmasters indépendants qui cherchaient à monétiser l'audience de leur site. Par la suite sont apparus des « professionnels » de l'affiliation, qui ont créé des sites entièrement pensés pour utiliser les possibilités de monétisation offertes par l'affiliation. L'affiliation s'est également développée avec l'apparition d'affiliés qui n'utilisaient plus seulement un site pour relayer les offres des

1. *http://www.cpa-france.org/.*
2. *http://www.journaldunet.com/ebusiness/crm-marketing/dossier/qui-sont-les-acteurs-du-marche-de-l-affiliation/les-principaux-acteurs.shtml.*

annonceurs, mais d'autres supports (e-mail, moteur de recherche, réseaux sociaux, etc.).

Au final, il n'existe plus un profil unique d'affilié, mais au contraire toute une typologie. Pour s'y retrouver, voici les principaux types d'affiliés que l'on peut croiser dans le réseau d'une plate-forme :

- **les sites thématiques** : ce sont les affiliés d'« origine » des plates-formes, ils représentent encore la majorité des affiliés. On y retrouve tous les sites traitant d'une thématique en particulier et toutes les thématiques y sont potentiellement représentées (cinéma, modélisme, cuisine, etc.). Le développement des blogs a permis de continuer à faire croître ce type de sites au sein des plates-formes. Derrières ces sites se cachent bien souvent des particuliers qui essayent de tirer quelques revenus de leur site. Certains se sont professionnalisés et vivent parfois entièrement de leur activité d'affiliation ;
- **les keywordeurs** : ces affiliés utilisent l'achat de mots-clés (*« keywords »* en anglais) sur les moteurs de recherche (liens sponsorisés chez Google, Yahoo !, Bing...) pour relayer les offres des annonceurs. L'annonceur doit en général contrôler de près les mots-clés utilisés par ce type d'affiliés pour éviter toute cannibalisation avec son propre programme de SEM. On retrouve également depuis peu dans cette catégorie les affiliés diffusant des publicités sur Facebook. Là encore, dans cette catégorie, on trouve beaucoup de particuliers qui se sont professionnalisés et qui connaissent tous les mécanismes d'achat de mots-clés ;
- **les e-mailers** : ces affiliés diffusent les offres des annonceurs *via* des campagnes d'e-mailing. L'annonceur devra veiller à la façon dont la base de diffusion de l'affilié a été constituée pour ne pas nuire à sa réputation auprès des FAI et des Webmails (cf. pour plus d'information le chapitre suivant « L'e-mailing ») ;
- **les comparateurs** : certains comparateurs de prix ont recours à l'affiliation pour augmenter le nombre de produits référencés sur leur site, notamment lorsque l'annonceur ne s'est pas référencé en direct sur le comparateur. Pour être présent chez ce type d'affilié, il est nécessaire pour un annonceur de fournir un flux de produits à la plate-forme. On retrouve dans cette catégorie des comparateurs importants (plus d'un million de visiteurs uniques par mois) comme Cherchons.com ou TousLesPrix.com ;
- **les couponers** : ces affiliés sont des spécialistes des « bons plans » et relaient les coupons de réduction proposés par les annonceurs. La mise en place de coupons de réduction en affiliation peut avoir certains « effets de bord » (cf. *infra* « règle du dernier cookie »). Les annonceurs

sont donc souvent encouragés à créer des bons de réduction personnalisés avec une durée de validité très courte. Là encore, il existe une myriade de sites de couponers. Une recherche « coupon de réduction » dans Google vous permettra de vous en rendre compte !

- **les *cash-backers*** : les sites de *cash-back* proposent de reverser à leurs utilisateurs une partie de la commission qu'ils touchent *via* l'affiliation. Si l'annonceur reverse 10 % à ces affiliés sur chaque vente, le *cash-backer* peut, par exemple, reverser 5 % à ses membres. Cette activité s'est rapidement développée ces dernières années et quelques acteurs importants ont émergé avec en tête eBuyClub, suivi par d'autres acteurs comme Cashstore, CeriseClub ou encore iGraal.

LANCER UNE CAMPAGNE D'AFFILIATION

Rémunération et budget

L'affiliation est parfois également connue sous le nom de « marketing à la performance ». Cette appellation vient rappeler le fondement même du modèle : l'annonceur ne verse une rémunération que lorsqu'un affilié a réussi à générer une action spécifique (commande, *leads*, inscription, etc.). Autrement dit, l'annonceur rémunère les affiliés selon leur performance. Si le modèle semble idyllique pour l'annonceur, il ne faut pas oublier qu'il y a de nombreux frais supplémentaires à prendre en compte, et notamment le coût d'intermédiation de la plate-forme d'affiliation.

Frais et commission de la plate-forme

L'intermédiation offerte par la plate-forme a un coût. Bien souvent, il est double :

- coût fixe : la partie fixe du coût est constituée de frais facturés par la plate-forme pour rémunérer ses services (droit d'entrée, frais de mise en place du programme, minimum de facturation mensuel, conseils ponctuels, etc.) ;
- coût variable : la partie variable est composée d'une commission qui vient s'ajouter à la rémunération versée aux affiliés. La commission classique des plates-formes est de 30 % de la rémunération des affiliés (certains annonceurs arrivent à négocier jusqu'à seulement 20 %). Attention cependant, car certaines plates-formes proposent une commission de 30 % de la dépense totale (c'est-à-dire que la commission représente 30 % de la somme « rémunération des affiliés + commission de la plate-forme », soit bien plus de 30 % !).

La rémunération des affiliés

La promesse d'un « marketing à la performance » se manifeste dans le type de rémunération proposé aux affiliés. Deux grands types de rémunération sont liés à l'affiliation :

- **le coût par action (CPA)** : c'est le mode de rémunération le plus classique en affiliation, particulièrement bien adapté au e-commerce puisqu'il s'agit d'une rémunération à la vente. L'affilié est alors considéré comme un apporteur d'affaires auquel on reverse une partie du montant de la vente générée chez l'annonceur. Le CPA s'exprime souvent en pourcentage du montant de la vente (hors taxe et hors frais de port), on parle alors de taux de commission (mais certains e-commerçants préfèrent reverser un montant fixe sur la vente). Le CPA varie fortement selon le type d'activité de l'annonceur et les marges pratiquées dans le secteur (le CPA sera plus faible sur la vente de produits culturels, de 5 à 6 %, que sur la vente de mobilier, souvent plus de 10 %) ;
- **le coût par *lead* (CPL)** : c'est un mode de rémunération complémentaire souvent utilisé par des annonceurs n'ayant pas une activité marchande directe (pas de vente en ligne ou de vente hors ligne). Un *lead* se concrétise généralement par le remplissage d'un formulaire sur le site de l'annonceur. Une fois de plus, le montant du CPL varie fortement selon l'activité et la complexité du formulaire (de 0,40 € pour l'inscription à un jeu-concours à plusieurs dizaines d'euros pour une simulation de crédit en ligne).

En plus du CPA et du CPL, on retrouve également en affiliation le plus classique « coût par clic » (CPC). Il s'agit de rémunérer les affiliés chaque fois qu'un internaute clique sur un support publicitaire fourni par l'annonceur. Ce type de rémunération est rarement proposé à tous les affiliés, généralement il s'agit d'une rémunération « premium » pour récompenser certains affiliés ou pour cibler un type d'affilié très précis. En effet, le CPC souffre souvent d'un risque de fraude important (clic forcé, faux clics, etc.). C'est pourquoi les plates-formes ont tenté de développer des alternatives comme le double-clic (clic sur le support publicitaire, suivi d'un second clic une fois sur le site de l'annonceur) ou le coût par visite (CPV, clic sur le support publicitaire, suivi d'un chargement effectif de l'intégralité de la page de destination du clic).

Sur certains programmes très spécifiques, on peut même retrouver une rémunération au coût par mille (CPM) comme sur des campagnes *display* classiques (cf. pour plus d'information sur ce type de rémunération le chapitre précédent « La publicité en ligne »).

L'ensemble de ces types de rémunération peut être combiné en permanence ou ponctuellement sur le programme. Des conditions peuvent également être appliquées pour bénéficier de telle ou telle rémunération. Par exemple, un e-commerçant vendant des biens culturels neufs et d'occasion peut proposer :

- un CPA de 5 % pour la vente de livres, CD et DVD neufs ;
- un CPA de 7 % pour la vente de livres, CD et DVD d'occasion ;
- un CPL de 2 € pour chaque vente concernant un nouveau client ;
- un CPL de 0,40 € pour l'inscription à la *newsletter* du site.

L'annonceur peut aussi choisir de personnaliser la rémunération en fonction de l'affilié.

Adapter la rémunération selon le type d'affilié

Dans un programme d'affiliation, il est rare que tous les affiliés touchent la même rémunération. L'annonceur se doit de proposer une rémunération adaptée à chaque profil d'affilié en fonction, notamment, du type d'affilié et du volume d'affaires généré par celui-ci.

En effet, il est conseillé de récompenser ce que l'on appelle couramment les « top affiliés », c'est-à-dire les affiliés apportant le plus gros volume d'affaires. L'objectif est ici de fidéliser ces top affiliés, et donc d'éviter de les voir quitter le programme et par là se couper d'un volume d'affaires non négligeable. Pour cela, l'annonceur peut proposer une rémunération complémentaire (par exemple du CPC en plus de la rémunération de base au CPA) ou un palier de rémunération.

Si l'on reprend notre exemple de l'e-commerçant vendant des biens culturels, on peut imaginer les paliers suivants :

- moins de 10 ventes dans le mois : CPA à 6 % ;
- de 10 à 50 ventes : CPA à 8 % ;
- plus de 50 ventes : CPA à 10 %.

Offrir une rémunération différente selon l'affilié permet également de répondre aux besoins spécifiques de chaque catégorie d'affiliés :

- **les sites thématiques** : généralement ouverts à tout type de rémunération, les sites thématiques à forte audience privilégient néanmoins le CPC ou le CPM, afin de garantir la monétisation de leur espace ;
- **les keywordeurs** : leur activité étant l'achat de mots-clés au CPC, ils peuvent donc être intéressés par ce type de rémunération, qui leur permet de connaître directement la rentabilité de leurs actions. Le CPA/CPL est également envisageable, à condition que le taux de transformation de votre site soit suffisant pour assurer la rentabilité des actions du keywordeur ;

- **les e-mailers** : ils accepteront rarement (en tout cas ceux ayant une base de qualité) une campagne uniquement au CPA/CPL. En effet, l'envoi d'un e-mail sur leur base induit des coûts fixes de routage qu'ils voudront souvent couvrir avec une rémunération complémentaire au CPC (ou même un montant fixe pour l'envoi) ;
- **les comparateurs** : de nombreux comparateurs de prix travaillent au CPA, mais certains ne référenceront que les annonceurs acceptant de verser une rémunération au CPC ;
- **les couponers et les cash-backers** : beaucoup de ces affiliés travaillent au CPA, mais les plus importants du secteur réclament parfois un forfait minimum pour intégrer un nouvel acteur en plus de la commission au CPA.

Le budget d'une campagne d'affiliation

Au final, quel budget un Webmarketeur doit-il consacrer à l'affiliation ? Comme on vient de le voir, il faut prendre en compte le ticket d'entrée (nul sur certaines plates-formes et jusqu'à plusieurs milliers d'euros sur certaines autres), la rémunération des affiliés, les frais fixes et les commissions de la plate-forme. Bref, pour un petit annonceur, il est difficile de monter un programme avec un budget annuel inférieur à 20 000 € ou 30 000 €. Pour une opération plus ponctuelle (comme un jeu-concours), le budget nécessaire pourra néanmoins être moindre (à partir de 10 000 €). Les e-commerçants commenceront à intéresser les plates-formes de taille moyenne avec un budget annuel à partir de 50 000 €. Les budgets annuels à plus de 200 000 € commenceront à susciter l'intérêt des plus grosses plates-formes, dont le déploiement international séduit déjà les plus gros annonceurs (dont les budgets annuels consacrés à l'affiliation se chiffrent parfois à plusieurs millions d'euros).

Cependant, le budget d'affiliation doit également inclure des postes complémentaires afin de faire vivre le programme :

- **création** : l'annonceur doit fournir des kits de bannières/e-mail à ces affiliés (cf. *infra*). Ces kits doivent être régulièrement mis à jour (au moins une fois tous les deux mois). Tout cela induit des frais de création graphique (cf. pour connaître les coûts associés à la création de bannières le chapitre précédent « La publicité en ligne ») ;
- **flux** : pour un e-commerçant, fournir un flux produits à la plate-forme d'affiliation est une nécessité. Seulement, il n'est pas toujours facile de fournir un flux au format demandé par la plate-forme. Cela peut nécessiter des interventions en interne (service SI ou technique de l'annonceur...) ou en externe (société ayant réalisé le site, société fournissant la plate-forme d'e-commerce...), et engendrer des coûts supplémentaires ;

- **animation** : animer un programme d'affiliation demande également des ressources. Il faut une personne en interne chez l'annonceur pour travailler avec la plate-forme, valider les nouveaux affiliés et les paliers de rémunération associés, vérifier et confirmer les ventes, etc. Tout cela demande du temps et est donc à intégrer dans le budget consacré à l'affiliation.

La règle du « dernier cookie »

S'il y a une règle liée à l'affiliation qui, ces derniers temps, a fait débat, c'est bien celle qui a trait au dernier cookie. De quoi s'agit-il ? Il s'agit en fait d'une règle de gestion partagée par tous les acteurs de l'affiliation, qui attribue au dernier affilié le bénéfice d'une action sur le site de l'affilieur. Autrement dit, cela consiste à reverser 100 % de la rémunération au dernier affilié auquel on peut rattacher l'origine de la visite ayant engendré l'action chez l'affilieur (commande, *lead*, inscription, etc.).

Pourquoi parle-t-on alors de « cookie » ? Pour comprendre l'impact des cookies, il faut comprendre les différentes possibilités de comportement d'un internaute.

Le cas le plus simple est ce que l'on appelle le « post-clic dans la session » (cf. schéma *infra*). Dans ce cas, le comportement de l'internaute est linéaire. Il consulte un support publicitaire sur le site de l'affilié (« visualisation »), clique sur ce support (« clique ») et se retrouve sur le site de l'annonceur (« visite »). Le passage vers le site de l'annonceur a déclenché la pose d'un cookie sur l'ordinateur de l'internaute. Ce cookie comprend notamment l'identification du site affilié de provenance de l'internaute. L'internaute poursuit sa visite sur le site de l'annonceur et finit par réaliser l'action attendue. La plate-forme d'affiliation va donc remonter l'information et, grâce au cookie, attribuer la rémunération à l'affilié correspondant. L'action a été réalisée dans la session qui a suivi le clic.

Imaginons maintenant que l'internaute ne réalise pas l'action dans la session qui suit le clic. En revanche, il revient quelques jours plus tard sur le site de l'annonceur et commence une nouvelle session de visite. Au cours de cette visite, il réalise l'action attendue. La plate-forme va pouvoir une nouvelle fois remonter l'information et attribuer la rémunération à l'affilié ayant engendré la visite précédente. L'affilié sera donc rémunéré, même si l'internaute n'est pas passé par son site cette fois-ci. Cela est possible grâce au dépôt du cookie. Celui-ci reste « actif » sur l'ordinateur de l'internaute pendant normalement trente jours. Autrement dit, l'affilié pourra être rémunéré trente jours suivant le clic, même si l'action a lieu hors session.

Enfin, il existe un type de cookie spécifique, appelé « post-view ». Dans ce cas très particulier (relativement rare en affiliation), l'internaute reçoit un cookie dès qu'il visualise un support publicitaire de l'annonceur sur le site de l'affilié. Si dans les jours qui suivent (généralement un maximum de quinze), il visite le site de l'annonceur et effectue l'action attendue, alors l'affilié sera rémunéré.

La règle du « dernier cookie »

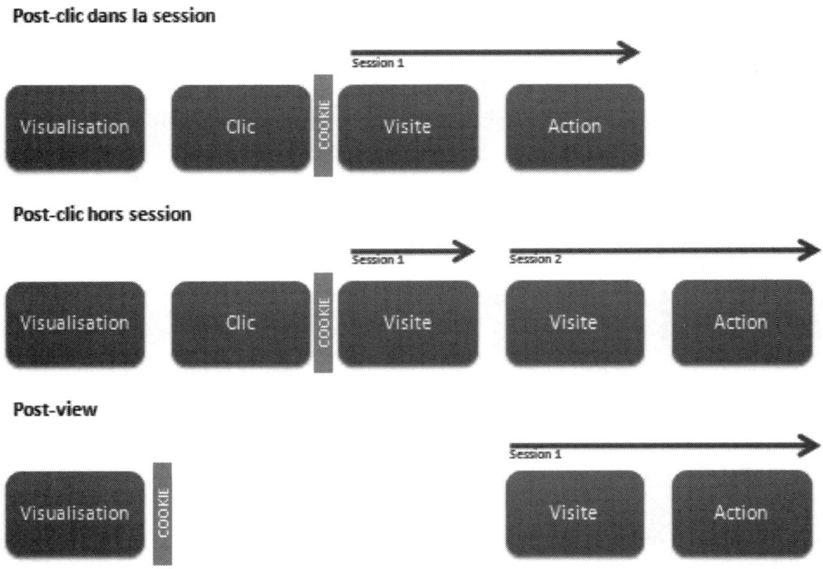

La règle du dernier cookie a donc permis aux plates-formes d'affiliation de gérer simplement la rémunération des affiliés tout en conservant un niveau de fiabilité et d'équité acceptable.

Néanmoins, cette règle est quelque peu remise en cause ces derniers temps. Certains annonceurs pointent du doigt le fait qu'elle favorise certains types d'affiliés aux dépens d'autres. C'est le cas notamment des couponers au détriment des sites thématiques. Prenons un exemple concret. Imaginons qu'un internaute se rende sur un site thématique (site T), clique sur l'offre d'un annonceur, arrive sur son site (site A) et décide d'y passer une commande. Il reçoit donc un cookie indiquant comme origine « site T ». Arrivé à la page de validation de la commande, il s'aperçoit qu'il existe un champ « bon de réduction ». Il se rend donc sur un moteur de recherche et tape « bon de réduction site A ». Parmi les résultats de la recherche, il y a le site d'un couponer (site C) qu'il visite. Le site C lui demande de cliquer sur un lien afin de visualiser le bon de réduction. L'internaute s'exécute et obtient le bon de réduction qu'il s'empresse d'inscrire sur le site A avant de terminer sa commande. Ce que l'internaute ne sait pas, c'est que lorsqu'il a cliqué sur le lien du site C pour obtenir le bon de réduction, cela a créé un cookie d'affiliation indiquant comme origine « site C ». Ce cookie a écrasé le précédent cookie. Au final, la rémunération sera donc versée au « site C » et le « site T » ne touchera rien, alors même que c'est lui qui a déclenché l'envie et la commande chez l'internaute !

Il y a donc quelques effets pervers à cette règle du dernier cookie. Chaque plate-forme d'affiliation propose des solutions plus ou moins avancées pour y remédier dans des cas bien précis (cumul des cookies, hiérarchisation des cookies, premier cookie non « écrasable » par certains autres, etc.). Bref, il n'y a pas vraiment de règles communes. Il faut donc se renseigner auprès de chaque plate-forme et discuter avec son *affiliate manager* pour mettre en place la règle la plus adaptée à son activité.

Les supports de promotion

Les supports de promotion d'une campagne sont proposés aux affiliés *via* la plate-forme d'affiliation. L'annonceur a en charge la création de ces supports, la plate-forme pouvant lui apporter des conseils.

De nombreux types de support peuvent être proposés aux affiliés.

Les bannières

Il s'agit certainement du support le plus classique disponible en affiliation. On parle souvent de « kit bannières », dans la mesure où l'annonceur doit fournir des bannières de différentes tailles et différents formats :

- tailles : un kit classique devrait intégrer au minimum une bannière horizontale (468 × 60, 728 × 90), une bannière verticale (120 × 240, 120 × 300, 120 × 600, 160 × 600) et une bannière « pavé » (250 × 250). Mais il est recommandé de multiplier les formats afin de s'adapter aux besoins des affiliés ;
- formats : bannières sans animation (jpg), bannières avec une animation simple (gif), bannières avec une animation plus complexe (flash).

En termes de création, les bannières destinées à l'affiliation doivent rester simples et efficaces. Souvent les annonceurs ont tendance à reprendre pour leur campagne d'affiliation les bannières utilisées pour leur campagne *display*. Or, généralement, celles-ci ne sont pas adaptées. En *display*, l'annonceur peut chercher à travailler sa notoriété, alors qu'en affiliation il faut chercher la performance à tout prix. Autrement dit, les bannières d'affiliation doivent être incitatives et comporter :

- un message court et compréhensible immédiatement (surtout en cas d'animation) ;
- des accroches efficaces (promotion, gratuité, nouveauté, exclusivité, etc.) ;
- un « *call to action* » unique et qui donne envie de cliquer (un simple « Cliquez ici » est parfois très stimulant).

Les liens textes

Rien de plus simple qu'un lien texte : un libellé et un lien de redirection vers une page spécifique. L'annonceur peut mettre à disposition des affiliés quelques liens travaillés avec des accroches marketing pertinentes. Mais le plus pratique est de laisser la main aux affiliés pour qu'ils créent eux-mêmes les liens dont ils ont besoin (par exemple des liens vers des pages profondes du site en rapport avec leur thématique).

Les e-mails

L'annonceur peut choisir de mettre à disposition de ces affiliés un kit e-mailing. Celui-ci se compose d'un fichier HTML qui contient la création graphique d'un objet pour attirer l'attention et d'un nom d'expéditeur. Certaines règles sont à respecter pour rendre l'e-mailing performant (cf. pour plus d'information le chapitre suivant « L'e-mailing »).

Les flux produits

Dans le cas d'un site d'e-commerce, la mise en place d'un flux produits est une nécessité (certains affiliés ne relaient les offres des annonceurs que *via* ce support).

Le flux est en fait un export quotidien du catalogue produits de l'annonceur avec des filtres spécifiques (filtre prix, filtre de catégories, filtre sur la disponibilité, etc.). Chaque plate-forme d'affiliation a des spécifications techniques différentes quant au format du flux, il faut donc s'adapter à leur demande.

La mise à disposition d'un flux produits et sa gestion peuvent parfois être compliquées pour un annonceur. De nombreuses sociétés se sont créées récemment afin d'aider les e-commerçants dans la gestion et l'optimisation de leur flux (Beezup, Iziflux, Lengow, Peaksell, etc.). Ces sociétés proposent toutes une connexion avec les principales plates-formes d'affiliation du marché afin d'avoir un flux respectant les spécifications techniques de ces plates-formes.

Le cycle de vie d'un programme d'affiliation

Hormis quelques opérations spéciales de courte durée (comme un jeu-concours par exemple), les campagnes d'affiliation s'inscrivent dans la durée. Il faut du temps pour voir les premiers résultats d'une campagne d'affiliation, et encore plus pour pérenniser la campagne et fidéliser ses affiliés. Il y a donc un véritable cycle de vie à prendre en considération dans un programme d'affiliation. Un programme ne donnera pas tout son potentiel dès le départ (notamment en termes de volume), il faut prendre en compte une courbe d'apprentissage qui permettra à un programme de gagner en maturité et d'exprimer pleinement son potentiel après plusieurs mois d'existence.

Même s'il est difficile de dégager un schéma type, on peut mettre en lumière quelques grandes étapes d'un programme d'affiliation.

Prise de contact et négociation

C'est la phase de contact avec une ou plusieurs plates-formes d'affiliation. Pendant cette période, l'annonceur sera sûrement amené à rencontrer les commerciaux de différentes plates-formes. Au-delà du discours sur la taille du réseau et autres arguments commerciaux, l'annonceur devra tenter de percevoir si la plate-forme a réellement compris ses objectifs, son activité... Il peut d'ailleurs être intéressant de demander à rencontrer le futur *affiliate manager* qui sera chargé du programme. À ce stade, les plates-formes essayeront de bâtir un modèle pour le programme en proposant un mode de rémunération et des prévisions de ventes. Une chose est à retenir : une fois le programme lancé, rares sont les prévisions qui se réalisent !

Il ne faut pas hésiter également, lors de cette phase, à négocier les frais d'entrée et la commission de la plate-forme.

Lancement

Pour lancer le programme, l'annonceur devra :

- s'engager contractuellement auprès de la plate-forme d'affiliation ;
- déterminer la rémunération initiale des affiliés. À ce stade, il est inutile de proposer des paliers de rémunération trop complexes ; il faut faire simple pour que les futurs affiliés comprennent immédiatement le système de reversement. Ce n'est pas la peine non plus de prévoir des rémunérations trop allèchantes, il faut garder une certaine marge de manœuvre pour la suite ;
- livrer les supports de promotion. C'est l'élément à ne surtout pas négliger : plus les supports seront nombreux et variés, plus les affiliés seront en mesure de relayer efficacement l'offre de l'annonceur.

Une fois tous ces éléments réunis, la plate-forme annoncera officiellement l'ouverture du programme auprès de ses affiliés (ouverture publique ou communication plus fermée en ciblant directement quelques affiliés).

Bilan d'étape

Généralement, il est intéressant de faire un bilan d'étape à l'issue du premier mois après le lancement. Ce bilan permet de passer en revue :

- le portefeuille d'affiliés : combien y a-t-il d'affiliés actifs ? Quelle est la part d'affiliés inactifs ? Qui sont les meilleurs affiliés ? Quels types d'affiliés relaient le programme ? Quels types d'affiliés sont encore absents du programme ?
- les supports : quels sont les supports les plus utilisés ? Sur quel type de support les affiliés ont-ils des demandes ? Quel trafic est généré par type de support ? Quels sont les supports qui transforment le mieux ? Quels supports faut-il mettre à jour ?
- la rémunération : est-elle adaptée aux différents affiliés ? Est-elle attractive par rapport aux autres programmes de la plate-forme (pour cela on calculera un CPC ou un CPM théorique que l'on comparera à celui des autres programmes) ?

Évolution du programme

À partir du bilan d'étape, certaines évolutions apparaîtront nécessaires pour rendre, par exemple, le programme plus attractif ou plus dynamique :

- mise en place d'une rémunération spécifique pour attirer certains types d'affiliés (exemple : CPC pour les keywordeurs) ;
- mise en place d'une rémunération spécifique pour les top affiliés pour fidéliser leur implication et les encourager à développer les mises en avant ;
- mise en place d'un challenge, c'est-à-dire d'une opération d'animation du programme qui vise à récompenser les meilleurs affiliés (primes, augmentation des rémunérations, cadeaux, etc.) ;
- mise à jour des supports, création de supports personnalisés pour certains affiliés ;
- etc.

Les propositions d'évolution du programme seront bien souvent suggérées par l'*affiliate manager*, grâce à son expérience et aux remontées qu'il aura eues du réseau d'affiliés. Cependant, l'annonceur doit également être force de proposition. Par exemple, c'est à lui d'imaginer les opérations qu'il peut relayer en affiliation par rapport à son calendrier commercial.

MONTER DES PARTENARIATS SPÉCIFIQUES

Pour un annonceur, l'affiliation permet de constituer de façon très efficace un réseau de sites qui relaie son offre à travers des supports « standardisés ». Cependant, certains sites à fort potentiel (proximité thématique avec l'offre de l'annonceur, site prestigieux, etc.) ne seront jamais présents dans le réseau d'affiliés des plates-formes. Pour ces sites, il faudra alors prévoir des dispositifs sur mesure ; c'est l'objectif des partenariats Web.

Très courants sur Internet, les partenariats peuvent prendre des formes très diverses. Certains Webmarketeurs sont d'ailleurs spécialisés dans ce domaine sur des postes de « responsable partenariat » ou *« business developer »*. Cette dernière appellation rappelle que l'objectif d'un partenariat doit toujours être le développement de l'activité, que ce soit en termes de notoriété, de trafic, de ventes, etc.

L'échange

L'échange est un type de partenariat facile à mettre en œuvre. Il concerne souvent des échanges publicitaires. Autrement dit, deux organisations se mettent d'accord pour échanger un espace publicitaire (bannière, e-mail...) de même valeur sur leur site. L'échange se matérialise par une convention de partenariat (un contrat) qui stipule *a minima* la nature, le volume et le montant de l'échange. Par exemple :

- site A : envoi d'un e-mail sur la base d'une option partenaire à 50 000 adresses au CPM de 50 €, soit un montant total de 2 500 € ;
- site B : diffusion en rotation générale de 500 000 pavés publicitaires (taille 300 × 250) au CPM de 5 €, soit un montant total de 2 500 €.

Cela peut également consister à échanger des produits contre de l'espace publicitaire (pratique dite « du *barter* »). C'est le cas lors de l'organisation d'un jeu-concours : un partenaire fournit des lots en échange d'espace publicitaire.

Marque blanche et marque grise

Le principe de la marque blanche ou grise permet à une organisation de proposer à ses visiteurs sur son site un service ou un contenu tiers sous sa propre marque. Dans le cas d'une marque blanche, l'origine du service ou du contenu n'est pas indiquée, ce qui n'est pas le cas de la marque grise qui précise l'origine du service/contenu (parfois discrètement, parfois de manière très affichée avec une véritable volonté de « *cobranding* »).

Ce type de partenariat est très courant entre des sites médias et des services en ligne. Les premiers cherchent à conserver leur audience sur leur site, les seconds veulent trouver de nouveaux utilisateurs pour leur service. Le partenariat consiste donc à créer une rubrique dédiée sur le site média et à laisser la gestion du contenu de cette rubrique au site tiers. Par exemple, la rubrique « immobilier » de LeMonde.fr est gérée par Immostreet.com, alors que la rubrique « rencontre » de MSN est propulsée par Meetic. Ce type de partenariat est souvent âprement négocié entre les éditeurs de contenu (à la recherche de nouvelles sources de revenu) et les éditeurs de service (qui cherchent à maîtriser leur coût d'acquisition). Ainsi, le site Immostreet (Groupe SeLoger) fournit le service d'annonces immobilières du site LeMonde.fr., tandis que Meetic.fr, le leader de la rencontre en ligne, propose son service en marque grise à tous les utilisateurs du portail MSN.

En effet, les modalités financières d'une marque blanche/grise dépendent totalement du rapport de force entre les deux partenaires. Parfois, c'est le fournisseur du service tiers qui paiera pour être présent chez le partenaire, parfois c'est le partenaire qui paiera afin de récupérer le service ou le contenu du site tiers ! Parfois également, les contenus ou les services seront cédés gratuitement... Bref, il y a autant de logiques que de marques blanches/grises !

FOCUS

Les moteurs de shopping : un levier incontournable pour les e-commerçants

Les moteurs de shopping, ou *« shopbot »* en anglais, avec leurs millions de références, sont devenus une vitrine incontournable du e-commerce. Ne pas référencer son catalogue, c'est se priver pour un e-commerçant de nombreuses ventes potentielles. Mais attention aux embûches !

Embûche n° 1 : la technique

Pour être présent sur un comparateur de prix, il faut pouvoir transmettre son catalogue au moteur de shopping. On parle alors de flux produits. Chaque *shopbot* possède son propre format et ses propres spécificités. Certaines informations de base devront être présentes dans chaque flux (nom du produit, image, prix, URL...), mais beaucoup seront spécifiques. Il est toujours recommandé d'avoir plutôt trop d'informations que pas assez dans un flux ! Le flux produits doit être au minimum mis à jour quotidiennement pour refléter, par exemple, les changements de prix et de stock.

Si le site d'e-commerce n'a pas été prévu pour exporter le catalogue, l'obstacle technique peut devenir important. Et cela d'autant plus s'il faut créer un flux pour chaque nouveau comparateur ou si la volumétrie du catalogue est conséquente. Pour faciliter la partie technique, il peut être intéressant de passer par une solution de gestion des flux comme Lengow (*http://www.lengow.fr*) ou Beezup (*http://www.beezup.com*). Ces solutions récupèrent un unique flux produits, qui est ensuite adapté pour chaque *shopbot* vers lequel le e-commerçant souhaite diffuser.

Embûche n° 2 : le coût

Beaucoup de comparateurs fonctionnent sur un modèle au CPC (LeGuide, Twenga, Shopping.com, Kelkoo...) : chaque clic depuis le comparateur est facturé au e-commerçant (de 0,08 € à plus de 0,70 € selon la catégorie de produits). Quelques comparateurs ont choisi de travailler sur un modèle au CPA : à chaque vente générée par le comparateur, une commission variable lui est reversée (le pourcentage dépend du secteur et des marges).

Pour les petits e-commerçants, être présent sur de nombreux comparateurs peut vite revenir très cher. Il faut donc fixer des limites de dépenses mensuelles afin de maîtriser son budget.

Embûche n° 3 : la rentabilité

La rentabilité n'est jamais assurée avec un comparateur. Certains produits ne seront pas rentables, car même s'ils attirent de nombreux clics sur les comparateurs (coût élevé), ils généreront peu de ventes (revenu faible).

La clé de la rentabilité réside dans le pilotage de son flux produits. Il faut tout d'abord l'optimiser au maximum pour maximiser le taux de clics (notamment le titre et la description des produits). Il faut ensuite suivre de très près les performances des produits individuellement ou par catégorie et ne pas hésiter à supprimer le produit ou la catégorie si la rentabilité n'est pas au rendez-vous. Une fois de plus, l'aide d'une solution de gestion des flux (Lengow, Beezup...) peut être très utile (*reporting*, analyse, modification des flux, etc.).

Récapitulatif 1 : découvrir l'écosystème

L'affiliation est un levier marketing digital qui repose sur le principe de la rémunération des apporteurs d'affaires. Cela permet à un annonceur (l'affilieur) de diffuser une offre auprès d'un réseau de partenaires (les affiliés) en échange d'une rémunération principalement liée au volume d'affaires généré (commandes, *leads*, inscriptions…).

L'affiliation est souvent considérée comme un levier marketing à la performance puisque l'annonceur rémunère les affiliés en fonction de leur performance (le volume d'affaires généré).

Les relations d'affiliation passent en grande majorité par un tiers, à savoir une plate-forme d'affiliation dont le rôle est triple :

- prestataire technique : mise à disposition d'une solution technique pour suivre le trafic en provenance des affiliés et les actions réalisées sur le site de l'affilieur ;
- gestionnaire de la relation affilié/affilieur : cette fonction est assurée par l'*affiliate manager* ;
- tiers de confiance : il s'assure que chacune des parties se comporte loyalement.

On retrouve différents types d'affiliés sur les plates-formes :

- les sites thématiques sont des sites professionnels ou personnels traitant d'un sujet précis ;
- les keywordeurs font de l'achat de mots-clés pour le compte de l'annonceur ;
- les e-mailers utilisent leur base e-mails pour relayer les offres des annonceurs ;
- les comparateurs de prix diffusent les produits des annonceurs sur leur site ;
- les couponers relaient les coupons de réduction proposés par les annonceurs ;
- les cash-backers reversent à leurs membres une partie de la commission versée par l'annonceur.

Récapitulatif 2 : lancer une campagne d'affiliation

Pour lancer une campagne d'affiliation, l'annonceur doit définir le système de rémunération à mettre en place. Il existe plusieurs modes de rémunération des affiliés :

- le coût par action (CPA) est le plus classique. Il s'agit de reverser une partie du montant d'une vente à l'affilié. Le CPA s'exprime souvent en pourcentage du montant de la vente (taux de commission) ;
- le coût par *lead* (CPL) consiste à reverser un montant fixe à l'affilié pour chaque *lead* apporté (un *lead* se concrétise souvent par un formulaire rempli par un internaute) ;
- le coût par clic (CPC) est parfois proposé aux meilleurs affiliés (les « top affiliés »).

Un bon programme d'affiliation doit savoir mixer les modes de rémunération en fonction de la typologie des affiliés (type d'affilié et du volume d'affaires généré par celui-ci).

En tant qu'intermédiaire, la plate-forme se rémunère par une commission qui vient s'ajouter à la rémunération versée aux affiliés (s'ajoutent souvent des coûts fixes mensuels et/ou au lancement du programme).

Un programme efficace ne se conçoit pas sans un certain nombre de supports de promotion mis à jour régulièrement (bannières, liens textes, e-mails, flux produits, coupons de réduction, etc.).

L'animation est également un élément-clé du programme d'affiliation. La mise en place de challenges ou de rémunérations exceptionnelles participe à la vie du programme (recrutement de nouveaux affiliés, réactivation d'affiliés inactifs, *boost* de l'activité…).

La règle du « dernier cookie » fait débat dans le milieu de l'affiliation car elle attribue au dernier affilié le bénéfice d'une action sur le site de l'affilieur, au détriment parfois d'affiliés plus en amont dans le processus d'achat.

Récapitulatif 3 : monter des partenariats spécifiques

Afin de développer son activité en ligne, il peut être intéressant de nouer des partenariats spécifiques avec certains sites à fort potentiel.

L'échange est un dispositif de partenariat très courant. Il permet à deux sites d'échanger des espaces publicitaires (bannière, e-mail…) de même valeur.

La marque blanche ou grise permet à une organisation de proposer à ses visiteurs sur son site un service ou un contenu tiers sous sa propre marque.

Chapitre 11 ■ L'e-mailing

■ DÉCOUVRIR LE MÉDIA

La typologie de campagnes

L'e-mailing est un levier bien souvent incontournable du *mix marketing* digital. Cela tient avant tout à sa grande diversité. On peut, en effet, utiliser les campagnes d'e-mailing pour atteindre des objectifs très variés. On distingue typiquement deux grands objectifs pour une campagne d'e-mailing : l'information et/ou l'incitation.

Les campagnes d'information

Les campagnes d'information se caractérisent principalement par un contenu fortement rédactionnel. L'e-mail est alors utilisé comme un canal de diffusion d'information (comme peut également l'être un flux RSS).

C'est le cas notamment de nombreuses lettres d'information, ou *newsletters*. Bien souvent, il s'agit de relayer par e-mail un contenu présent sur un site (comme, par exemple, les derniers articles publiés).

Parfois, au contraire, l'objectif est de relayer de manière exclusive des informations qui ne sont pas présentes en ligne. Cette dernière logique de contenu premium relayé uniquement aux abonnés de la lettre d'information est particulièrement répandue dans le milieu professionnel. C'est le cas de la *newsletter* d'Offremedia.com, qui est envoyée quotidiennement à plusieurs milliers de professionnels de la communication.

La *newsletter* peut également devenir un service payant à part entière, à condition d'apporter une véritable valeur ajoutée aux abonnés. Dans le domaine financier où l'information est bien souvent le nerf de la guerre, il y a une véritable valeur ajoutée à proposer une *newsletter* quotidienne avant l'ouverture des marchés. C'est ce qu'a parfaitement compris le site

Boursier.com avec sa *newsletter* intitulée le « 8 h 30 », qui propose chaque jour l'essentiel de l'info pour investir et ce, *via* un abonnement payant.

Au-delà du contenu rédactionnel, une *newsletter* peut également être employée pour servir l'image ou la notoriété d'une marque ou d'un produit. L'e-mail servira alors à entretenir le lien avec l'internaute.

Les campagnes d'incitation

À la différence des campagnes d'information, le message des campagnes d'incitation a tendance à avoir une connotation commerciale, particulièrement dans le cas d'un site d'e-commerce ou d'un site transactionnel. L'objectif est alors de créer une impulsion qui va conduire à un achat ou à un *lead*.

Pour les sites d'e-commerce, les campagnes d'incitation se matérialisent très souvent par la mise en place d'une ou de plusieurs *newsletters* promotionnelles. Généralement la *newsletter* s'adapte pour relayer une offre liée à la période concernée (Noël, rentrée des classes, soldes, etc.) ou une opération spéciale (frais de port offert, vente flash, etc.). Bien souvent de nombreux produits sont présentés, et donc de nombreux liens redirigent vers le site de l'e-commerçant, soit autant de chances de séduire l'internaute et de l'inciter à passer à l'achat. On retrouve cette logique dans la *newsletter* de la Fnac[1] avec une offre d'accroche en en-tête puis de nombreuses autres offres avec des liens vers différents produits.

Pour les sites transactionnels, on observe que la logique est un peu différente. Les campagnes d'incitation sont souvent très ciblées et mettent généralement en avant une offre unique. L'objectif est alors de renvoyer l'internaute vers une page bien spécifique afin qu'il remplisse le formulaire menant au *lead*. Ce principe est très bien appliqué par les marques automobiles, qui utilisent couramment le canal e-mail pour créer du trafic en concession avec des e-mails simples mettant en avant une voiture de leur gamme et proposant un essai en magasin[2].

Si l'on se replace maintenant au niveau de la démarche stratégique, les campagnes d'incitation vont permettre de jouer à deux niveaux distincts de la création de valeur : l'acquisition et la fidélisation. Les campagnes d'incitation se déclinent donc en :

1. *http://www.observatoire-online.com/fnac.*
2. Fiat : (*http://home.edt02.net/emc/emchV4c/?c=110270-665101-614492-170-1390033-0-0-873059-0-0-0-0-dianedebasly%athotmail.com%vt222*) et Renault : (*http://epidm.edgesuite.net/Akamai_OMD/megane/miror/miror2.html*).

- campagnes de prospection, lesquelles permettent de s'adresser aux internautes à travers lesquels on souhaite créer de la valeur (clients potentiels, utilisateurs potentiels du service, visiteurs potentiels du site, etc.) ;
- campagnes de fidélisation, lesquelles permettent de s'adresser aux internautes qui ont déjà produit de la valeur (vente, visite, utilisation, etc.) et qui pourraient à nouveau en produire (valeur à long terme).

Les campagnes mixtes

Parfois, la frontière entre information et incitation est ténue. En effet, il n'est pas rare de croiser des campagnes mixtes, c'est-à-dire qui cherchent à la fois à informer et à inciter. Ce format mixte pourrait être appelé « promoletter ». Les banques sont particulièrement aguerries à ce type de pratique. Il s'agit d'envoyer un e-mail couplant à la fois des articles d'actualité, des informations pour décrypter un type de produit et des offres commerciales. On retrouve cette approche dans la *newsletter* « Particuliers » de LCL[1].

Autres types de campagnes

Au-delà de l'information et de l'incitation, le levier e-mailing peut aussi être utilisé dans d'autres types de campagnes. On peut citer notamment les campagnes d'enquête ou de sondage. Il s'agit ici de recueillir l'opinion d'un internaute après, par exemple, une commande sur le site ou après avoir sollicité le service client par téléphone.

L'e-mailing, un canal performant ?

L'e-mailing apparaît indéniablement comme un canal performant, surtout si on le compare aux autres canaux du marketing direct. En effet, l'e-mailing a l'avantage d'être peu onéreux, d'être facile à déployer et d'offrir une mesure des performances très précise. C'est d'ailleurs ce triple atout qui a permis un développement très rapide de ce canal... et qui a également été à l'origine de nombreuses dérives ! Le faible coût des campagnes d'e-mailing a, bien souvent, conduit les responsables marketing à adopter des pratiques de « mass mailing », autrement dit à envoyer des e-mails en masse à des prospects peu ciblés. Conséquence : des utilisateurs qui retrouvent leur boîte e-mail assaillie de messages peu pertinents, et parfois même considérés comme du spam. Les FAI et les éditeurs de Webmails

1. *http://lettres.lcl.fr/Particuliers/nlparticuliers072010_sans_perso.cfm.*

se sont d'ailleurs très rapidement saisis de la question afin de mettre en œuvre des techniques permettant de filtrer les messages les moins pertinents. Dans les dernières innovations en date, on peut retenir deux nouvelles fonctionnalités chez :

- Hotmail : le bouton « *sweep* » qui est une alternative au désabonnement en proposant de déplacer tous les messages présents et futurs émanant d'une même adresse e-mail dans un dossier spécifique afin de ne plus saturer la boîte de réception ;
- Gmail : la « *Priority Inbox* » qui propose de classer les e-mails dans la boîte de réception par ordre de priorité ; la priorité étant attribuée automatiquement à partir de l'historique et du comportement de l'utilisateur vis-à-vis des e-mails de l'expéditeur.

Ces évolutions peuvent être considérées comme bénéfiques pour l'ensemble des acteurs de l'e-mailing (du responsable marketing à l'internaute recevant l'e-mail) car elles ont permis de faire naître des pratiques beaucoup plus qualitatives chez la plupart des grands annonceurs. Aujourd'hui, mettre en place une stratégie d'e-mail marketing se rapproche de plus en plus d'une véritable politique de CRM (*Customer Relationship Management*). C'est d'ailleurs une tendance de fond : l'e-mailing, en tant que levier de conquête/prospection, est de moins en moins utilisé. En revanche, il devient un canal indispensable pour toute stratégie de fidélisation en lien direct avec le CRM. Le tour-opérateur français Nouvelles Frontières l'a bien compris, comme l'a expliqué Stéphane Baron, responsable du développement commercial Internet, dans une interview : « *Grâce à une segmentation pertinente, les campagnes ont généré un chiffre d'affaires additionnel. Aujourd'hui, l'e-mailing engendre 15 % du chiffre d'affaires sur Internet, contre 6,7 % en 2007*[1]. »

Bref, l'e-mailing reste un canal très performant, à condition d'avoir une approche qualitative. C'est ce que nous allons découvrir dès maintenant.

Les éléments-clés d'une campagne d'e-mailing

Mettre en œuvre une stratégie d'e-mailing performante nécessite une parfaite maîtrise de quatre éléments-clés :

- la construction et l'entretien de la base de données ;
- la création du message ;
- la gestion des envois ;
- l'analyse des performances.

1. Interview au magazine *Relation Client*, n° 85, 1er février 2010.

Les éléments-clés d'une campagne d'e-mailing

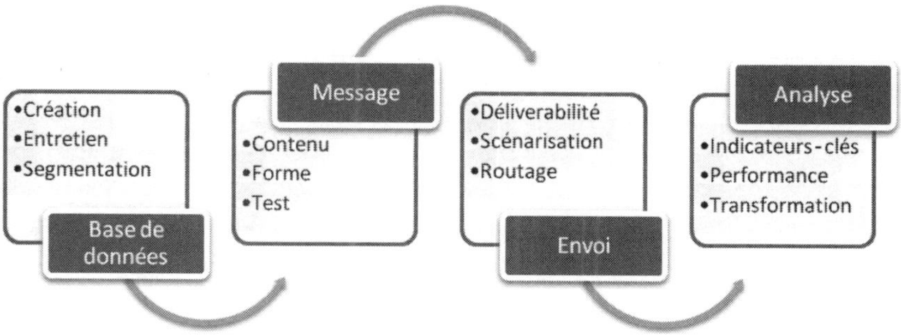

Détaillons dès à présent ces quatre domaines-clés d'intervention.

CONSTRUIRE, ENTRETENIR ET SEGMENTER UNE BASE DE DONNÉES

La création d'une base de données

Comme nous l'avons expliqué précédemment, les stratégies de « mass mailing » à tout-va, sans aucun ciblage, ont vécu. Aujourd'hui, il est primordial de mettre en place des campagnes d'e-mailing ciblées. Cela passe nécessairement par la création d'une base de données adaptée à son activité. Autrement dit, votre base de contacts ne ressemblera pas à celle d'un autre site. Elle sera le reflet de votre activité, c'est-à-dire de votre chaîne de création de valeur en ligne. Un site de presse féminine en ligne (valeur = audience) n'aura pas la même base de contacts qu'un e-commerçant vendant des fournitures de bureau en B to B (valeur = vente).

Cette première réflexion permet d'écarter d'emblée une pratique pourtant encore répandue, qui consiste à acheter des bases toutes faites contenant des milliers d'adresses e-mail souvent à très bas coût (moins de 10 centimes l'adresse). Au-delà de l'aspect absolument non qualitatif d'une telle approche, il faut également savoir que ces bases sont tout simplement inexploitables. Les adresses e-mail de ce type de fichier sont, en effet, bien souvent inexistantes (générées aléatoirement par des robots), voire même parfois créées de toutes pièces par les opérateurs (FAI, Webmails) afin de piéger les spammeurs (ce sont les fameuses adresses dites « spam trap »).

Bref, la règle de base serait de ne jamais acheter de fichiers de base e-mails. Mais comme toute règle souffre de son exception, il faudrait rajouter : sauf dans le cas où l'achat consiste à obtenir auprès d'une base tiers un droit de sollicitation récurrent (par exemple un envoi par mois). Ce mode d'utilisation reste toutefois assez rare, au contraire de la location qui est une pratique beaucoup plus courante. En quoi consiste-t-elle ? Il s'agit de s'adresser à un propriétaire de base de données pour effectuer un envoi ponctuel sur sa base. L'objectif est de trouver la base la plus adaptée à son besoin en effectuant une segmentation précise des contacts recherchés. Un bon moyen de trouver des bases disponibles à la location et de connaître les possibilités de ciblage est d'utiliser le Guide des fichiers et du marketing (GFM, *http://www.gfm.fr*). Le coût d'une location se fait bien souvent au CPM (coût pour mille adresses louées dans le fichier). Il faut alors compter entre 80 € et 100 € de CPM, sachant que, selon la finesse du ciblage, la rareté de la cible et la récence du fichier, le prix peut fortement augmenter (plus de 250 € CPM).

Sur ce marché de la location, à peine 40 % des transactions passent en direct avec le propriétaire de la base. Dans la majorité des cas, il faut passer par des courtiers en adresses, les fameux « *brokers* » d'e-mails. Qui sont-ils ? Ce sont des intermédiaires entre les annonceurs et les propriétaires de base, à qui ils reversent environ 80 % du chiffre d'affaires généré par la location de la base. Leur rôle consiste à conseiller et à accompagner les annonceurs afin de sélectionner les bases les plus pertinentes au meilleur coût et ce, parmi des milliers de bases disponibles et tout autant de critères de segmentation. Certains *brokers* ont également développé une activité de « mutualisateur ». Autrement dit, ils assemblent des listes d'e-mails issues de différentes bases pour créer des « mégabases » offrant un niveau de qualification plus élevé. Les dernières évolutions du marché, avec des annonceurs de plus en plus exigeants en termes de retour sur investissement (ROI), ont contraint certains brokers à modifier leur modèle économique. Au lieu de proposer un achat au CPM, certains d'entre eux proposent aujourd'hui des modèles à la performance (au clic, CPC, voire même parfois des modèles au CPA avec un reversement sur le chiffre d'affaires généré par la location).

D'autres pratiques de location existent comme la location réciproque. Le principe de réciprocité est simple : chaque acteur s'engage sur une valeur d'échange qui se calcule comme le nombre de contacts de la base × le CPM de la base. Par exemple la location de 300 000 e-mails à 80 € le CPM, en échange d'une location de 150 000 e-mails à 160 € le CPM.

L'achat, la location ou l'échange de bases de données e-mail peuvent être des solutions efficaces pour des campagnes ponctuelles. Néanmoins, la création de sa propre base de données à travers une collecte pertinente permet une plus grande connaissance de ses contacts, grâce à l'enrichissement possible de la base (avec des données factuelles relatives aux internautes) et à l'intégration de données comportementales. C'est ce que nous allons voir dans la section suivante.

Collecte et enrichissement

La collecte d'adresses e-mail permet de créer sa propre base de données. Il existe de nombreux leviers de collecte, mais il faut avant toute chose respecter le cadre législatif qui entoure cette pratique.

*Le cadre législatif : l'*opt-in

La collecte d'adresses e-mail s'apparente à une collecte de données à caractère personnel. Sur Internet, l'encadrement de la collecte a été codifié fortement par la loi sur la confiance en l'économie numérique (LCEN) adoptée en juin 2004. À travers la LCEN, la France a fait le choix du système de l'*opt-in*. Autrement dit, l'internaute doit avoir donné son accord explicite et préalable pour recevoir de la communication commerciale (publicité, *newsletter*, etc.) par e-mail. Dans le cas contraire, la communication est considérée comme du spam. Ce caractère explicite doit se traduire notamment par une action de l'internaute visant à montrer son consentement pour recevoir une communication commerciale (d'où la pratique fortement répandue d'une case à cocher accompagnée d'un texte de type : « Je souhaite recevoir les informations de la part de X. »).

L'application de la LCEN prévoit aussi que l'internaute ait systématiquement la possibilité de se désabonner de toute communication et ait un accès à ces données personnelles.

La LCEN a institué le principe de l'*opt-in* pour les messages commerciaux à destination du grand public. En revanche, deux champs d'action n'y sont pas soumis :

- la prospection commerciale en milieu professionnel (B to B). Le système de l'*opt-out* a été retenu dans le cadre de la prospection B to B. Autrement dit, il n'est pas besoin de consentement préalable, à condition de proposer systématiquement la possibilité de se désabonner ;
- la prospection non commerciale (milieux politique et associatif, etc.). La LCEN n'ayant pas traité ce type de communication, c'est la Commission nationale information et liberté (CNIL) qui s'est penchée sur la question en préconisant également la pratique de l'*opt-in*.

Au-delà du cadre législatif, certains annonceurs pratiquent ce que l'on appelle le « double *opt-in* ». Il s'agit de demander à l'internaute son consentement (*opt-in*), puis d'envoyer un e-mail réclamant une confirmation en cliquant sur un lien présent dans le message (double *opt-in*). Cette pratique vise en fait à contrôler la véracité de l'adresse e-mail de l'internaute et, ainsi, à éviter d'ajouter dans sa base de données des adresses erronées.

Les moyens de collecte

Il existe de nombreux moyens de collecter des adresses e-mail. Les plus courants sont :

- **la collecte directe** : il s'agit simplement de placer un court formulaire sur son site comme, par exemple, pour s'abonner à une *newsletter* ;
- **la collecte par inscription** : il s'agit également d'un type très courant de collecte où l'on propose à l'internaute de créer un compte afin de bénéficier d'un espace personnel sur le site. Lors de l'inscription, on cherchera à « optimiser » l'internaute ;
- **la collecte par incentive** : il s'agit souvent d'offrir à l'internaute l'accès à un contenu exclusif en remplissant au préalable un formulaire d'optimisation. Cette pratique est particulièrement répandue en B to B pour, par exemple, proposer le téléchargement d'une documentation ou d'un livre blanc ;
- **le parrainage** : il s'agit d'une méthode de collecte par recommandation. Vous demandez à vos utilisateurs existants d'en parrainer d'autres en indiquant leurs adresses e-mail. Attention cependant, car les adresses e-mail indiquées par les parrains ne peuvent être utilisées qu'une seule fois lorsque vous proposez au parrainé d'accepter ou non le parrainage. S'il l'accepte, il faudra obtenir son accord *opt-in* pour les contacts commerciaux ultérieurs ;
- **les jeux-concours** : il s'agit d'un levier de plus en plus développé car il permet souvent de collecter d'importants volumes en peu de temps. L'idée est de lancer un jeu aussi proche que possible de l'activité ou de l'identité de l'annonceur (par exemple en termes de mécanique de jeu et de dotation) pour attirer naturellement vers le jeu des profils intéressants (et contrer en partie l'effet d'aubaine autour de ce type d'opération avec des « joueurs » professionnels). Il existe toute une variété de jeux-concours, des plus simples (par exemple un « instant gagnant » de type jeu de grattage) aux plus complexes (mécanique sur mesure en totale adéquation avec la problématique de l'annonceur) ;
- **la coregistration** : il s'agit de faire de la collecte sur un site tiers qui propose à ses internautes de s'inscrire à des listes de diffusion partenaires (*newsletter*, bon plan, etc.) en plus de la sienne ;
- **Facebook** : il n'est pas possible, à proprement parler, de faire de la collecte d'e-mails sur Facebook, dans la mesure où cette information est pri-

vée et n'est pas accessible à un tiers. En revanche, le réseau social peut être utilisé pour enrichir une collecte (*via* Facebook Connect ou l'installation d'une application) puisque cela permettra d'avoir accès à certaines informations du profil (données géographiques, date de naissance, etc.).

Ce qu'il faut retenir de ces différents moyens de collecte, c'est que chacun permettra d'apporter une pierre à l'édification de votre base de données (volume, qualité, enrichissement, etc.). Dans tous les cas, moins le moyen de collecte est vu comme tel par l'internaute (levier original, levier à forte valeur ajoutée...), plus la collecte sera importante et qualitative. L'écueil à éviter est de vouloir collecter toutes les informations possibles immédiatement. L'internaute préférera souvent ne donner que quelques informations lors de la collecte initiale. À vous ensuite, une fois la relation avec cet internaute initiée, de collecter des informations supplémentaires : c'est ce que l'on appelle l'« enrichissement ». Mais n'oubliez jamais que l'on ne collecte pas une information pour le plaisir de l'avoir en base de données. Il faut que celle-ci soit utile et pertinente, par exemple pour être utilisée dans le cadre d'une segmentation ou d'un ciblage.

Segmentation et ciblage

La segmentation d'une base de données e-mailing est une pratique qui découle naturellement des pratiques de segmentation du marketing traditionnel. Pour rappel, la segmentation consiste à découper une population en groupes homogènes et les plus distincts possibles, à travers l'utilisation de critères significatifs (traditionnellement des critères sociodémographiques ou comportementaux).

Quel est, alors, l'objectif de segmenter sa base de données ? Cela reste, encore et toujours, de cibler plus efficacement ses messages, autrement dit d'adresser des messages plus pertinents ou plus personnalisés à chaque internaute présent dans la base. On se rend donc compte qu'au-delà du critère d'homogénéité, les segments doivent avant tout être accessibles. Cette notion d'accessibilité est très opérationnelle. Elle signifie simplement que l'annonceur doit être en mesure d'atteindre chaque segment par des actions spécifiques. Autrement dit, si après avoir collecté dans votre base de données la région de l'internaute (vingt-deux choix), son sexe (deux choix) et son âge (cinq tranches d'âge), et avoir ainsi créé deux cent vingt segments, vous n'êtes pas capable de proposer quelque chose de spécifique à chacun de ces segments, votre segmentation n'est pas efficace ! Ou alors, c'est que vous avez choisi de mettre en place une segmentation *a posteriori*.

On peut, en effet, utiliser la segmentation de sa base de données de deux façons différentes :

- **la segmentation *a priori*** (le segment détermine l'action) qui, des segments définis en amont à partir de la base de données va déduire des actions spécifiques à entreprendre. C'est, par exemple, le cas pour un libraire en ligne qui pourrait avoir créé les segments suivants à partir des comportements d'achat de ses clients : « bibliophile »/« lecteur savoir »/« lecteur loisir »/« petit lecteur » et qui, à chacun d'eux, associerait des campagnes et des messages spécifiques ;
- **la segmentation *a posteriori*** (l'action détermine le segment) qui, pour une action de communication donnée va créer à partir de la base de données le segment qui semble le plus adapté. Si l'on reprend l'exemple d'une librairie en ligne, ce serait le cas si l'e-commerçant voulait organiser une promotion en janvier autour des livres de régime et qu'il cherchait dans sa base de données toutes les femmes de 25 à 45 ans pour leur adresser un message.

Évidemment la segmentation *a priori* permet un pilotage plus avancé de la relation, et permet notamment d'anticiper les évolutions de cette relation, ce que la segmentation *a posteriori* ne permettra jamais. En toute logique, la mise en place d'une segmentation *a priori* est plus complexe.

Un exemple classique de segmentation *a priori* utilisée dans le secteur du e-commerce est la segmentation RFM – pour récence, fréquence, montant –, qui permet de classer sa base clients en fonction des habitudes d'achat et d'attribuer à chaque segment une valeur :

- récence : date du dernier achat ;
- fréquence : fréquence des achats sur une période de référence donnée ;
- montant : somme des achats cumulés sur cette période.

L'hygiène d'une base de données

Pourquoi peut-on parler d'« hygiène d'une base de données » ? Tout simplement parce qu'une base de données doit être nettoyée régulièrement !

Plusieurs types d'action sont à mener pour garder une base « propre » :

- **la cohérence des informations** : il s'agit ici de supprimer les adresses en double ou les informations manifestement erronées (mauvais format d'adresse e-mail, etc.) ;
- **la gestion des *« bounces »*** : en termes d'e-mailing, on parle de *« bounce »* sur une adresse e-mail lorsqu'une erreur est retournée à l'expéditeur, suite à l'envoi d'un message. On distingue alors les *« soft bounces »* qui corres-

pondent à des erreurs temporaires (serveur mail indisponible, boîte aux lettres pleine, etc.) des *« hard bounces »* qui correspondent à des erreurs permanentes (adresse e-mail inexistante par exemple). Il est important de supprimer les *« hard bounces »* de sa base, ainsi que les adresses qui restent durablement en *« soft bounce »*. En effet, les opérateurs (FAI, Webmails) ne tolèrent qu'un petit nombre de *bounces* par envoi. Si ce nombre est trop important, ils couperont l'envoi de vos campagnes ;
- **la surveillance d'inactivité** : une adresse est considérée comme inactive si après plusieurs envois aucune ouverture ni aucun clic ne sont observés sur les messages. Dans ce cas-là, il vaut mieux supprimer l'adresse pour diminuer les coûts de routage ou changer le mode de communication (placer l'adresse dans un segment spécifique, lui adresser un message spécial pour la « réactiver », etc.).

CRÉER DES MESSAGES PERFORMANTS

Tous les Webmarketeurs souhaitent créer des campagnes d'e-mailing performantes. Et pourtant, un simple détail peut anéantir tout le travail fourni car la création d'un message nécessite de respecter certaines règles afin de s'assurer que le message soit bien reçu, ouvert et cliqué. Pour cela, il faut s'attacher à avoir une conception éditoriale, graphique et technique sans faute. C'est ce que nous allons voir tout au long de cette section.

La conception éditoriale du message

De nombreux éléments éditoriaux sont à prendre en compte pour créer un message performant. Voici quelques pistes d'optimisation.

L'objet

L'objet est à l'e-mail ce que la une est à un journal : tous les deux doivent accrocher, retenir l'attention et donner envie d'ouvrir.

L'objectif est donc d'être à la fois clair et concis. En effet, plus l'objet est court, plus il a de chances de susciter l'ouverture. Mais si l'objet est trop court, et ainsi dénué de tout sens, on observe l'effet inverse. Il faut donc trouver un objet, typiquement entre 6 et 7 mots pour 40 à 50 caractères, qui reflète le contenu de l'e-mail tout en interpellant l'internaute. Quelques pistes pour retenir l'attention :

- créer l'effet d'urgence : cela empêche l'internaute de remettre la lecture du message à plus tard et l'incite à ouvrir immédiatement l'e-mail. Par exemple : « Vente flash : seulement 24 heures pour en profiter » ;

- utiliser des verbes d'action : certains verbes à l'impératif sont très efficaces pour capter l'attention comme « Découvrez », « Profitez », « Testez », etc.
- personnaliser l'objet : reprenez dans l'objet des informations personnelles comme le nom ou le prénom de l'internaute : « M. Dupond, profitez de notre vente flash. »

Faites également attention à ne pas utiliser les techniques des spammeurs pour éviter que votre message y soit associé :

- bannir les « spamwords » : certains mots sont associés au spam, leur utilisation discrédite votre message auprès des opérateurs (FAI, Webmails). Par exemple : « gratuit », « promo », « urgent », ainsi que tous les mots liés au sexe, aux jeux d'argent ou encore aux médicaments ;
- modérer les caractères spéciaux : il est généralement conseillé de ne pas abuser de la ponctuation (!?#;%), des symboles (€), des majuscules (« GRATUIT ») ou d'insérer des nombres au début ou à la fin de l'objet (« 50 % de réduction... ») ;
- écrire en français : si vous adressez un message à un internaute français, évitez d'utiliser des anglicismes ou tout autre mot en anglais.

L'expéditeur

L'expéditeur se compose d'une adresse e-mail et d'un nom. La logique voudrait que les deux éléments soient renseignés et qu'il y ait une cohérence entre les deux... mais on voit encore des e-mails où ce n'est pas le cas !

Le nom doit être simple (celui du site, de la marque, du service, etc.) et l'adresse doit rester compréhensible (éviter les « monsite123-nl-routingXXX@mail.prestaire.com »). De même, il est conseillé d'éviter le fameux noreply@monsite.fr. D'une part, tous les internautes ne comprendront pas que *« no reply »* signifie qu'il n'y aura pas de réponse apportée à cet e-mail et, d'autre part, il est recommandé de traiter toutes les réponses suite à un e-mailing (demande de désabonnement, remarques de clients, etc.). Cela signifie donc que l'adresse expéditrice doit être une véritable adresse e-mail, autrement dit qu'il y ait un compte associé... et une personne qui lise les e-mails reçus sur le compte !

Par ailleurs, il est conseillé d'utiliser un nom différent pour chaque type de communication (par exemple un nom d'expéditeur pour les communications commerciales et un autre pour les e-mails transactionnels) et d'être constant pour chaque type de communication (même expéditeur pour chaque *newsletter*).

Enfin, il faut également veiller à ne pas être redondant entre l'expéditeur et l'objet. Si la marque est indiquée dans l'expéditeur, pas besoin de la répéter dans l'objet (n'oubliez pas que l'espace est compté !).

Le désabonnement et les obligations légales

Tous les e-mails envoyés, aussi bien dans un contexte B to C que B to B, doivent contenir certaines mentions légales et un lien de désabonnement.

Les mentions légales « minimum » sont : *« En application de la loi du 6 janvier 1978 relative à l'informatique, aux fichiers et aux libertés, vous disposez des droits d'opposition, d'accès et de rectification des données vous concernant. »*

Quelques règles simples permettent de formater correctement un lien de désabonnement :

- éviter d'utiliser comme ancre du lien (texte cliquable) le fameux « cliquez ici » ;
- ne pas cacher inutilement le lien de désabonnement en bas de l'e-mail. Un internaute qui souhaite se désabonner trouvera toujours le lien et s'il n'est pas visible, il n'hésitera pas à classer le message en spam. Or, mieux vaut un désabonnement qu'un signalement en spam ;
- rediriger vers une véritable page de désinscription. Il est inutile de demander à l'internaute de se connecter à son compte pour se désabonner ou d'entrer de nouveau son adresse e-mail. Offrez-lui immédiatement ce qu'il souhaite !

Le lien miroir et l'ajout au carnet d'adresses

Dans les en-têtes d'e-mail on trouve de plus en plus un lien miroir et un lien d'ajout au carnet d'adresses. Ce sont deux pratiques à encourager.

Le lien miroir redirige vers la version en ligne de votre message. Cela permet à un internaute de visualiser le message correctement si, par hasard, celui-ci ne s'affichait pas correctement dans son navigateur.

L'ajout au carnet d'adresses est une pratique à encourager car elle garantit que l'internaute recevra à coup sûr vos prochaines communications et, de plus, cela devrait empêcher le blocage intempestif des images sur certains Webmails ou logiciels.

L'appel à l'action (« call to action », CTA)

Les « *call to action* » sont des éléments-clés dans un e-mail. Ce sont eux qui vont appeler au clic. Leur nombre doit être restreint. C'est particulièrement le cas dans les campagnes de prospection où le message doit être clair et univoque, et donc s'accompagner d'un unique appel au clic. Souvent la forme la plus efficace est celle d'un verbe d'action à l'impératif. En cas de manque d'inspiration on peut toujours utiliser le très passe-partout « Cliquez ici » qui fonctionne toujours ! Pour maximiser le taux de clics, il est également conseillé que le « *call to action* » soit situé au-dessus de la ligne de flottaison, c'est-à-dire qu'il soit visible sans avoir besoin de faire défiler le message *(scroll)*.

Pour les campagnes de fidélisation, et particulièrement les *newsletters* mettant en avant plusieurs offres/produits, on peut multiplier les « *call to action* ». Pour ce type de campagne, l'idée est alors de fournir le plus possible d'occasions de cliquer. Néanmoins, il est intéressant de conserver en tête d'e-mail une zone de mise en avant exclusive qui concentrera les clics et présentera un unique « *call to action* » au-dessus de la ligne de flottaison (par exemple une zone dédiée à l'offre du moment, à une promotion, à une actualité/un focus, etc.).

Contenu et personnalisation

Offrir un message personnalisé à l'internaute est le gage d'une forte augmentation de votre taux de clics. La personnalisation peut se faire au cœur du message, en ajoutant, ici et là, des champs personnalisés qui donnent le sentiment à l'internaute de recevoir une offre qui lui est spécifiquement destinée. C'est, par exemple, ce que propose myPix.com avec un e-mailing où le nom de famille est utilisé à l'intérieur même de l'e-mail avec la phrase : « Chez les Martin. »

L'autre solution repose sur le recours à la segmentation. L'idée est alors d'envoyer un message différent à chaque segment. C'est également une technique employée par myPix.com, qui a simplement adapté ses créations au sexe de l'utilisateur. La page d'accueil de ce site ne sera pas la même selon que vous soyez une femme ou un homme.

La conception graphique et technique

Vous l'aurez remarqué, le temps des e-mailings austères avec de larges portions de texte est révolu. Ceci est d'autant plus vrai pour les e-mails d'incitation : l'image doit appuyer la proposition et guider le regard de l'internaute pour l'inciter à cliquer. Les compositions graphiques sont donc de plus en plus travaillées afin de maximiser les taux de clics.

Cependant, l'e-mail reste un support délicat pour faire des mises en forme complexes. En effet, chaque plate-forme de lecture d'e-mails (Webmails comme Gmail, Hotmail, Yahoo ! ou les logiciels comme Outlook et Thunderbird) interprète différemment le code HTML qui permet de faire la mise en forme des e-mails. Certaines plates-formes supportent des attributs de mise en forme que d'autres ne supportent pas, et réciproquement ! Couplées à la multiplication des versions (Webmails sur tel navigateur, telle version de Outlook, etc.), la création et la mise en forme d'un e-mail sont devenues une véritable science, au point que l'on trouve aujourd'hui dans les agences interactives des profils dédiés à cette activité : les intégrateurs e-mails (ils sont à même de transformer une maquette graphique en un e-mail pouvant être visualisé correctement sur l'ensemble des plates-formes).

Or, bien souvent, en l'absence d'une personne maîtrisant parfaitement l'intégration d'un e-mail, la technique utilisée est de « découper » l'image servant de maquette et de la placer directement dans l'e-mail. Cette technique présente deux défauts majeurs :

- le blocage des images : la majorité des plates-formes de lecture d'e-mails bloquent les images. L'internaute reçoit donc un e-mail « vide » sans aucune information. Pour remédier en partie à ce problème, il est conseillé de fournir pour chaque image un texte alternatif (attribut « alt » dans le code HTML) qui s'affichera quand l'image sera bloquée et de proposer à l'internaute d'ajouter l'adresse de l'expéditeur à son carnet d'adresses (ce qui aura pour effet d'afficher automatiquement les images) ;
- un risque de classement en spam : un e-mail contenant uniquement une image sans aucun texte aura plus de mal à franchir les filtres antispam des opérateurs (FAI, Webmails).

Bref, vous l'aurez compris, il vaut mieux éviter un e-mail ne comportant qu'une image, l'idéal étant d'avoir autant de texte que d'images. D'ailleurs, il faut également penser à créer une version texte de son e-mail. La version texte et la version HTML seront envoyées simultanément (c'est ce que l'on appelle un message « multipart »), et seule la version correspondant aux préférences de l'internaute sera affichée. En effet, certains internautes configurent leur logiciel de messagerie pour recevoir les e-mails uniquement au format texte (notamment dans le cas d'une lecture sur mobile). Le développement de la lecture des e-mails en mobilité pousse aussi à limiter la taille de l'e-mail ; il est alors recommandé de ne pas dépasser 80 à 100 Ko.

Au-delà des limitations techniques, l'e-mail est en outre un support dont la lecture est parfois restreinte. Tout d'abord, un grand nombre d'internautes ne lisent leurs e-mails que dans la fenêtre de prévisualisation de leur logiciel. Ensuite, de nombreux Webmails proposent de la publicité sur leur interface (dans une colonne à gauche ou à droite du message). Tout cela tend à réduire fortement la partie visible du message. Il faut donc concentrer les informations essentielles dans une zone restreinte, l'idéal étant d'avoir un e-mail ne dépassant pas les 600 px de large et dont les informations essentielles sont au-dessus d'une ligne située à environ 300 px depuis le haut de l'e-mail.

Évidemment, la meilleure méthode pour s'assurer que votre e-mail est lisible par tous est de tester son rendu sur les différentes plates-formes. Vous pouvez très bien créer des comptes de tests sur les principaux Webmails, mais la solution la plus rapide est d'utiliser un service dédié afin de voir en un clin d'œil le rendu sur la majorité des plates-formes (c'est ce que propose notamment un service comme Litmus, *www.litmus.com*).

Une fois toutes ces contraintes graphiques prises en compte, vous pouvez laisser libre cours à votre imagination pour créer un e-mail impactant. Et pourquoi ne pas créer un vidéomail, c'est-à-dire un e-mail intégrant de la vidéo ? Bien sûr, cela demande de l'astuce, mais il est possible de simuler la présence d'une vidéo dans un e-mail (*via* l'utilisation d'un fichier gif animé). Et il semblerait que cela augmente le taux de clics. À bon entendeur...

Tester un message

Nous avons vu précédemment qu'il est possible de tester le rendu d'un e-mail pour garantir son affichage correct sur la majorité des plates-formes. C'est très utile, mais il serait encore plus judicieux de pouvoir tester la performance du message avant son envoi. Eh bien, l'e-mail marketing permet ce type de test ! On appelle cela le *« split testing »*.

Le *split testing* (ou, dans sa version française, le « test sur échantillons ») est une technique qui permet de tester différentes versions d'un e-mail sur un échantillon de sa base. On peut ainsi tester des mises en forme, des objets différents, des expéditeurs différents, et voir quels paramètres permettent d'obtenir les meilleurs retours. Concrètement, il suffit de créer autant de versions de l'e-mail que de variations soumises au test. Par exemple, si vous hésitez entre deux objets, créez deux e-mails avec chacun un des deux objets. Il suffit ensuite d'envoyer chacun des messages sur un échantillon de la base (par exemple 5 %) et, en à peine vingt-quatre à quarante-huit heures, vous saurez quelle version est la plus performante (pour une variation d'objet, il faudra, par exemple, analyser le taux d'ouverture). Vous n'aurez plus, enfin, qu'à déclencher l'envoi avec la version la plus efficace sur le restant de la base. Les solutions professionnelles d'e-mail marketing permettent de gérer automatiquement ce type de test, dont l'avantage est qu'il permet de s'affranchir des *a priori* de marketeur puisque, en quelque sorte, vous laissez vos utilisateurs décider ce qui est le plus efficace.

EXÉCUTER L'ENVOI D'UNE CAMPAGNE

L'enjeu de la déliverabilité

Derrière le nom barbare de « déliverabilité » se cache une notion essentielle de l'e-mail marketing. En effet, la déliverabilité désigne la capacité d'un e-mail à parvenir dans la boîte de réception d'un destinataire dont l'adresse est valide. Pourquoi un e-mail n'arriverait-il pas dans la boîte de réception du destinataire ? Tout simplement parce que les opérateurs (FAI, Webmails) ont mis en place toute une série de filtres pour éviter à leurs utilisateurs de recevoir du spam et autres messages considérés comme non désirables. Dès lors, l'objectif de tout Webmarketeur qui se respecte sera d'optimiser au maximum la déliverabilité de ses campagnes afin de s'assurer que chaque destinataire reçoive le message qui lui est adressé. Plusieurs éléments sont à prendre en considération pour éviter un filtrage par les opérateurs (FAI, Webmails).

L'hygiène de la base de données

Déjà évoquée précédemment, l'hygiène de la base de données doit être irréprochable. Plus la base de données contiendra d'adresses *bounce*, plus la probabilité d'être filtré sera grande.

La réputation de l'expéditeur

Chaque expéditeur d'e-mail est surveillé de près par les opérateurs (FAI, Webmails). L'expéditeur est identifié par son adresse IP et/ou son nom de domaine. Son activité est analysée en permanence, notamment en termes de volume, d'horaire ou de fréquence d'envoi. Les opérateurs analysent également de plus en plus le comportement de leurs utilisateurs vis-à-vis des e-mails reçus (évidemment le signalement spam, mais aussi les suppressions sans lecture, la durée de conservation en boîte de réception avant et après lecture, etc.). Si une anomalie ou un comportement suspect est détecté, l'opérateur peut décider de bloquer les messages de l'expéditeur.

Il existe donc une véritable réputation de l'expéditeur. Celle-ci peut être améliorée par la mise en place de systèmes d'authentification de la source. Autrement dit, des systèmes techniques qui permettent de garantir aux opérateurs l'identité de l'expéditeur. Il existe aujourd'hui trois grandes « normes » d'authentification : SPF, DKIM et SenderID. Pas la peine d'entrer dans le détail technique de leur fonctionnement, retenez simplement leur existence (si vous rencontrez un jour l'équipe commerciale d'une solution d'e-mail marketing, elle ne manquera pas de vous en parler !).

Le contenu de l'e-mailing

Également évoqué précédemment, le contenu d'un e-mail (objet, message, conception technique, etc.) peut être un facteur entraînant un filtrage par les opérateurs. L'idée générale étant toujours d'éviter de reproduire les techniques employées par les spammeurs :

- majuscules et caractères spéciaux dans l'objet ;
- absence de texte dans le corps de l'e-mail car utilisation d'une image ;
- mauvaise structure du code HTML du message ;
- etc.

La scénarisation

Décider d'envoyer ponctuellement une campagne d'e-mailing afin de générer de la valeur pour votre site (audience, *lead*, vente, utilisation, etc.), c'est bien. Envoyer le bon message, au bon moment et à la bonne cible, c'est mieux, et c'est tout l'enjeu de la scénarisation.

Un scénario d'envoi, c'est tout simplement la définition de prétextes pour solliciter un segment précis d'abonnés de sa base avec un message adapté. La succession de ces prétextes dans le temps, l'adaptation des envois au cycle de vie de vos abonnés (différent selon votre activité et la nature de votre site) et la réaction aux comportements de vos abonnés constituent le socle d'une bonne scénarisation.

Pour mieux comprendre cette pratique très puissante, mieux vaut examiner quelques exemples :

- **campagne de bienvenue** : un e-mail est envoyé lors de l'inscription, puis quelques jours plus tard (J + 3 par exemple) si l'internaute n'a pas encore effectué une action attendue. D'autres relances peuvent être envisagées (J + 7/J + 15, etc.) avec, à chaque fois, un message différent et d'éventuelles incitations (par exemple un code de réduction pour un e-commerçant) ;
- **campagne sur panier abandonné** : un e-mail est envoyé par un e-commerçant quand une personne met un article dans son panier, mais ne passe finalement pas commande ;
- **campagne anniversaire** : un e-mail est envoyé avant une date anniversaire (fin d'un abonnement, fin de garantie, anniversaire d'inscription, etc.) pour proposer une offre spécifique…

Il y a autant de scénarios imaginables que d'activités. À vous de trouver ce qui est le plus proche de vos abonnés.

Les indicateurs de performance

Traditionnellement, les marketeurs s'intéressent à cinq indicateurs pour suivre les performances de leurs campagnes :

- **le taux de rejet** : mesure le nombre de rejets *(bounces)* par rapport au nombre de destinataires, l'objectif étant de réduire au minimum le nombre de rejets grâce à une hygiène impeccable de sa base de données (moins de 1 % par envoi). Certains prestataires calculent également le taux de déliverabilité en se basant sur le nombre de rejets (taux de déliverabilité = 1 – taux de rejet). Ce terme est un peu abusif, car il ne reflète pas la véritable déliverabilité du message, c'est-à-dire son arrivée dans la boîte de réception (quand un FAI bloque un message, il ne génère pas forcément de message *bounce*) ;
- **le taux d'ouverture** : un internaute est considéré comme « ouvreur » dès lors qu'il consulte l'e-mail qui lui a été envoyé. Le taux d'ouverture est un ratio qui mesure le nombre d'ouvreurs sur le nombre d'e-mails aboutis (destinataires moins rejets). Techniquement, la mesure de l'ouverture utilise un « pixel transparent » (image de 1 px sur 1 px sans couleur) intégré dans chaque e-mail, l'affichage du pixel permettant de compter la consultation du message. Or, comme de plus en plus de logiciels de messagerie et de Webmails bloquent les images, la métrique est de moins en moins pertinente. Le taux d'ouverture varie fortement selon le type de message, son objet, la fréquence d'envoi de l'expéditeur, etc. Pour une *newsletter*, un taux entre 20 % et 30 % est tout à fait correct ;
- **le taux de clics** : il s'agit tout simplement du nombre de cliqueurs uniques (nombre de destinataires différents ayant cliqué sur au moins un lien dans le message) par rapport au nombre d'e-mails aboutis. Pour une *newsletter*, compter entre 3 et 6 % ;
- **la réactivité** : le taux de réactivité est en fait le ratio du nombre de cliqueurs uniques sur le nombre d'ouvreurs. Cette mesure est importante car elle indique en quelque sorte si votre cible est réactive à votre message ;
- **la transformation** : ce taux est spécifique à votre activité puisqu'il mesure le nombre de destinataires uniques qui réalisent l'objectif attribué à la campagne (passer une commande, s'inscrire à un événement, consulter cinq pages sur le site, etc.). Le taux de transformation peut également s'exprimer en fonction du nombre de cliqueurs. Dans l'e-commerce, le taux de transformation d'une *newsletter* peut être de 0,5 %, c'est-à-dire 5 commandes pour 1 000 envois.

Prenons l'exemple concret d'un site d'e-commerce qui envoie une *newsletter.*

Destinataires	100 000	Taux de rejet	0,53 %
Rejets	532	Taux d'ouverture	32,6 %
Ouvreurs uniques	32 435	Taux de clics	5,37 %
Cliqueurs uniques	5 345	Taux de réactivité	16,48 %
Nombre de commandes	463	Taux de conversion sur clic	8,66 %
		Taux de conversion global	0,47 %

Au-delà de ces indicateurs de base, les marketeurs peuvent aussi étudier d'autres indicateurs plus spécifiques. Par exemple le temps d'activation de la campagne (temps de réaction de la cible à l'objectif mesuré, par exemple, en nombre d'heures avant réalisation de 20 % de l'objectif final), le taux de marketing viral (combien de partages sur les réseaux sociaux), etc.

Le suivi de la transformation

Le taux de transformation est un indicateur-clé des campagnes d'e-mailing (à condition, évidemment, d'avoir défini en amont l'objectif de votre campagne).

Seulement, l'évaluation du nombre de transformations nécessite un bon suivi technique. En effet, à la différence des autres indicateurs qui sont mesurables directement lors de l'interaction de l'internaute avec l'e-mail qu'il a reçu, la transformation a lieu, dans la majorité des cas, sur votre site. Il faut donc pouvoir suivre l'internaute après son clic, c'est ce que l'on appelle le « *post-click tracking* ».

La solution technique reste assez simple. Il suffit de poser sur le site un code de *tracking* qui permettra d'identifier l'internaute arrivant depuis une campagne d'e-mailing, et ensuite de le suivre jusqu'à la réalisation de l'objectif (éventuellement *via* la pose d'un cookie si l'objectif ne se fait pas au cours de la session de navigation de l'internaute ; par exemple l'internaute clique sur une *newsletter*, arrive sur le site, consulte quelques pages, puis revient le lendemain et finalise son achat). Le code de *tracking* pourra être fourni par le prestataire e-mailing, d'autres fois le prestataire sera en mesure de s'interfacer directement avec la solution de Web analyse utilisée par le site. Voici donc un autre élément à prendre en compte lors du choix du prestataire !

La segmentation post-envoi

Nous avons vu au début de ce chapitre que la segmentation de sa base de données est un élément essentiel pour garantir le succès d'une campagne. Les exemples de segmentation alors utilisée étaient plutôt basés sur des données « déclaratives » (âge, sexe, intérêts, etc.). Or, la puissance de l'e-mailing, c'est qu'il est également possible de récupérer des données comportementales, lesquelles, comme leur nom l'indique, sont liées au comportement de l'internaute par rapport à une campagne (ouverture, clic, transformation, etc.). Il est ainsi possible de créer des segments en fonction du comportement des internautes dans votre base. Par exemple, certains internautes ouvrent et cliquent plus régulièrement vos messages que d'autres. Il peut donc être intéressant de créer des segments pour séparer ces trois groupes et ainsi adapter votre pression marketing.

Plus intéressant encore, vous pouvez déduire du comportement de vos abonnés leur intérêt. Si, par exemple, vous envoyez une *newsletter* multithématique, vous allez pouvoir attribuer à chacun des liens de votre *newsletter* un thème, et ainsi savoir le nombre de clics enregistrés pour chaque utilisateur sur chacun des thèmes. À vous, ensuite, d'utiliser ces données dans vos segments.

En guise de conclusion, nous pouvons maintenant reprendre le schéma proposé en début de chapitre et transformer la démarche itérative initialement présentée en une démarche dynamique puisque, grâce à l'analyse post-envoi, on peut enrichir sa base de données.

Campagne d'e-mailing, une démarche dynamique

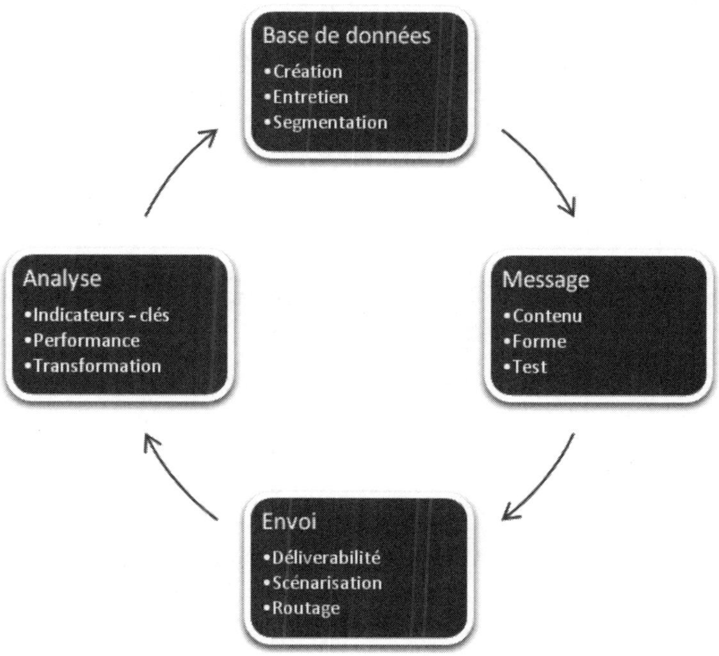

FOCUS

Comment choisir son prestataire de routage ?

Envoyer un e-mail n'a rien de compliqué en soi. Il suffit d'avoir accès à un serveur d'envoi. Le véritable enjeu repose sur la déliverabilité : est-ce que le message que je viens d'envoyer arrivera effectivement dans la boîte de réception du destinataire ? Or, avoir une infrastructure qui soit à même de garantir une déliverabilité de haut niveau nécessite une véritable expertise et des relations continues avec les opérateurs (FAI, Webmails). Ne comptez donc pas envoyer vos e-mailings depuis votre logiciel de bureau (Outlook ou équivalent) à travers vos propres serveurs. Il est plus que conseillé de passer par un tiers spécialiste de cette activité.

Selon vos objectifs, vos besoins et votre budget, plusieurs solutions peuvent être envisagées.

Le logiciel de bureau

Il s'agit d'un logiciel à installer sur un poste de travail, qui permet de gérer la conception, la personnalisation et l'envoi de campagnes d'e-mailing. Le plus connu dans cette catégorie est sans conteste Sarbacane. En plus du logiciel, il faudra ajouter un service de routage professionnel afin de garantir la déliverabilité des messages (à partir des offres premium chez Sarbacane). Ce type de solution peut se révéler efficace pour débuter un e-mailing à des coûts raisonnables (compter entre 2 € et 5 € pour 1 000 envois).

Le logiciel professionnel en mode SaaS

Le mode SaaS ou Software as a Service est, comme son nom l'indique, un logiciel hébergé par un prestataire et accessible *via* le Web. C'est le type de solution le plus utilisé par les professionnels. Il permet de gérer très efficacement des campagnes d'e-mailing (segmentation, personnalisation, test, déliverabilité, *reporting*, etc.). Il existe de nombreux acteurs proposant ce type de plateforme sur le marché (ECircle, EmailVision, Experian Cheetahmail, DoList, MailPerformance, Message Business, etc.). Fonctionnellement, ces solutions sont relativement proches, il faut donc prendre en compte dans son choix d'autres éléments comme la qualité du support, l'accompagnement, le conseil, l'expertise (notamment en termes de déliverabilité), etc. Ce type de solution est parfaitement adapté pour des activités « *full Web* » (e-commerce, services en ligne, etc.) qui ne nécessitent pas forcément de s'intégrer à toute la logique marketing de l'entreprise. Le coût variera fortement selon vos besoins, vos volumes et... vos capacités de négociation ! Il faut compter une mise en place forfaitaire (de 1 000 € à 10 000 €), un abonnement mensuel (de 50 € à 500 €) et un coût à l'envoi (de 0,5 € à 2 € pour 1 000 envois).

CRM et plate-forme marketing

Si la gestion de campagnes d'e-mailing n'est qu'une brique d'une stratégie marketing plus globale couplant à la fois le marketing en ligne et hors ligne, l'approche multicanal ou des processus métiers très particuliers, il faudra alors sûrement vous tourner vers la solution de gestion de la relation client (CRM) de votre entreprise ou de sa plate-forme de gestion de l'information marketing. Réservé aux grands comptes, ce type de solution est très souvent sur mesure avec des coûts très élevés (supérieurs à 100 000 €).

Notons également, pour finir, que de nombreuses agences interactives proposent à leurs clients de gérer l'envoi de leurs campagnes d'e-mailing (bien souvent en plus de services de conseil et/ou de création). Ces agences ont généralement recours à une solution SaaS qui leur permet de gérer plusieurs comptes à la fois.

Récapitulatif 1 : découvrir le média

L'e-mailing est un levier marketing digital largement utilisé car il a l'avantage d'être peu onéreux, facile à déployer et mesurable très précisément. C'est d'ailleurs ce qui a entraîné des abus (pratique de « mass mailing » proche du spam), a lassé les internautes et forcé les fournisseurs d'accès à renforcer leurs règles de filtrage. C'est pourquoi les annonceurs doivent adopter une approche qualitative à base de ciblage pour pérenniser la performance du canal.

Trois grands types de campagnes existent en e-mailing :

- les campagnes d'information visent à diffuser un contenu (c'est le cas de nombreuses *newsletters*) ;
- les campagnes d'incitation ont une connotation beaucoup plus commerciale et visent à réaliser une vente ou un *lead*. Elles peuvent être employées aussi bien en prospection qu'en fidélisation ;
- les campagnes mixtes regroupent à la fois une approche éditoriale (contenu) et commerciale (offre). On peut alors parler de « promoletter ».

Récapitulatif 2 : construire, entretenir et segmenter une base de données

Pour construire une base de données, la règle est de mettre en place une véritable stratégie de collecte (et donc d'oublier l'achat de fichiers qui sont tout sauf qualitatifs !).

La collecte d'e-mails, comme toute collecte de données à caractère personnel, est encadrée par le législateur. En l'occurrence, les sites doivent respecter le principe d'« *opt-in* » (loi sur la confiance en l'économie numérique, LCEN, adoptée en 2004), c'est-à-dire obtenir le consentement explicite de l'internaute avant de lui adresser un message par e-mail.

Il existe de très nombreux leviers de collecte (sur site, par incentive, par parrainage, par jeux-concours, en coregistration, par enquête, sur les réseaux sociaux...). L'important est de mettre en place un mix de leviers pour trouver le meilleur équilibre entre volume, qualité et coût.

La collecte ne consiste pas à rassembler dès le début l'ensemble des informations sur l'internaute. Ces informations pourront être obtenues par la suite par des stratégies dites d'« enrichissement de la base ».

La segmentation d'une base de données est un élément-clé pour cibler plus efficacement ses messages, c'est-à-dire adresser un message plus pertinent ou plus personnalisé à chaque internaute.

Enfin, il est nécessaire d'entretenir l'hygiène d'une base e-mail, c'est-à-dire la nettoyer régulièrement des adresses inactives ou peu réactives.

Récapitulatif 3 : créer des messages performants

La création d'un e-mail nécessite de respecter certaines règles afin de s'assurer que le message soit bien reçu, ouvert et cliqué.
Il faut tout d'abord s'attacher aux règles éditoriales :

- l'objet de l'e-mail doit être travaillé soigneusement pour être accrocheur et donner envie d'ouvrir ;
- le contenu est également à travailler en essayant, dans la mesure du possible, d'être personnalisé en fonction de la cible adressée ;
- les liens incitant au clic (« *call to action* ») peuvent être décisifs ;
- il ne faut pas oublier d'ajouter les liens miroirs et de désabonnement.

Les règles graphiques et techniques doivent aussi être contrôlées :

- les images doivent appuyer la proposition et guider le regard de l'internaute pour l'inciter à cliquer. Il faut mixer au mieux texte et image ;
- la taille et le poids de l'e-mail doivent être pris en compte, notamment avec le développement de la lecture des e-mails sur les téléphones ;
- le code de l'e-mail (HTML et CSS) doit être adapté car toutes les balises ne sont pas supportées par les dispositifs de lecture (logiciel, Webmail, etc.).

La meilleure pratique reste de tester ses e-mails à la fois pour le rendu (tests de *rendering*) et pour le contenu (par exemple avec du *split testing*).

Récapitulatif 4 : exécuter l'envoi d'une campagne

La déliverabilité, c'est-à-dire la capacité d'un e-mail à parvenir dans la boîte de réception d'un destinataire, et donc de passer les filtres des opérateurs (FAI, Webmails), est un enjeu essentiel de l'e-mailing.
Pour optimiser la déliverabilité, les Webmarketeurs doivent :

- contrôler l'hygiène de leur base de données ;
- respecter les meilleures pratiques de l'e-mailing afin de s'assurer une bonne réputation auprès des opérateurs ;
- concevoir des e-mails prenant en compte les règles éditoriales, graphiques et techniques.

La scénarisation d'envoi permet à un e-marketeur de définir des prétextes pour solliciter un segment précis d'abonnés de sa base avec un message adapté. La succession de ces prétextes dans le temps, l'adaptation des envois au cycle de vie des abonnés et la réaction aux comportements de ces abonnés constituent le socle d'une bonne scénarisation.
Plusieurs indicateurs spécifiques permettent de mesurer la performance d'une campagne :

- le taux d'ouverture : combien de personnes ont-elles ouvert le message ?
- le taux de clics : combien de personnes ont-elles cliqué sur le message ?

- le taux de réactivité : combien d'ouvreurs ont-ils cliqué sur le message ?
- le taux de transformation : combien de personnes ont-elles réalisé l'objectif de la campagne ?

Ces indicateurs peuvent être utilisés pour segmenter une base de données et ainsi adapter ses messages au comportement des internautes sollicités (segmentation comportementale).

Les données comportementales, comme leur nom l'indique, sont liées au comportement de l'internaute par rapport à une campagne (ouverture, clic, transformation, etc.). Il est ainsi possible de créer des segments en fonction du comportement des internautes dans votre base.

Partie IV

Social, local, mobile

Deux grandes lames de fond sont actuellement à l'œuvre.

La première concerne le pouvoir accru du « bouche-à-oreille ». Effectivement, rien n'a jamais été aussi puissant qu'une recommandation pour influencer une décision personnelle.

Le marketing digital a complètement bouleversé cette donne, de par :

- la banalisation des recommandations : les utilisateurs de services digitaux s'attendent à des avis tiers, les recherchent, les lisent (3 internautes sur 4 avant un acte d'achat[1]). Les premiers acteurs ont eu eBay avec les notations de marchands, Amazon avec les premières notations produits ; ces acteurs ont matérialisé un mouvement de fond. L'impact est profond : la recommandation peut être anonyme, et le consommateur n'hésite plus à s'en remettre à la « sagesse de la foule » pour le choix de restaurants, de voyages, de marques de ballon de foot, etc.
- leur échelle : les réseaux sociaux représentent avant tout de formidables plates-formes de diffusion. Un avis positif ou négatif peut être partagé et amplifié en quelques secondes. Pour n'en citer qu'un, Facebook représente un réseau de plus de 800 millions d'individus, chaque individu ayant en moyenne cent trente amis dans son réseau[2] ;
- leur accès : ces recommandations sont constamment accessibles, avec le développement de l'Internet mobile, entre autres ;
- leur contexte : le développement des services de géolocalisation permet de délivrer ce contenu en fonction de l'endroit où l'on se trouve.

En décembre 2011, la conférence Le Web, plus grand événement de la sphère Web en Europe, a choisi comme thème le triptyque « social, local, mobile » (couramment abrégé en SoLoMo), preuve que nous sommes aux prémices de profonds bouleversements encore à venir.

La seconde lame de fond concerne la notion de « porte d'entrée » en termes de navigation Internet. Le schéma ci-après indique les parts de marché aux États-Unis des deux plus importantes entités digitales, Facebook.com et Google.com, mesurées en proportion des visites.

1. Source : Le Journal du Net.
2. Source : Facebook.

Facebook a rattrapé Google aux États-Unis

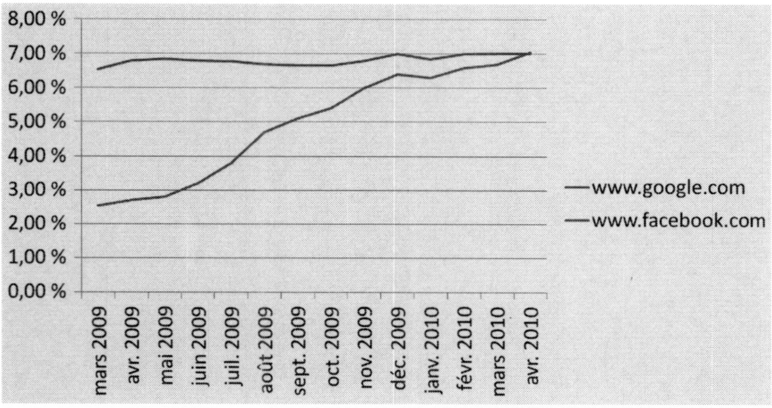

Source : *www.sai.com.*

Vous constaterez la progression fulgurante de Facebook, et le fait que, depuis mars 2010, Facebook.com est le site le plus consulté aux États-Unis et devient LA référence de navigation – d'autant plus que Google renvoie 80 % de son trafic vers d'autres sites, mais pas Facebook qui cantonne l'expérience de navigation à l'intérieur du réseau social. La bataille en cours est tout simplement une logique de domination : devenir la destination digitale de référence, peu importe l'écran (PC, mobile ou TV).

Chapitre 12 ■ Le social ou le marketing 2.0

Le marketing 2.0 opère une double mutation par rapport au marketing online « classique » :

- passage de l'action à l'interaction : l'internaute est replacé au cœur de la démarche marketing ;
- passage du site au réseau : la création de valeur ne s'opère plus seulement sur le site, mais sur un réseau de sites.

Ces mutations offrent de nouvelles perspectives pour le e-marketeur.

■ COMPRENDRE LES COMMUNAUTÉS, LES RÉSEAUX ET LES TRIBUS

Les réseaux sociaux semblent aujourd'hui être un élément incontournable du paysage Web. Pourtant, il y a quelques années à peine, le terme n'existait pas (pour preuve, Facebook n'a ouvert au public qu'en septembre 2006). Entre-temps le terme s'est répandu, repris notamment par les journalistes avides de phénomènes nouveaux et de nouvelles tendances. Mais s'il y a bien une nouveauté, les réseaux sociaux n'en sont qu'une manifestation partielle. En effet, les sites comme Facebook, MySpace, FriendFeed, Twitter, LinkedIn, Orkut et de nombreux autres encore ne sont qu'un élément d'un phénomène plus vaste, celui de l'émergence d'un Web social.

Qu'est-ce que le Web social ?

L'utilisation du terme « Web social » s'est répandue très rapidement avec le développement du Web 2.0, les deux termes se confondant parfois. Pourtant il s'agit bien de deux concepts différents, même s'ils sont très liés. En effet, il faut prendre ici le terme social dans l'acception « *relatif à la vie des hommes en société*[1] » et donc comprendre que le terme Web social permet de mettre en exergue le facteur humain (structure sociale, interaction sociale, etc.) dans la sphère Web. Autrement dit, le terme « Web social » permet de considérer Internet comme un espace participant fortement à l'interaction entre les personnes.

Pour étudier et comprendre le Web social, il peut être instructif de s'intéresser aux théories sociologiques du « monde réel » puisque, en fin de compte, le Web social est la transposition au monde virtuel du Web de comportements, de structures et d'interactions qui existent dans l'univers réel. En effet, les concepts de « réseau social », de « tribu » ou encore de « communauté » ne sont pas apparus avec Internet et existaient déjà bien avant. L'interaction s'est déportée sur le réseau, mais les fondements et les principes d'une communauté ou d'une tribu sont les mêmes que dans le monde réel. Internet apporte certains changements (anonymat, distance, multiplication des identités, etc.) mais, en définitive, la mécanique sociale reste inchangée. Il subsiste néanmoins un piège qui serait de penser que les mondes virtuel et réel sont purement hermétiques. Au contraire, les interactions peuvent se faire d'un univers à l'autre. Certaines études montrent en effet que la « sociabilité numérique » augmente la « sociabilité réelle » et les rencontres physiques.

Réseau social *versus* communauté *versus* tribu

Quand on parle de Web social, trois termes reviennent régulièrement : réseau social, communauté et tribu. Une fois de plus, le sens de ces différents termes est mal défini du fait, notamment, de problèmes d'adaptation des termes anglo-saxons (par exemple, de par l'histoire et la culture américaines, le terme français de « communauté » ne traduit pas nécessairement la réalité du terme anglais « *community* »). Le recours aux concepts de la sociologie peut aider à mieux comprendre la différence entre ces concepts.

Les réseaux sociaux

En sociologie, les réseaux sociaux se définissent comme des « *infrastructures qui permettent aux individus de se rencontrer ou de communiquer*[2] ». Il y a donc deux dimensions importantes pour comprendre ce qu'est un réseau social : la dimension structurale (un réseau social est une infrastructure) et la dimension d'interaction (un réseau social permet aux individus de se rencontrer et de communiquer).

1. *Trésor de la langue française*.
2. Pierre Mercklé, *Sociologie des réseaux sociaux*, La Découverte, 2004.

Sur la question de l'infrastructure, Pierre Mercklé explique que « *les propriétés structurales des réseaux sociaux existent à l'échelon d'un sous-ensemble typique, dont la répétition forme la totalité du réseau*[1] ». Autrement dit, un réseau social, c'est un ensemble de mini-réseaux qui sont reliés de manière plus ou moins complexe les uns aux autres. Les liens sociaux sont des éléments essentiels dans la structuration du réseau.

La nature de ces liens permet de comprendre la dimension d'interaction propre au réseau social. En effet, dans un réseau social, ce qui relie les individus, ce sont les interactions sociales. On peut ainsi parler de « distance entre deux individus » dans un réseau social en prenant en compte l'intensité de la relation sociale. Plus les individus interagissent ensemble dans le réseau (forte intensité de la relation sociale), plus ils sont proches. On peut alors définir des liens forts et des liens faibles au sein du réseau. Il n'est évidemment pas possible d'avoir des liens forts avec un très grand nombre de personnes. Dans les années quatre-vingt-dix, plusieurs sociologues américains ont montré qu'un Américain moyen connaissait entre 300 et 3 000 personnes, mais qu'il ne discutait de questions importantes qu'avec 1 % de ces personnes. Il en va de même dans l'univers virtuel si l'on en croit les conclusions de Cameron Marlow, sociologue employé par Facebook, qui a montré qu'un utilisateur moyen qui compte 150 « amis » n'établit des relations soutenues qu'avec seulement 5 personnes. Marlow souligne également que la proportion du nombre de relations soutenues diminue avec la taille de son réseau (*i. e.* le nombre de ses « amis »).

Pourtant une des forces des réseaux sociaux, ce sont bien les liens faibles, comme l'a théorisé dès 1973 le sociologue américain Mark Granovetter. Il explique en effet que « *les individus avec qui l'on est faiblement lié ont plus de chances d'évoluer dans des cercles différents et ont donc accès à des informations différentes de celles que l'on reçoit* ». Autrement dit, il est utile d'être connecté, même faiblement, à un grand nombre de personnes dans un réseau social car les liens faibles sont des sources majeures d'opportunités.

Les communautés

On confond souvent les réseaux sociaux et les communautés. En fait, il y a une relation d'ordre entre ces deux concepts : pour qu'il y ait communauté, il faut qu'il y ait réseau social (mais l'inverse n'est pas vrai). On peut donc considérer qu'une communauté est un réseau social auquel se greffent des caractéristiques propres. Dans une thèse consacrée à « La nouvelle place

1. *Idem.*

des communautés virtuelles dans la construction et la gestion de la relation à la marque », Frédéric Lopez explique qu'il faut ajouter à un réseau social quatre éléments fondamentaux pour constituer une communauté :

- **« Un objectif commun partagé par tous les membres. »** Il peut s'agir du partage d'un intérêt commun (collectionneur de timbres, supporter d'une équipe de football, etc.), et donc du partage d'information sur ce centre d'intérêt, ou encore d'un regroupement de personnes pour s'entraider et résoudre un problème (par exemple dans un forum de discussion pour un problème informatique).
- **« Des rites, un programme. »** Les interactions – ou, du moins, les types d'interaction – ne sont pas uniquement dues au hasard des rencontres, mais sont partiellement guidées par une trame d'actions prédéfinies par le contexte et par l'objet de la communauté. Autrement dit, au sein de la communauté, chaque participant a un rôle avec un programme d'actions prédéfinies. Par exemple sur un forum, on retrouve des visiteurs anonymes, des membres enregistrés (avec un historique de messages plus ou moins important), des modérateurs, un ou des administrateurs, etc.
- **« Une structure sociale. »** La structure sociale est en fait l'organisation des rôles précédemment évoqués. Le modèle hiérarchique pyramidal est souvent utilisé. L'exemple du forum est parlant à ce sujet : les visiteurs anonymes sont de simples observateurs qui peuvent devenir membres à condition de contribuer. En contribuant, les membres obtiennent plus ou moins de pouvoir (parfois explicitement reconnu sur les forums par un système de classement par le nombre de contributions). Les modérateurs ont un pouvoir important, car ils contrôlent les actes des membres, ils peuvent accepter ou refuser des membres ou des sujets de discussion. Enfin, en haut de la pyramide, on trouve le/les administrateurs. Ce sont les véritables leaders de la communauté puisqu'ils ont eux-mêmes défini l'objectif commun du forum (ses thématiques) et le programme (son fonctionnement, ses rites, ses règles, etc.).
- **« Un sentiment d'appartenance »**, la conscience d'un genre. Naturellement, plus on s'investit dans la communauté, plus ce sentiment d'appartenance est saillant.

Cette définition en quatre points permet de bien distinguer un réseau social d'une communauté. Cependant, il peut arriver que sur Internet les deux se confondent. Par exemple, Facebook se définit comme un réseau social (c'est une plate-forme, donc une infrastructure qui permet des interactions sociales), mais certaines fonctionnalités favorisent l'émergence de communautés (comme les « groupes »).

Les tribus

La notion de « tribu » renvoie à des caractéristiques supposées primitives et désigne ainsi un « *groupe d'individus rassemblés par un lien de parenté et le partage d'un territoire*[1] ». Le terme a ensuite été repris métaphoriquement, parfois sous l'expression « tribus postmodernes » pour faire référence à des microgroupes. On pourrait considérer une tribu comme une communauté *a minima* : on retrouve en effet dans la tribu de nombreuses caractéristiques de la communauté (objectif commun, sentiment d'appartenance, rite/programme), mais avec une structure beaucoup plus lâche (pas de structure sociale bien déterminée). L'adhésion à une tribu est fortement liée à l'affectivité (j'aime/je n'aime pas, je me sens concerné[e] ou pas, etc.), de sorte que le regroupement peut être éphémère et varie au gré des mouvements affectifs de chacun. Sitz et Amine expliquent d'ailleurs que « *ceci entraîne un fonctionnement particulier, fait de rassemblements ponctuels et d'appartenances multiples. Les personnes changent de tribu en fonction du moment de la journée, de leur humeur ou de leurs envies et le papillonnage est certainement une des caractéristiques essentielles de l'organisation sociale qui est en train de se dessiner à travers les tribus*[2] ». Le concept de tribu peut aussi être vu comme un moyen de dépasser l'individualisme et de répondre à un besoin de lien social, quand bien même celui-ci se fait dans l'univers virtuel.

L'essor des tribus est fortement corrélé au développement d'Internet. C'est d'ailleurs ce que souligne Seth Godin dans son livre *Tribes : We Need You to Lead Us*. En effet, Internet élimine les barrières géographiques, de temps ou les éventuelles barrières de coût pour adhérer à une tribu. Tout le monde peut créer immédiatement sa tribu sur n'importe quel thème. Ainsi les « pages fan » de Facebook sont-elles un exemple typique de tribus.

La limite du phénomène

L'impact du Web social est indéniable, en particulier sur la façon dont l'internaute navigue sur le Web. Au point que les sites « sociaux » représentent une source de trafic importante pour certaines activités Web. C'est, par exemple, le cas des sites médias ou de certains blogs. Il est en effet très facile de partager le lien d'un article et de le répandre vers l'ensemble de son réseau instantanément.

1. Lionel Sitz et Abdelmajid Amine, « Consommation et groupes de consommateurs, de la tribu postmoderne aux communautés de marque : pour une clarification des concepts », colloque « Société et consommation », Rouen, 11 et 12 mars 2004.
2. *Idem*.

Cependant, une des limites du Web social est que la participation ne concerne qu'un nombre très limité d'internautes. Il y a deux façons de répondre à cette limitation. La première, c'est de dire que cela n'est pas spécifique à Internet. En effet, dans tout type de communauté (communauté en ligne, association, parti politique, religion, troquet du coin, etc.), la majorité des usages vient d'une minorité : c'est la fameuse règle des 80/20 (80 % des usages par 20 % des usagers). La seconde façon de répondre à cette limitation, c'est de l'accepter et de l'analyser plus en détail. C'est ce que propose l'institut de recherche Forrester en dressant une typologie du degré de participation des internautes au Web social. Six types ont été mis à jour par l'institut :

- les *creators* (13 %) : ils publient sur un site ou un blog, mettent en ligne des vidéos sur des sites de partage ;
- les *critics* (19 %) : ils commentent sur des blogs, postent des recommandations (note, critique, commentaires, etc.) ;
- les *collectors* (15 %) : ils utilisent des flux RSS, taguent les pages Web ;
- les *joiners* (19 %) : ils utilisent les sites de réseautage social ;
- les *spectators* (23 %) : ils lisent des blogs, regardent des vidéos sur des sites de partage, écoutent des podcasts ;
- les *inactives* (52 %) : ils ne réalisent aucune des activités précédentes.

Remarque : les pourcentages ne se cumulent pas pour faire 100 % car, mis à part les inactifs, les cinq autres types s'imbriquent les uns dans les autres.

ÉCOUTER LA VOIX DES CLIENTS

Une nouvelle posture pour l'organisation

Tout cours de marketing se penche sur la notion de marché, définie peu ou prou comme un ensemble de consommateurs réels et potentiels d'un bien ou d'un service. Cette définition montre bien qu'un marché est avant tout un ensemble d'individus avec des comportements individuels souvent insaisissables (volatilité, instabilité, paradoxe, etc.). Ce caractère insaisissable est renforcé à l'heure du Web 2.0 car la logique de l'individu est mise à mal à travers la fragmentation et la multiplicité de l'identité numérique : nous passons de l'individu (identité *indivisible*) à la personne (identité multiple[1]). Ainsi l'internaute-consommateur devient-il de plus en plus insaisissable.

1. Personne, du latin *personare* qui signifie « résonner à travers ». Cela fait référence au personnage théâtral, dont la voix se fait entendre sous le masque. À la multiplicité des masques de l'acteur antique correspond la multiplicité des rôles, et donc la notion d'identité multiple liée à une personne.

C'est pourquoi les outils classiques d'étude et d'analyse de marché sont de moins en moins adaptés et doivent donc évoluer.

Comment cette évolution se traduit-elle concrètement pour les organisations ? Tout d'abord, celles-ci doivent arrêter de se positionner au-dessus de leurs clients et d'étudier le marché comme un scientifique étudierait un échantillon au microscope. L'organisation doit être au cœur du marché et doit écouter en permanence la *voix des clients*. Pour cela, il y a deux démarches à instaurer :

- l'écoute/veille : l'organisation doit écouter tout ce qui se dit sur elle ;
- l'écoute/participation : l'entreprise doit mettre en place des outils pour faciliter l'expression des internautes-consommateurs.

L'écoute/veille passe aussi bien par le Web que par les canaux *off line* (par exemple l'étude des plaintes reçues au service client, l'analyse des appels à la *hot line*, l'interview du personnel en contact et des commerciaux qui sont à même d'avoir des retours des clients, etc.). En ce qui concerne le Web, il faut mettre en œuvre une veille totale, c'est-à-dire qui englobe l'ensemble des zones d'expression. Évidemment, comme toujours pour le Web, de nombreux outils gratuits existent pour instaurer une telle veille : les outils Google (Google Alerts, Google News, Google Blog Search...), Technorati (recherche de blogs), Digg (classement de contenus Web par les utilisateurs), Twitter Search (moteur de recherche de Twitter) ou encore Social Mention et Who's Talkin (whostalkin.com) – moteurs de recherche au sein du Web social –, etc. Les agences interactives ont également développé une expertise dans ce nouvel univers de la veille 2.0 avec des outils spécifiques qui permettent de surveiller tout ce qui se dit sur une entreprise/marque sur Internet.

En ce qui concerne l'écoute/participation, l'entreprise doit mettre en place des outils qui permettent à l'internaute-consommateur de s'exprimer. Il est possible de développer une plate-forme en propre, de l'intégrer à une plate-forme existante, ou bien encore d'utiliser une fois de plus des outils spécifiques comme Dimelo ou UserVoice. Un bon exemple de cette stratégie d'écoute/participation est le site de débat ouvert par la SNCF à l'adresse debats.sncf.com.

Dans ce domaine l'entreprise/marque doit être active et déployer rapidement de tels outils, sinon elle risque de se faire dépasser par... ses propres clients ! En effet, il n'est pas rare que les communautés de clients se réunissent autour d'un forum, d'un blog, d'un site participatif, etc., pour échanger autour de la marque et faire ressortir des mécontentements ou des problèmes (il est alors difficile pour l'organisation de savoir qui s'exprime et de valoriser les contributions, d'où l'idée que la marque doit être motrice dans l'instauration d'une plate-forme d'échange ou de feed-back).

De la segmentation au maillage

La segmentation du marché est une étape indispensable de la démarche marketing traditionnelle. Il s'agit de regrouper les individus en groupes homogènes appelés « segments » selon des critères géographiques, sociologiques, démographiques, comportementaux, etc., de telle sorte que chacun des segments soit suffisamment différent des autres. Encore une fois, il s'agit d'une approche « *top-down* » ; l'entreprise/marque regarde son marché puis le divise pour mieux le comprendre et le servir. Or, comme expliqué précédemment, l'organisation ne doit pas être au-dessus du marché, mais dans le marché. Elle ne doit donc pas chercher à créer une représentation du marché à travers des segments, mais partir de l'existant, c'est-à-dire des groupes et des communautés qui sont autour d'elle. En effet, les communautés, réseaux et autres tribus en ligne sont des groupes d'individus bien plus riches pour le marketeur que les segments classiques, dans la mesure où ces regroupements ont une véritable réalité : ce ne sont pas des construits théoriques (au-delà du virtuel en ligne, il y a bien des individus), le regroupement est spontané, accepté et connu (l'adhésion au groupe est volontaire) et, enfin, il y a une véritable communauté d'intérêt (partage des mêmes centres d'intérêt, aspirations communes, etc.). L'objectif pour le marketeur 2.0 est donc d'identifier ces regroupements existants, de comprendre les relations entre eux, leur interconnexion, etc.

Bref, là où le marketing traditionnel propose une approche centrifuge (le marketeur doit diviser le marché pour le comprendre et le servir), le marketing 2.0 propose une approche centripète (le marketeur doit réunir les éléments qui composent le marché pour le comprendre et le servir). Ce qui compte dans l'approche 2.0, ce sont donc les liens entre les groupements ; le marketeur doit savoir identifier ces liens, afin de recomposer le marché et ainsi prendre le contre-pied du marketing traditionnel qui cherche à décomposer le marché.

Cette recomposition peut aller beaucoup plus loin car, avec le Web 2.0, chaque internaute peut devenir un « self média » et fédérer autour de lui une microcommunauté. À partir de là, l'approche 2.0 indique qu'il faut s'intéresser à ces microregroupements, sorte de niches, pouvoir étudier les liens qui les unissent, et ainsi aboutir à un maillage complexe qui serait, dès lors, la représentation du marché. Une fois de plus, l'internaute-consommateur est au centre de la démarche car c'est lui qui effectuera le regroupement/segmentation en ayant la maîtrise de son identité numérique, c'est-à-dire en choisissant les informations qu'il partage.

METTRE EN ŒUVRE UNE STRATÉGIE SOCIALE

L'affirmation du Web comme un espace de plus en plus social est une tendance qui a et va avoir un impact majeur sur les politiques marketing des organisations de toute sorte. Il est nécessaire de s'adapter et de mettre en place une véritable stratégie de marketing social.

Le mythe de la présence sociale

Aujourd'hui, de plus en plus d'entreprises et de marques utilisent sur leur site des fonctions issues des médias sociaux : flux RSS, bouton de partage de contenu, widget, blog, fonctionnalités communautaires tierces (type Facebook Connect ou Google Connect)… De même, les marques sont de plus en plus nombreuses à créer leur profil sur les différentes plates-formes sociales et communautaires. Bref, les marques et les entreprises tentent d'être « *Social Media Friendly* ». Pourtant, cela reste insuffisant, voire anecdotique, car ces actions ne procèdent pas d'une véritable réflexion en amont et ne peuvent constituer à elles seules une stratégie de marketing social sur Internet. Créer une application Facebook, faire une campagne de *seeding* auprès de blogueurs ou encore mettre en place un compte Twitter ne suffit pas à faire entrer une entreprise dans l'ère du marketing social. Il faut aller beaucoup plus loin. On parle d'ailleurs de *Social Media Optimization* (SMO). Le SMO est un terme récent, qui a été calqué sur celui de SEO *(Search Engine Optimization)*. Ce calque n'est pas innocent, il s'agit en fait de signifier que, tout comme pour le référencement naturel (SEO), dans l'univers du Web social (SMO) il faut soigner et optimiser sa présence afin d'obtenir une visibilité et une efficacité maximum. Les trois leviers du SMO sont l'engagement, l'animation et la conversation. Mais avant de les déployer, il faut réaliser un diagnostic de sa présence sociale.

Mesurer sa présence sociale

Toute stratégie de SMO doit préalablement s'appuyer sur une observation et un diagnostic de l'existant, c'est-à-dire de la présence de l'entreprise ou de la marque sur le Web social. Trois temps sont nécessaires à cette approche :

- clients : quels sont les comportements sociaux de vos clients sur le Web ?

- conversation : quelles conversations votre organisation suscite-t-elle en ligne ?
- concurrents : quelle est la présence sociale de vos concurrents sur le Web ?

Le premier temps de l'analyse consiste à comprendre comment ses clients sont engagés dans l'univers du Web social. L'objectif est de qualifier le niveau d'usage du Web social par vos clients. On peut, pour cela, se baser sur les typologies exposées précédemment (l'échelle de Forrester par exemple) afin de savoir à quel niveau se situent vos clients. Il peut aussi être intéressant de quantifier le nombre de clients à chacun des niveaux de l'échelle et de savoir quel est le groupe majoritaire. Évidemment les stratégies seront très différentes selon que vous avez un maximum d'inactifs ou, au contraire, une cible cliente constituée majoritairement de *joiners* ou de *collectors*. Ainsi un des objectifs du marketeur sera-t-il de faire « progresser » ces utilisateurs au niveau supérieur de l'échelle, et non plus seulement de se concentrer sur le déploiement de « technologies sociales ». On passe alors d'une réflexion du type : « Tiens, il faut que je crée la page de mon entreprise sur Facebook » à une réflexion d'un niveau supérieur : « Comment puis-je apporter plus de valeur à mes clients en créant une page Facebook et comment puis-je leur expliquer qu'il est intéressant pour eux d'utiliser cette page ? »

La question qui se pose est de savoir comment qualifier et quantifier les comportements sociaux de ses clients sur le Web. La réponse n'est pas simple, même si quelques agences interactives et autres start-ups ont commencé à défricher ce champ de l'étude marketing. En effet, les outils et les indicateurs ne sont pas encore clairement définis. Il faut donc s'en remettre à une étude systématique qui passe par l'écoute, l'observation, le recoupement de ce que font déjà vos clients sur le Web social. Il s'agit d'une approche encore très empirique où il faut accepter d'apprendre en permanence.

Une fois que l'on a compris le comportement de ses clients dans le Web social, il faut s'intéresser au contenu qu'ils créent à propos de votre marque et, en particulier, aux conversations qu'ils génèrent. Sur ce point, il existe de nombreux outils qui permettent de surveiller et d'agréger les conversations sur un sujet précis. L'objectif ici est à la fois de comprendre ce qui est dit sur votre marque ou votre entreprise (thématique des discussions, sentiment à propos de la marque, niveau d'engagement dans les propos, etc.) et d'essayer d'identifier les pics de discussion, voire le buzz, que votre organisation a suscités : comment cela a-t-il été initié ? Pourquoi cela a-t-il été initié ? Quelle est la grandeur de l'écho ?, etc. Enfin, il peut également être intéressant de savoir où les discussions ont lieu (blogs personnels ou réseau de blogs, Facebook ou MySpace, forums ou wikis, recommandation ou note, etc.).

L'étude de la concurrence est toujours une source importante d'apprentissage, surtout sur le Web où l'accès aux informations est souvent facilité. L'objectif est ici de positionner votre organisation par rapport à vos concurrents. Il peut être judicieux de dresser un benchmark des pratiques de marketing social dans votre secteur, et ainsi d'évaluer le niveau de maturité de votre industrie dans le Web social. Cela permet aussi de faire apparaître les meilleures pratiques qui doivent alors être analysées pour comprendre en quoi elles ont été efficaces chez vos concurrents.

Obtenir une caution : savoir utiliser son flux

En fonction des études disponibles, une tendance se dégage : 30 % des acheteurs en ligne déposent un avis ou un commentaire sur leur achat. « Socialiser » son site marchand ou son site de marque revient finalement à canaliser les conversations qui ont lieu et à faire confiance soit à son marketing produit, soit à sa capacité relationnelle pour réagir lors d'une expérience négative.

Le jeu en vaut la chandelle : sur certains sites d'e-commerce, le taux de conversion (passage de la visite à l'achat de l'article en question) augmente de 40 % dans le cas où l'article en question bénéficie d'un avis positif.

Deux cas de figure se présentent de manière générale :

- vous êtes un distributeur. Votre marque a tout à fait la légitimité d'animer la demande de notations produits, afin de permettre à la communauté de bien choisir ses produits. C'est une démarche intégrée dans l'expérience d'achat de la fnac.fr, de Sephora.fr, etc. En termes de moyens, libre à vous d'internaliser ce type de compétence ou de l'externaliser auprès d'un acteur spécialisé, principalement BazaarVoice et PowerReviews ;
- vous êtes un fabricant (de produit ou de service). Beaucoup ont été tentés par le mythe 2.0, pensant être légitimes pour mettre en avant les avis d'une communauté. Et sans surprise, dans la majorité des cas, peu d'utilisateurs ont été au rendez-vous. Pourquoi ? Parce que peu d'entre eux croient à la capacité de transparence et d'autocritique, et pensent donc que les avis affichés seront forcément filtrés et positifs. Il existe un modèle disponible qui permet d'afficher la caution d'autres communautés, moyennant des modèles économiques proches de la « location » de commentaires. Deux exemples nous viennent à l'esprit pour illustrer ce propos : le fabricant Sharp[1], qui affiche les notations produits de la communauté Reevoo.co.uk sur ses fiches produits, et le site marchand

1. *www.sharp.co.uk.*

de voyages Expedia qui affiche les notations de Tripadvisor.com dans ses descriptions d'hôtels et de voyages (*nota* : ils appartiennent au même groupe de voyages Expedia). Tout le travail des « apporteurs de caution » consiste à maintenir la crédibilité et l'authenticité des commentaires apportés.

Engager : savoir utiliser les tribus

La question de l'engagement est centrale dans le marketing social.

L'institut d'études Forrester a ainsi proposé un cadre de réflexion afin qu'une marque puisse mieux appréhender cette notion d'engagement. Forrester définit les « 4 I » de l'engagement – implication, interaction, intimité et influence :

- implication : présence de l'internaute-consommateur aux différents points de contact de la marque ;
- interaction : actions que l'internaute-consommateur fait vis-à-vis de la marque ;
- intimité : l'affection que l'internaute-consommateur porte à la marque ;
- influence : la probabilité qu'un internaute-consommateur recommande la marque.

Ce « framework » doit être complété pour mieux intégrer la notion de tribu. Comme expliqué précédemment, la tribu se différencie principalement de la communauté du fait qu'elle n'a pas de véritable structure sociale. L'objectif du marketeur doit donc être de structurer la tribu, et ainsi de la transformer en une véritable communauté. C'est d'ailleurs un des messages que délivre Seth Godin dans son livre *Tribes*, puisqu'il y explique que le marketeur doit être un leader. Pour lui, le marketing est désormais une affaire de leadership, de capacité à faire avancer, évoluer, rassembler, comprendre et connecter une tribu. Le marketing social n'a, en fin de compte, pour seule fonction que de mettre des personnes à la tête des tribus pour insuffler le mouvement et la passion.

L'analyse de Seth Godin est à notre sens très pertinente, mais elle peut sembler un peu abrupte. Pourquoi une tribu accepterait-elle d'avoir un chef ? Autrement dit, comment le marketeur peut-il réussir à engager la tribu sans que celle-ci ne le rejette ? La réponse est peut-être dans la mise en place d'un « contrat social ». Il s'agit ici de dire que le marketeur doit agir avec transparence et exposer clairement ses intentions aux membres de la tribu : qui est-il ? Qui représente-t-il ? Que souhaite-t-il apporter ? Pourquoi est-il intéressant pour les membres de la tribu de l'accepter ?, etc.

Animer : le rôle du *community manager*

Être présent sur le Web social et déployer une véritable stratégie sociale demande un vrai travail d'animation et de création. Cela nécessite des ressources spécifiques, le travail doit donc être confié à un spécialiste : le *community manager*. Ce terme est apparu il y a quelque temps aux États-Unis.

Le rôle du *community manager* peut se résumer par les « 4 P » : personnification, propagation, production, participation.

La personnification

Le premier rôle du *community manager* est de personnifier, c'est-à-dire d'incarner l'organisation sur le Web social. Cela passe donc tout d'abord par la création du profil social de la marque dont le *community manager* sera en charge. Il peut s'agir d'un profil individuel (par exemple le compte FriendFeed de la marque) ou d'un profil de groupe (par exemple un groupe sur la sauvegarde des ours blancs sur Facebook). Les profils de groupe sont les plus intéressants car ils sont souvent encore peu utilisés par les marques. En effet, il est tout à fait pertinent pour une marque d'avoir des profils de groupe pour des sujets sur lesquels elle a une légitimité. C'est alors le rôle du *community manager* d'animer ce groupe et d'être capable de montrer que l'identité de la marque est en accord avec le profil de groupe qu'elle a créé.

Un des enjeux de la personnification est sa maîtrise, car on commence à observer des cas de cybersquattage d'identité sur les réseaux sociaux ou les plates-formes communautaires. Autrement dit, certaines personnes ont commencé à enregistrer les noms de certaines marques dans le Web social avec l'objectif de les revendre dès que celles-ci chercheront à les utiliser (à noter qu'il existe des moyens pour une marque de récupérer un compte Twitter ou Facebook « cybersquatté »). Le rôle du *community manager* est donc de maîtriser l'identité de l'entreprise/marque dans la sphère sociale.

La propagation

La notion de « propagation » renvoie à l'idée que le *community manager* doit diffuser l'identité de la marque dans la sphère sociale. La marque doit exister en tant que telle par l'intermédiaire du *community management*. Elle ne doit pas nécessairement créer des communautés quand elles n'existent pas, mais doit aller là où sont ses clients et ses prospects. Elle doit identifier les tribus et propager son existence en leur sein. Elle doit s'exprimer sur les sujets pour lesquels elle est légitime, etc.

Par exemple, le *community manager* peut laisser un commentaire sur un blog au nom de l'organisation (le nom et/ou l'avatar et/ou le lien Web doivent évidemment faire référence à la marque). Cependant, il faut faire attention à ce que la fonction de propagation ne devienne pas celle d'un support clientèle. Le *community manager* n'est pas là pour régler les problèmes des clients, mais pour communiquer l'image de l'organisation auprès des communautés sur les outils sociaux.

La production

La production de contenu est un élément essentiel dans le *community management*. Le *community manager* doit intervenir à deux niveaux :

- favoriser la production de contenu par les internautes (*User Generated Content*) ;
- mettre en avant le contenu produit directement par la marque (contenu propre).

En conséquence, un des rôles du *community manager* est donc de gérer l'équilibre entre UGC et contenu propre (par exemple sur un blog, il s'agira de l'écriture d'un billet et de la gestion/modération des commentaires).

La participation

C'est sûrement le rôle le plus important du *community manager* : au-delà d'une simple présence dans la sphère du Web social, il doit s'y intégrer et y participer activement. Il faut donc comprendre les groupes, les communautés, leurs attentes, les règles, etc. Le *community manager* doit garder à l'esprit que la participation en ligne répond aux mêmes règles que celles du monde « réel ». La comparaison avec une soirée où l'on ne connaît personne est assez parlante. Dans une soirée, il y a de nombreux petits groupes, chacun ayant sa propre conversation. Si l'on s'approche d'un de ces groupes, que l'on interrompt la discussion pour dire : « Bonjour, mon nom est X et je vends... », il y a toutes les chances pour que cela ne fonctionne pas. Eh bien, c'est la même chose en ligne pour un *community manager*. Il faut tout d'abord écouter la conversation et attendre le moment opportun, c'est-à-dire celui où les autres sont à l'écoute, ou celui où vous pouvez apporter de la valeur ajoutée par vos propos.

L'écueil souvent rencontré, c'est de vouloir avancer masqué. Or, comme le dit clairement la première règle, le *community manager* incarne l'entreprise, il doit donc agir en toute transparence : c'est le meilleur moyen pour être accepté dans les conversations. Évidemment, le double rôle du *community manager* (à la fois employé d'une entreprise et acteur d'une communauté) peut poser des difficultés.

Quel profil pour un community manager *?*

Voilà une question que vont devoir se poser toutes les entreprises qui vont prendre le virage du social marketing. Encore une fois, la réponse n'est pas toute tracée, tant la fonction est nouvelle.

On peut d'ores et déjà dire que le *community management* est une fonction essentiellement humaine qui demande des capacités d'interaction et de compréhension des autres. Le *community manager* doit aussi avoir une bonne connaissance de l'organisation, de son histoire, de ses valeurs, afin de les utiliser à bon escient dans la sphère sociale. Évidemment, il faut également que ce soit une personne connectée. Autrement dit, quelqu'un de passionné par le Web, déjà impliqué dans les réseaux et ayant une bonne maîtrise des outils sociaux.

Converser : adopter le marketing conversationnel

La conversation est au cœur de la démarche du social marketing. La conversation doit être vue comme l'avatar social de la communication traditionnelle. La communication, notamment publicitaire, a été utilisée comme moyen de s'adresser à une audience très vaste. On est à plein dans le paradigme original des médias de masse : l'organisation délivre un message à la masse. Ce qui change avec l'avènement du Web social, c'est la façon de communiquer : on passe d'une communication unidirectionnelle (l'organisation s'adresse aux consommateurs) à une communication bidirectionnelle (un dialogue s'installe entre l'organisation et le consommateur). Pour autant, le dialogue n'est pas encore la conversation, et ce n'est qu'une étape vers la véritable interaction sociale (mais c'est déjà une étape difficile pour certaines organisations qui, culturellement, sont ancrées dans l'ère du monologue).

Pour mettre en place une véritable conversation il faut adopter une communication multidirectionnelle. Cela suppose que l'organisation s'intègre dans le « tissu » social et échange avec les autres personnes qui y sont présentes. L'objectif est alors de prendre part aux discussions que les consommateurs ont déjà entre eux (cf. *supra* la métaphore de la soirée). La marque doit s'exprimer au même niveau et avec la même force que les consommateurs sans chercher à pousser immédiatement un message. C'est là tout l'art du marketing conversationnel : créer de l'échange et de la compréhension réciproque, avec en ligne de mire la création de relations durables entre l'organisation et les consommateurs.

Car c'est bien là l'objectif final du marketing conversationnel : bâtir et entretenir des relations durables. On se rend compte que le Web social n'est, une fois de plus, que la volonté de transférer dans l'univers virtuel des réalités sociales du monde réel. En effet, on sait qu'une relation se bâtit avant tout par l'échange et le partage, et que dans une relation on a besoin de savoir que l'autre s'intéresse à nous. Eh bien, c'est ce que cherche à faire le marketing conversationnel : en créant de la substance derrière la marque, on montre qu'il y a des personnes qui se soucient des opinions des consommateurs ; en fournissant de manière transparente des informations sur l'entreprise, sur ses valeurs, on encourage la connexion ; en discutant et en débattant, on crée de la conversation qui crée elle-même du lien et de l'attachement. Bref, au final, le marketing conversationnel crée des relations entre l'organisation et le consommateur. Toute la difficulté, comme dans la vie réelle, est de savoir combien de temps cette relation pourra durer...

■ TESTER LA COCRÉATION ET L'AUTOCRÉATION

Créer un produit ou un service consiste souvent pour une organisation à adopter une logique de *design for* (l'organisation crée le produit/service pour son/ses segments cibles). Or, il est possible aujourd'hui de mettre en œuvre des logiques nouvelles où l'internaute-consommateur a une fois de plus une place centrale. On distingue deux niveaux d'implication : le *design with* (l'internaute-consommateur est impliqué dans le processus, on parle de cocréation) et le *design by* (l'internaute-consommateur crée entièrement le produit, on parle d'autocréation).

La cocréation facilitée par le Web 2.0

La cocréation n'est pas un phénomène nouveau. L'idée que les consommateurs peuvent participer à une partie des activités de l'entreprise a été utilisée par certaines entreprises pour mettre au point de nouveaux business models. Il s'agit alors de travailler sur la chaîne de valeur et de voir quelles activités peuvent être confiées totalement ou en partie au client. L'exemple le plus souvent cité est celui d'IKEA puisque l'activité en aval de la chaîne de valeur, à savoir le transport des meubles et leur assemblage, est assurée directement par le client (la contrepartie pour le consommateur étant un prix plus faible que les meubles de la concurrence). Le Web 2.0 a permis d'aller plus loin dans la cocréation à deux niveaux.

Tout d'abord le Web 2.0 a grandement facilité la cocréation en jouant notamment sur le changement d'échelle. En effet, l'existence de communautés permet de mettre en relation plus facilement de nombreux internautes avec l'entreprise/marque, et donc de trouver potentiellement plus de cocréateurs. Ce changement d'échelle est aussi intéressant en termes financiers pour l'entreprise ; il permet de recruter des cocréateurs à moindre coût car il est plus facile d'identifier les utilisateurs actifs et prêts à participer à la cocréation.

Le second changement induit par le Web 2.0 est que la cocréation est remontée en aval de la chaîne de valeur pour permettre à l'internaute-consommateur de participer dès la phase de conception du produit ou du service. C'est une pratique importée directement des entrepreneurs du Web. En effet, ces derniers n'hésitent pas à sortir des versions non définitives de leur service (les fameuses versions bêta) qui sont soumises aux tests des internautes (à échelle réduite, on parle de bêta privée, ou à plus grande échelle, lorsque la bêta est publique). S'engage alors une communication directe entre la start-up et les utilisateurs.

Crowdsourcing et UGC, deux avatars de l'autocréation

L'*User Generated Content* (UGC, contenu généré par les utilisateurs) est l'exemple le plus connu d'autocréation à l'ère du Web 2.0. Il regroupe toutes les formes de contenu produit par l'utilisateur final. Cela passe des vidéos sur YouTube reprises en masse par des chroniqueurs télé en manque d'inspiration aux articles de l'encyclopédie collaborative Wikipédia, en passant par les photos partagées sur Flickr ou même mises en vente sur Fotolia ou iStockPhoto, les questions/réponses de Yahoo ! Answers, etc. Pour le marketeur, laisser le consommateur-internaute créer lui-même le contenu est un gage d'engagement, et donc d'adhésion plus forte à la marque. Un exemple très parlant sur le marché français est celui de La Fraise. Le site propose à sa communauté de créer des dessins et des motifs à imprimer sur des T-shirts, et ce sont encore les internautes qui votent pour choisir ceux qui seront imprimés en définitive. Le site ne fournit finalement qu'une plate-forme (plate-forme d'expression, plate-forme d'impression et plate-forme logistique), tout le reste est produit par l'utilisateur. À voir l'implication des membres et l'image positive dégagée par l'entreprise, le pari de l'UGC est réussi avec une adhésion forte à la marque.

L'UGC peut donc être une formidable opportunité pour l'entreprise, permettant parfois de faire travailler les utilisateurs à la place des employés ! C'est ce que l'on appelle le « *crowdsourcing* » ou, en français, l'« approvisionnement par la foule ». Le terme est apparu dès juin 2006 dans un article de Jeff Howe pour le magazine *Wire*. Dans cet article, Howe montre comment de nombreux internautes peuvent être mis à contribution pour réaliser un projet et comment l'enthousiasme d'un grand nombre d'amateurs peut être plus efficace que celui d'un petit groupe de professionnels. En fait derrière ce terme d'efficacité se cache une notion de rentabilité, car « la foule » est généralement utilisée pour mener à bien des projets qui auraient été beaucoup plus coûteux (en temps ou en argent) s'ils avaient été réalisés par des professionnels.

Un des exemples les plus connus est le Mechanical Turk d'Amazon. L'entreprise propose en effet aux internautes, pour quelques centimes, de trier des photos. C'est une tâche répétitive qui peut vite devenir coûteuse si elle est effectuée informatiquement. Avec le *crowdsourcing*, l'entreprise a à sa disposition une main-d'œuvre plus efficace que l'ordinateur et beaucoup moins onéreuse... Google est allé plus loin, car pour améliorer l'indexation des photos dans son moteur de recherche, il a fait appel à la foule en lançant le jeu Image Labeler : deux personnes voient les mêmes images et doivent fournir le plus possible de mots pour les décrire ; chaque fois qu'un mot est commun avec son partenaire de jeu, des points sont marqués. Avec ce système, l'entreprise emploie la foule sans même dépenser un centime ! Les applications du concept de *crowdsourcing* sont sans limite : de Facebook qui demande à ses membres de traduire l'interface anglaise du site (et économise ainsi de coûteux frais de localisation) au journal anglais *The Guardian* qui a demandé aux internautes, *via* Twitter, de vérifier que les parlementaires anglais avaient bien publié leurs notes de frais, une opération longue et fastidieuse pour un journaliste rendue rapide et efficace grâce à la foule ! La France n'est pas en reste sur ce type d'initiative puisqu'un site comme Wilogo propose la réalisation d'un logo d'entreprise par la foule. Un client dépose une demande et un mini-cahier des charges, et se voit présenter en quelques jours plus de 80 créations de graphistes amateurs ou professionnels. Il n'a plus qu'à choisir parmi toutes ces propositions et paye seulement 300 € au projet sélectionné (une commission est reversée à la plate-forme). Un tel prix est sans commune mesure avec ceux pratiqués par les professionnels, mais les résultats sont pourtant de grande qualité.

Au-delà du produit

Impliquer l'internaute-consommateur dans la démarche marketing pour participer à la création ou autocréer un produit est une première étape du marketing 2.0. Pourtant, il est possible de faire évoluer radicalement la démarche marketing en adoptant une logique « 2.0 » à tous les éléments du marketing mix : produit, distribution, prix, communication.

Le prix et la distribution

L'industrie musicale, totalement bouleversée par l'arrivée d'Internet et de la musique numérique, est à la recherche de nouveaux modèles. C'est donc un bon champ d'expérimentation du marketing 2.0.

Le modèle de distribution dominant dans cette industrie a, jusqu'à présent, été pyramidal avec le système des maisons de disques, les fameuses majors. Mais il y a peu, l'arrivée du site MyMajorCompany.com a changé la donne. Le slogan de l'entreprise traduit bien l'état d'esprit 2.0 de ce projet : *« Music is your business. »* L'internaute-consommateur est une fois de plus au centre de toute l'activité puisqu'il devient lui-même producteur des artistes et se substitue en partie à la maison de disques traditionnelle. Le modèle semble fonctionner puisque les internautes ont déjà produit plus d'une dizaine d'artistes, dont certains ont rencontré un fort succès commercial.

La donnée « prix » du *mix marketing* peut sembler la plus imperméable à l'approche 2.0 car cela pourrait revenir à laisser le choix du prix à l'internaute-consommateur. Et pourtant, c'est ce qui a été fait par le groupe de musique Radiohead avec leur dernier album *« In Rainbows »* qui a été proposé gratuitement aux internautes en téléchargement, chacun pouvant s'acquitter d'une somme d'argent s'il le souhaitait. Le bilan de l'opération est intéressant. Le prix moyen d'achat s'est établi à 3,23 $ (6 $ versés en moyenne, mais beaucoup de téléchargements gratuits). Le téléchargement de l'album aurait donc rapporté environ 2,7 millions dollars durant le mois d'octobre, ce qui peut paraître peu. Seulement, comme la distribution est directe, il n'y a pas d'intermédiaire et l'ensemble de la somme revient donc aux artistes. Au final, l'album a été distribué à 3 millions d'exemplaires contre seulement 1 million pour l'album précédent du groupe. Bref, une telle approche a permis une diffusion massive de l'œuvre tout en garantissant une juste rémunération aux artistes. Ceci pourrait être un modèle à suivre pour tout bien culturel. Mais ce paradigme 2.0 semble encore avoir du mal à se répandre à l'industrie musicale, quand on voit les crispations autour de la loi Hadopi ou encore autour des questions de licence globale. Bref, les nouveaux modèles de distribution et de prix dans l'industrie musicale sont encore à leur début et beaucoup reste à inventer !

Il est d'ailleurs intéressant de remarquer que le téléchargement illégal, qui est un échange d'internaute à internaute (le fameux peer-to-peer) est en fin de compte un modèle parfait de distribution 2.0. L'internaute-consommateur est au centre de ce système de distribution, puisqu'il n'y a plus d'intermédiaire et que l'échange se fait entre utilisateurs. Pourtant, la perception de l'illégalité de ce système peut être difficile par des utilisateurs qui sont entrés massivement dans l'ère 2.0. En effet, l'internaute qui crée du contenu, le partage et le diffuse sur Internet, ne tire quasiment aucun revenu de sa création (cf. *supra* : UGC/*crowdsourcing*). Le contenu qu'il crée est librement et gratuitement accessible. D'où une possible incompréhension : pourquoi le contenu créé par des artistes (film et musique, notamment) n'est-il pas disponible librement et gratuitement comme le contenu que eux créent ?

La communication

L'approche 2.0 du marketing vise à engager l'internaute-consommateur et ainsi à le faire adhérer à la marque. Pour cela, il faut revoir les actions de communication à la fois du point de vue de la relation avec l'internaute-consommateur et dans le contenu même du message communiqué.

Concernant la relation avec l'internaute-consommateur, les organisations doivent chercher à interagir avec ce dernier. De manière plus concrète, la marque ou l'entreprise se doit de mettre en place des outils ou d'utiliser les « plates-formes » existantes pour favoriser l'interaction. Ces outils sont multiples : blogs, forums, réseaux sociaux, FAQ interactives, etc. Cela demande évidemment une véritable présence et une véritable « animation de la proximité », autrement dit cela nécessite d'y investir des ressources. Dell est l'exemple même d'une marque qui a su comprendre l'obligation de changer la relation avec ses clients et qui a investi les ressources indispensables pour y parvenir : création d'une communauté qui combine forums, blogs, wikis, galeries photos et vidéo, groupes, digg-like pour voter pour les meilleures idées d'amélioration, et à cela s'ajoutent de multiples comptes Twitter et une forte activité sur Facebook !

Si cette animation est correctement menée, elle assure aux marketeurs une audience particulièrement réceptive à leur message. En effet, tout l'objectif du marketing 2.0 est de susciter une communication volontaire de l'internaute qui devient ambassadeur de la marque en propageant un bouche-à-oreille positif, en recommandant le produit ou le service, en relayant un message, etc. Au final, l'impact sur l'activité de l'entreprise doit être bénéfique. Peu de chiffres existent sur ce sujet, mais Dell a communiqué avoir réalisé plus d'un million de chiffre d'affaires *via* Twitter en 2008.

Au-delà de la relation avec l'internaute-consommateur, c'est la communication même que les marques et les entreprises servent qui doit être modifiée. Il faut renoncer à un message nécessairement publicitaire, et avoir une approche plus objective et peut-être même modeste. Il ne s'agit donc plus de fournir à l'internaute une information publicitaire, mais une information à valeur ajoutée où la marque n'apparaît plus que comme une sorte de métadonnée. C'est une approche qu'a parfaitement comprise Ben & Jerry's. La marque a investi le terrain du commerce équitable et s'est fait porte-parole de ce combat. Le point important à noter ici, c'est que Ben & Jerry's ne communique pas sur le développement durable, mais *parle* tout simplement du développement durable. Sur son blog, la marque écrit des billets sur des initiatives éthiques ou encore lance un concours en partenariat avec Max Havelaar pour faire gagner un brunch équitable (sans même proposer des produits Ben & Jerry's). Bref, la marque se crée un espace de légitimité dans ce domaine, apporte des informations à valeur ajoutée, discute avec les internautes sur le sujet et amène ces derniers à adhérer aux valeurs de la marque.

Le cas de Ben & Jerry's montre bien que le discours par les valeurs fonctionne parfaitement dans cette optique de marketing 2.0. Un autre angle d'approche, qui permet à une marque d'engager les internautes-consommateurs, est celui du contenu nouveau, différent, décalé, provoquant, etc. On retrouve ici des schémas classiques qui permettent de susciter l'intérêt. Mais on peut penser, même si aucune étude ne le prouve encore, que cette approche est moins engageante que celle par les valeurs.

Enfin, la dernière façon de changer le contenu, c'est d'y associer directement la participation de l'internaute (on parle alors d'*User Generated Marketing*). L'internaute conçoit lui-même le message et son contenu. C'est ce qu'a décidé de faire la marque de vêtements Jules, connue pour ses affiches mettant en avant des couples avec la fameux baseline : « Il paraît que les hommes... » La marque a proposé aux internautes de concevoir la prochaine affiche avec la photo d'un couple et une phrase associée, et de leur laisser le choix de l'affiche gagnante en mettant en place un système de vote.

UTILISER LES BLOGS, LE BUZZ ET LE VIRAL

Viral et buzz marketing

Le viral marketing et le buzz marketing sont deux leviers marketing qui s'appuient sur un phénomène de communication qui préexistait très largement à Internet : le bouche-à-oreille. Bien que cette forme de communication, qui est tout simplement l'échange entre au moins deux consommateurs de leur avis ou leurs opinions sur un produit ou un service, ne date pas d'hier, elle a été fortement amplifiée par Internet. En effet, Internet permet de massifier le bouche-à-oreille (le message touche plus de personnes et va plus « loin »), mais aussi de le rendre plus instantané (par exemple, en partageant sur Twitter un avis en direct).

Quelle est alors la différence entre le viral marketing et le buzz marketing ?

- Le viral marketing, c'est une action marketing qui vise à générer suffisamment d'intérêt chez l'internaute pour que celui-ci diffuse librement le message auprès de son réseau de connaissances ;
- le buzz marketing, c'est une action marketing qui vise à susciter fortement l'attention et/ou la réaction par une action ou un dispositif sortant de l'ordinaire, à tel point que les gens en discuteront librement (on dira d'une campagne réussie qu'elle a créé le « buzz », a « fait du bruit » ou simplement a fait parler d'elle, et c'est là tout l'objectif !).

À proprement parler, le viral marketing et le buzz marketing ne sont pas des actions de marketing digital, mais utilisent Internet pour sa capacité à massifier le bouche-à-oreille. Le viral marketing se sert cependant plus spécifiquement d'Internet pour diffuser le message (vidéo virale, e-mail, podcast, etc.) que ne le fait le buzz marketing, qui s'appuie généralement sur des événements « offline » (street marketing, guérilla marketing, etc.) et emploie Internet comme un des multiples canaux de communication à sa disposition (le relais des médias « classiques » est d'ailleurs souvent recherché *via* des actions de relations presse).

Les relations « influenceurs »

Le digital permet d'influencer une perception, une opinion en travaillant dans la durée avec des leaders d'opinion : ces ambassadeurs ou blogueurs influents sont à considérer tout simplement comme des journalistes.

Quelles sont les combinaisons de cette influence[1] ?

- 43 % des blogueurs bloguent **au sujet de marques et de produits.** Pour 60 % d'entre eux, il s'agit d'écrire des billets positifs sur des marques auxquelles ils adhèrent personnellement ;
- 45 % des Français déclarent **faire confiance aux avis et commentaires des consommateurs** en ligne plus qu'à tout autre média ;
- 47 % des consommateurs **recommanderaient un produit ou un service** qu'ils ont vu sur un blog.

Les blogueurs, même s'ils agrègent des audiences plus faibles, sont des relais importants des messages des marques ou des entreprises. Les démarches sont avant tout « inclusives », dans la mesure où elles impliquent ces influenceurs d'une manière plus ou moins forte :

1. Source : Forrester.

- la diffusion de communiqués de presse, en relais d'opinion sur les supports des « influenceurs ». Hormis l'aspect de diffusion en avant-première d'une information, les blogueurs, sursollicités, sont peu sensibles à cette approche ;
- les articles sponsorisés, qui consistent à « garantir » la publication d'un article sur un blog à la demande d'un annonceur. Le blogueur est rémunéré (entre 60 € à 2 000 € l'article en fonction de la popularité du blog) pour la rédaction et la diffusion de l'article, selon des critères d'audience, d'engagement et de qualité du support. Le blogueur reste maître du fond et donne son opinion sur le sujet de la campagne. Cette pratique divise les blogueurs et les marques, et un point d'équilibre semble avoir été trouvé autour de la transparence : le blogueur indique clairement que son « billet » a été payé par un annonceur ;
- la diffusion de vidéos (*Video Seeding*) consiste à diffuser une vidéo publicitaire sur le site ou le blog des audiences thématiques identifiées. Plusieurs formats personnalisables sont disponibles avec un modèle de rémunération à la performance : chaque vue réalisée est rémunérée selon un prix par vue fixé pour chaque campagne ;
- les opérations RP 2.0 « pures » impliquent un ou une sélection de blogueurs dans une démarche exclusive : invitation à un événement (concert, rencontre avec les équipes des annonceurs, voyage touristique), tests de produits ou de services en avant-première, organisation de jeux-concours, etc. La logique consiste à créer un partenariat gagnant-gagnant : les blogueurs disposent d'informations qu'ils pourront relayer à leur lectorat, et cela permet d'initier des conversations positives autour de la marque en question. Par exemple, Renault avait, lors du salon Le Web en décembre 2010, invité une dizaine de blogueurs à participer à l'intégralité de la conférence, et en particulier à l'intervention de Carlos Ghosn sur le lancement du Kangoo ZE ;
- les opérations spéciales et de cocréation sont tous les dispositifs particuliers qui peuvent être mis en place occasionnellement et qui fusionnent activités RP, événementiel, street marketing, etc. : programme « ambassadeurs de marque » sur la durée, sponsoring de jeux-concours, formats de reportage exclusifs. Par exemple, le site Marmiton.org travaille dans la durée avec des blogueuses indépendantes dans le domaine de la cuisine et met cette couverture à disposition des marques.

Avec qui travailler dans le cadre de ces opérations ? Plusieurs acteurs émergent :

- votre *community manager*, mais lui revient la lourde tâche de se créer un réseau d'influenceurs en partant de zéro ;

- les agences spécialisées dans le domaine de l'influence et des RP 2.0 comme We are Social, Heaven, Vanksen, No Site, etc.
- des régies spécialisées, qui ont passé un temps conséquent à identifier, sélectionner, regrouper en thématique et travailler dans la durée avec toute une série de blogueurs en France et à l'étranger : eBuzzing, Buzz-Paradise, BlogBang, etc., pour ne citer qu'eux.

LES OPPORTUNITÉS DE LONG TERME

Il y a trois grandes opportunités pour que les marques s'ouvrent à grande échelle :

- **un accès permanent à un « focus group »** : la mine d'informations disponibles peut nourrir un processus marketing pour détecter des besoins de marché, des attentes « utilisateurs », des sujets d'inquiétude. Un premier pas consiste à mettre en place une capacité d'écoute des conversations avec des outils professionnels comme Synthesio ou Sysomos, pour ne citer qu'eux ;
- **une meilleure anticipation des crises** : la détection des mouvements de conversation permettra aux marques d'anticiper les besoins de communication, et de faire le tri entre « petite rumeur » et « démarrage d'un feu de forêt ». Les entreprises dans le domaine de l'agroalimentaire et de la santé se sont déjà équipées afin de permettre une meilleure détection d'événements qui, mal relatés par la presse, pourraient induire un lien de cause à effet dévastateur (accident et prise de médicament, etc.) ;
- **une proximité de relation entre le prospect et le client à moindre coût** : les marques de produits manufacturés songent déjà (ou ont déjà songé) à migrer leur service client online – e-mail/appels entrants, *community manager*, agent virtuel – pour répondre aux questions de leurs clients. La majorité des tâches pourront, à terme, être automatisées, impliquant une qualité de service à un coût plus faible et très accessible par rapport aux référents actuels de traitement des plaintes de clients.

Zoom sur giffgaff.com

GiffGaff est un opérateur de téléphonie mobile, qui s'est lancé en 2010 sur un marché extrêmement saturé. Il se différencie en plaçant le client au cœur de sa stratégie, comme nul opérateur ne l'a fait avant, et ne commercialise que des cartes SIM (pas de téléphone). Détenant 6 000 abonnés (en moins d'un an, en date de février 2011), il fonctionne avec une équipe de seize personnes. Quand Orange tourne avec plus ou moins un employé pour deux cents abonnés, GiffGaff a un ratio de 1 pour 375. L'avantage de GiffGaff : le coût des forfaits, avec des économies d'échelle dont les clients bénéficient. Comment ? L'opérateur suggère de nouvelles offres, recrute de nouveaux abonnés, prend en charge le support et l'assistance en répondant aux clients qui rencontrent des problèmes, sur un forum dédié (et est rémunéré en crédit d'unités). Certains clients vont jusqu'à passer neuf heures par jour sur ce forum, faisant ainsi le travail des dizaines de conseillers et techniciens qui seraient nécessaires pour répondre à toutes les demandes. Pour ce qui est de la stratégie commerciale et marketing, c'est, là encore, le client qui fait le travail : sur 2 500 propositions envoyées en quelques mois, 240 ont été sélectionnées par l'équipe de GiffGaff ; sur dix nouveaux abonnés, quatre ont été recrutés par des abonnés.

Chapitre 13 ■ Le local

Le « Lo » de SoLoMo désigne un élément de plus en plus clé dans l'expérience digitale : son contexte. De plus en plus de services permettent l'affichage des informations en fonction de l'endroit où le consommateur se trouve : le restaurant, le cinéma, l'opticien, etc., le plus proche.

Cette section a pour ambition de dresser un portrait pragmatique de cette évolution car, le lecteur l'aura compris, le véritable intérêt est de combiner ce type de services avec un mobile qui, par définition, nous suit partout. Un service en ligne comme Google Maps, avec 150 millions d'utilisateurs, enregistre à l'heure actuelle 40 % de son utilisation dans un contexte mobile[1]. Dans un autre registre, une entité média comme leboncoin.fr, lancée en avril 2006 et devenue incontournable (top 10 des sites en France), a pour ingrédients principaux une simplicité d'utilisation et la pertinence « locale » des annonces entre particuliers disponibles (ne voir QUE les annonces de Lyon).

Bref, de Google à Yahoo !, en passant par Facebook, tout devient possible : localiser une adresse, des amis ou se géolocaliser sur des réseaux sociaux préfigure une explosion du marché de 51 % par an entre 2009 et 2014[2].

■ GÉOLOCALISER UN INTERNAUTE

De manière simple, il existe plusieurs façons de « localiser » un utilisateur, et ainsi potentiellement d'adapter l'expérience d'un site ou d'un service.

1. Source : Google, *http://www.cnetfrance.fr/news/150-millions-d-utilisateurs-pour-google-maps-39759117.htm*.
2. Source : Fabernovel/DigitalTrends.

Pour les terminaux fixes (essentiellement les PCs), l'adresse IP (du type 192.168.0.1) et le nœud de raccordement des routeurs et des fournisseurs d'accès à Internet sont privilégiés afin de déterminer un emplacement. La précision de cette géolocalisation descend rarement en deçà de la ville (plusieurs kilomètres).

La plupart des terminaux mobiles, en revanche, utilisent une triangulation et des coordonnées fournies par l'opérateur télécom :

- Je me « géolocalise ». Cela est possible *via* un service de géolocalisation GPS (*Global Positioning System*). Le récepteur GPS, embarqué dans un boîtier ou un téléphone portable, communique avec un réseau de satellites qui lui permettent de connaître ses coordonnées terrestres. Il sait ainsi à tout moment quelle est sa position (longitude, latitude et altitude) avec une précision allant de 5 m à 100 m. L'inconvénient de cette technologie est que cette géolocalisation est soumise aux conditions de réception mobile dans certains milieux urbains ou forestiers, en particulier dans les canyons urbains ou à l'intérieur des bâtiments. Le temps mis par le GPS pour se géolocaliser peut aussi être relativement long. Enfin, tous les téléphones ne sont pas équipés d'un GPS.
- Je « géolocalise » un tiers. Cette technologie est appelée « Cell-ID ». Pour connaître la position d'une personne qui a préalablement accepté d'être géolocalisée, le réseau mobile est sollicité afin de trouver l'antenne à laquelle le téléphone mobile est connecté à l'instant de la requête. Une fois l'antenne identifiée, des échanges entre l'antenne et le mobile sont effectués pour déterminer la distance entre l'antenne et le mobile. Ces données sont ensuite retournées sous forme de coordonnées normalisées de type GPS que l'on peut exploiter avec une solution de cartographie (mapping). La précision dépend de la zone de couverture de l'antenne GSM. L'avantage, c'est que cette technologie fonctionne avec la totalité du parc mobile (smartphones et autres) ainsi qu'à l'intérieur des bâtiments. L'inconvénient, c'est qu'un téléphone ne peut être géolocalisé que s'il a donné son accord préalable. La précision de la géolocalisation est par ailleurs moindre qu'avec la technologie GPS (de 100 m à 300 m en zone dense et pouvant aller à plusieurs kilomètres en zone rurale).

LES ACTEURS DE LA GÉOLOCALISATION

Deux niveaux d'intervenants semblent se distinguer sur ce marché.

Le premier niveau concerne les « services », c'est-à-dire les moyens disponibles pour géolocaliser les individus et permettre de rediriger vers un acteur local de son choix. Le tableau ci-après présente les acteurs principaux/les plus médiatisés, mais ne se veut en aucun cas exhaustif.

GOWALLA	Premier réseau en son genre, l'objectif est de se géolocaliser et de se « checker » pour indiquer à ses amis où l'on est. Un système de biens virtuels récompense les utilisateurs les plus actifs avec des pin's, des badges.
FOURSQUARE (1 MILLION D'UTILISATEURS EN FRANCE)	Il s'agit d'une application de réseau social de jeu et de microblogging téléchargeable gratuitement. Le but de Foursquare : visiter le plus d'endroits pour gagner des points et des badges, et devenir « maire » (« mayor ») de chacun de ces lieux. En vous géolocalisant *via* l'application, vous partagez vos données et, en retour, vous recevez des bons plans ou des conseils d'utilisateur du lieu où vous êtes. Par exemple, chez Starbucks, les maires bénéficient de réductions.
FACEBOOK PLACES/LIEUX	Facebook permettait de partager sa position avec ses amis, de découvrir les autres utilisateurs, mais aussi de commenter. Les utilisateurs pouvaient encore rencontrer leurs amis qui n'étaient pas loin d'eux. Peu utilisé, Facebook a arrêté ce service en août 2011.
QYPE	Qype permet de découvrir des milliers de bonnes adresses dans plusieurs pays/villes grâce aux recommandations des membres de la communauté : tout le contenu est généré par les internautes, l'utilisateur a donc accès à l'ensemble des commentaires.
GOOGLE ADRESSES	Ce service Google invite les utilisateurs de Google Maps à donner leur avis sur les adresses qu'ils connaissent pour bénéficier de recommandations encore plus pertinentes. Bref, un nouveau Pages Jaunes avec le contenu de Qype…

Le second concerne les « destinations », c'est-à-dire les acteurs qui ont pour vocation de conserver le trafic local pour y faire notamment une transaction.

GROUPON	C'est l'entreprise qui a le taux de croissance le plus fulgurant de toute l'histoire du business. Le principe : la force collective de plusieurs membres de communautés localisées permet d'accéder à un deal par jour, généralement – 75 % de réduction. Plus de 3,5 millions d'utilisateurs en France depuis son lancement en décembre 2009.
LIVING SOCIAL	Une offre différente de celle de Groupon. Des offres au quotidien en géolocalisé, mais avec une dimension « sociale ». Après l'achat du deal, l'acheteur reçoit un lien à partager. Si trois de ses connaissances achètent le deal *via* ce lien, le deal lui est offert.
YAHOO ! LOCAL OFFERS	Ce sont des offres locales, proposées aux utilisateurs. Ces informations sur les commerçants sont des coupons de réduction et affichent les offres promotionnelles en cours dans les magasins du quartier localisé. Par rapport aux autres applications de réseaux sociaux géolocalisés, Yahoo ! offre un contenu local, utile pour les consommateurs, sans avoir besoin de devenir maires ou autre.

QUELLES OPPORTUNITÉS POUR LA GÉOLOCALISATION ?

Cet avancement « local » offre de nouvelles opportunités de marketing digital.

En premier lieu, améliorer votre référencement naturel « local ». Le premier chapitre de la partie 3 vous a présenté les notions de référencement, et notamment de référencement universel : toute présence physique se doit d'être inscrite/renseignée *a minima* sur un Google Adresses, puisque les informations contenues apparaissent au fur et à mesure dans les résultats de recherche disponibles aux utilisateurs. Cette considération implique :

- d'indiquer l'adresse et le numéro de téléphone de votre entreprise au minimum sur la page d'accueil du site ;
- de créer autant de pages Web que d'adresses « physiques » de vos points de vente, en particulier si votre activité est proche d'une activité de « réseau » ;
- de soumettre le site ou la page locale dans des annuaires et des sites locaux : chambre de commerce et d'industrie, mairie, associations, avec des ancres de liens géolocalisées incluant le nom de la ville, du département ou de la région ;
- d'inciter les visiteurs et les clients à laisser des commentaires sur votre page Google Adresses ou Qype : quoi qu'en dise Google à ce sujet, les commentaires (bons ou mauvais) sont un critère important pour positionner une fiche Google Maps.

En deuxième lieu, améliorer votre attractivité. Plus votre point de vente sera accessible et aura de bons commentaires sur les différentes plates-formes, plus il sera jugé comme attractif.

Enfin, il existe un vrai champ de possibles en termes d'animation de point de vente :

- créer des actions promotionnelles pour les nouveaux consommateurs ou les habitués (démarche de fidélisation) ;
- cibler les messages en fonction du réseau utilisé et des usages ;
- récompenser les utilisateurs qui amènent d'autres personnes ;
- récompenser l'acte de laisser des commentaires sur votre activité.

Nous avons souhaité isoler un exemple d'exploitation pragmatique de ce type de service, alliant « communauté » et « localisation », avec la marque Coolhaus.

Zoom sur Coolhaus[1]

Coolhaus est un traiteur local aux États-Unis qui ne dispose que de camionnettes pour distribuer ses produits : sandwichs, glaces, etc. L'entreprise connaît à l'avance l'emplacement des camionnettes dans les villes ciblées (principalement Los Angeles, Austin et New York). *Via* les réseaux sociaux, elle cherche et identifie un influenceur local – quelqu'un qui a beaucoup d'amis dans la localité proche. Un coupon de réduction d'un montant important lui est offert, et il lui est demandé de faire savoir à l'ensemble de ses relations, *via* Twitter ou Facebook notamment, que le camion Coolhaus passera dans le voisinage indiqué.

1. Source : *http://eatcoolhaus.com*.

Chapitre 14 ■ Le mobile

Une section « mobile » a volontairement été isolée dans cet ouvrage afin de permettre au lecteur de prendre conscience d'une révolution en marche :

- **une ubiquité totale** : l'usage d'Internet *via* des terminaux mobiles va habituer le public à l'accès permanent à la Toile et à ses contenus. Cette ubiquité implique également une exigence pour que les marques soient disponibles 24 heures/24 pour toute demande d'information, de produits, etc.
- **une instantanéité totale** : le mobile deviendra l'extension de nos manifestations d'humeur, plus négatives que positives. Une queue trop longue en point de vente, le mauvais conseil d'un spécialiste, etc. seront immédiatement communiqués, déployés et archivés, et influenceront notre cercle de proches de manière pérenne ;
- **une personnalisation totale** : ce sera la bonne information de ses pairs, au bon moment, individualisée. Cela va au-delà d'une contextualisation de la réputation d'une marque par rapport à ses investissements publicitaires (*via* TV et accès à Internet par exemple). Le meilleur exemple de cette personnalisation concerne l'application disponible sur iPad Flipboard qui, à partir de flux Twitter, crée un magazine entièrement personnalisé pour l'utilisateur.

■ POURQUOI MAINTENANT ?

D'ici à 2013, Google prédit qu'il y aura plus de requêtes émanant de terminaux mobiles que de terminaux fixes. Des sites comme Facebook enregistrent déjà 35 %[1] de leurs connexions quotidiennes *via* l'application mobile dédiée, les utilisateurs depuis un mobile étant deux fois plus actifs. L'enjeu

1. Source : Facebook, avril 2011.

est tel qu'à l'heure où nous écrivons ces lignes, après avoir racheté la régie mobile AdMob en 2009, Google a procédé au rachat de la division mobile de Motorola pour un montant de 11,5 milliards dollars, afin de garantir la propagation de son système d'exploitation mobile Android.

La combinaison de plusieurs facteurs explique l'arrivée à maturation d'un Internet mobile haut débit et constamment connecté :

- c'est plus facile : un équipement en masse des utilisateurs qui disposent de terminaux adaptés. Le 29 juin 2007 aux États-Unis, le 28 novembre en France, Apple lançait l'iPhone, un smartphone nouvelle génération doté d'un large écran tactile, avec système de navigation Internet, de photos, inclus. Le 28 mai 2010 en France, l'iPad était lancé, allant devenir le produit avec le taux de croissance et de volume de distribution le plus important dans toute l'histoire de l'électronique grande consommation. En janvier 2011, 6 millions d'iPhone et d'iPod touch étaient en circulation, et près de 800 000 iPad[1]. Sur l'ensemble du marché (Blackberry, Nokia, etc.), les smartphones représentent quasiment 30 % des volumes des terminaux en circulation[2] ;
- c'est plus rapide : un débit offrant un confort d'utilisation au meilleur coût. Le lancement des offres Internet illimitées à haut débit (3 G) depuis un terminal mobile et l'équipement permettant de se connecter sur les réseaux ADSL en relais *via* WiFi ont complètement stimulé les usages ;
- il y a plus de contenus et de services *via* le lancement des applications : 425 000 applications approuvées par Apple en mai 2011, 250 000 sur Android, le système Google. L'utilisateur peut couvrir tout son panel d'utilisation, entre les réflexes traditionnels (Pages Jaunes est dans le top 10 des applications les plus téléchargées en France[3]) et de nouveaux réflexes (Facebook, jeux en ligne, etc.).

La convergence de ces trois combinaisons a un effet non anticipé : 60 % des usages sur un smartphone de dernière génération sont nouveaux (jeux en ligne, utilisation d'applications, utilisation des cartes, des réseaux sociaux). Seulement 40 % sont dédiés à l'utilisation « classique » (texte et voix)[4].

1. Source : Le Journal du Net.
2. *Idem.*
3. Source : Pages Jaunes.
4. Source : Apps Fire, janvier 2011.

LES OPPORTUNITÉS DU MOBILE

Les opportunités sont considérables pour un e-marketeur : un tiers des Français utilisent l'Internet mobile, mais le marketing mobile ne représente que 1 % des investissements publicitaires (fin 2010).

Les opportunités de contacts

Le site « mobile »

Les utilisateurs souhaitent retrouver leurs marques préférées sur le mobile. Pour rendre sa marque accessible à tout moment, le e-marketeur peut développer un site mobile dédié. Au-delà d'une adaptation du site Web existant, l'expérience mobile tient compte d'une taille d'écran réduite et d'un comportement « utile » (prise de contact, informations sommaires). Les principaux atouts du site mobile sont :

- un seul développement et un déploiement immédiat pour toutes les plates-formes (il suffit que le smartphone soit équipé d'un navigateur Internet) ;
- une indépendance financière vis-à-vis des « *application stores* » ;
- une transparence des mises à jour et une promotion du Web.

L'usage du site mobile se distingue par un accès *via* une URL de type mobile.xxx.com ou xxx.mobi, voire spécifique à l'iPhone : iPhone.xxxx.com, et par un référencement dans les moteurs de recherche tels que Google et Bing. Cependant, le référencement, ainsi que la possibilité de rediriger l'utilisateur vers le site Web standard, et inversement, restent des points très importants pour les sites mobiles. Flash n'est pas lisible sur un navigateur Safari (iPhone). C'est pourquoi des navigateurs payants comme Skyfire ont fait leur apparition pour pallier cette carence.

Trois types de sites mobiles sont disponibles :

- développer un site mobile standard, avec une démarche proche de la construction d'un site Web (outil de gestion d'édition de site mobile ou production « statique » en XHTML) ;
- développer un site spécialement conçu pour iPhone ;
- développer un site « touchscreen », adapté pour les dernières générations d'iPhone en exploitant le langage HTML5.

La sollicitation SMS/MMS

Le SMS est toujours, à ce jour, la seule possibilité de message standardisé à destination des utilisateurs ; il est au mobile ce que l'e-mail est au PC (avec la contrainte de 160 caractères maximum). L'annonceur peut déployer des campagnes de marketing direct en mode « *push* » en direction des clients consentants (*opt-in*). Ces messages peuvent être des SMS, des MMS (cliquables ou non), des *Wap push* (messages mobiles cliquables) ou des e-mails mobiles. Multimédia et animé, le MMS délivre un message plus complet qu'un SMS et nourrit l'image de la marque grâce à un graphisme élaboré.

Pour ses campagnes mobiles push, l'annonceur peut :

- exploiter sa propre base de données en proposant à ses clients et ses prospects de s'inscrire à des programmes de fidélité, de participer à des jeux-concours, de recevoir des offres promotionnelles, etc.
- louer des bases de données qualifiées et régulièrement actualisées de numéros mobiles ayant autorisé leur sollicitation (« opt-inés »). Approximativement 4 millions de contacts (en SMS, 1 million pour des campagnes MMS), principalement constitués par les opérateurs, sont disponibles.

Le coût au contact est cependant plus élevé que l'e-mail. Le coût d'une campagne mobile se divise comme suit :

- frais fixes entre 1 000 € et 4 000 € de mise en service ;
- entre 0,30 € et 0,40 € par contact pour une campagne SMS, et entre 0,60 € et 0,65 € pour une campagne MMS – alors que l'e-mail coûte de 0,20 € à 0,60 € pour l'e-mailing (location + envoi).

Le parcours proposé à l'utilisateur peut être multiple :

- lecture simple du message ;
- clic sur un lien pour accéder à un site mobile. Selon l'AFMM, plus de 20 % d'utilisateurs ayant déjà reçu un SMS avec un lien (pour découvrir un nouveau produit, accéder à une offre promotionnelle, participer à un jeu...) se sont connectés ;
- clic sur un lien pour appeler un numéro de téléphone (*click to call*) ;
- ou répondre par SMS ou MMS.

Toute campagne suit une règle identique à l'e-mail concernant l'*opt-out* : « STOP SMS, tapez stop. »

Les opportunités médias

La richesse des contenus disponibles sur mobile a permis la création d'un inventaire de diffusion riche et de formats standardisés. Multimédias, ils délivrent tous types de contenus, notamment audiovisuels, en téléchargement ou en streaming. Ils ne sont pas toujours cliquables, en particulier quand la publicité mobile poursuit un objectif d'image de marque positive et de notoriété.

Deux principaux formats publicitaires mobiles dominent actuellement :

- les mots-clés (ou « *search* ») : l'annonceur achète des mots-clés sur les moteurs de recherche de l'Internet mobile, exactement dans la même logique de référencement payant évoqué dans le chapitre 8. Au-delà des possibilités de géolocalisation plus fine, la différence notoire entre le référencement payant mobile et PC concerne l'affichage en annonce du numéro de téléphone : l'utilisateur ne cliquera pas forcément sur l'annonce pour découvrir le site mobile. En revanche, il décidera peut-être d'entrer directement en relation avec la marque (prise de rendez-vous, appel du service consommateur, etc.) ;
- l'affichage (ou « *display* ») : bannières et liens hypertextes sont placés sur les portails mobiles des opérateurs, sur des sites mobiles ou à l'intérieur même des applications des principales entités (type application du Figaro). Dans la même logique que le chapitre 8 de la partie 3, ces formats sont vendus principalement au CPM (coût pour mille), entre 10 € et 50 € bruts selon les sites, les formats et les emplacements. La commercialisation des espaces publicitaires mobiles est en général confiée à une régie publicitaire mobile. Le lecteur remarquera que les prix de vente sont plus chers que l'Internet classique, pour la simple et bonne raison que c'est un média plus performant : le taux de clics généré par une campagne sur mobile atteint de 1 à 15 %, contre 0,2 à 1,5 % sur Internet[1]. Ces taux de clics supérieurs s'expliquent également par des possibilités de ciblages beaucoup plus fins : affinitaire, contextuel, comportemental, en temps réel, géolocalisation précise.

La maturité grandissante du média a permis aussi l'éclosion en 2010 de réseaux d'affiliation sur mobile, le réseau principal étant Mobile Partner. L'action rémunérée suit la nature même de la navigation mobile : un téléchargement, le renseignement d'un formulaire et, à terme, la vente depuis un terminal mobile.

Les opportunités relationnelles et de contenus

Créer une application

Popularisées par l'iPhone, les applications mobiles sont en plein essor et peuvent constituer un nouvel outil marketing au service des annonceurs. Ces applications permettent de créer un nouveau type de relation, que nous pouvons catégoriser de deux manières :

1. Source : AFMM.

- *« time killing »* : nous sommes dans le domaine du divertissement. La marque propose un produit ou un service permettant de passer son temps, *via* un jeu ou une application ludique ;
- *« time saving »* : nous sommes dans le domaine de l'utilité. La marque propose un produit ou un service permettant d'améliorer/faciliter le quotidien de son utilisateur.

Les premières études indiquent qu'en moyenne un utilisateur d'iPhone (terminal de référence en France) possède 33 applications.

Les applications offrent des possibilités graphiques et multimédias enrichies, qui assurent une expérience utilisateur optimale, dans un objectif de communication ou relationnel. Leur conception est complexe pour deux raisons :

- la nouveauté de l'environnement. L'écran n'a rien à voir avec les référents « PC », ainsi que les possibilités d'interaction, notamment avec la fonction de géolocalisation. La conception de parcours dans une application est d'une infinie précision et nécessite la réalisation de l'ensemble des écrans pour assurer un parcours fluide ;
- les problèmes de compatibilité : les applications doivent non seulement être adaptées à la variété de terminaux mobiles en circulation, comme les sites mobiles, mais leur développement dépend également du système d'exploitation et du langage de programmation (iPhone, Google Android, Windows Mobile, Symbian, Flash Lite...) de chacun de ces terminaux.

Le choix de proposer une ou plusieurs applications mobiles doit donc être soumis à réflexion. L'éditeur doit d'abord s'interroger sur les objectifs, les fonctionnalités et les services à délivrer *via* son application mobile, du fait de leurs contraintes de développement : coûts et délais de développement plus élevés, compatibilité avec les terminaux mobiles plus limitée, etc.

Les principaux avantages d'une application sont un format complètement adapté au mobile, une plus grande facilité d'utilisation, un fonctionnement en mode déconnecté (pas besoin de connexion Internet pour fonctionner, sauf s'il faut réaliser une mise à jour de données), et enfin la possibilité de monétiser une application.

La réalité augmentée

La réalité augmentée correspond à la technologie qui rend possible la superposition d'un modèle virtuel 3 D ou 2 D à la perception qu'un utilisateur a de la réalité, et ceci en temps réel. Le terme de « réalité augmentée » désigne les différentes méthodes qui permettent d'incruster de façon réaliste des objets virtuels dans une séquence d'images. Les domaines d'application sont très larges. Ce sont surtout les domaines des petites annonces et l'univers touristique qui ont développé ce genre de service afin de contextualiser le plus possible les contenus disponibles.

Exemple d'application de réalité augmentée dans l'immobilier

Source : l'application iPhone de « Meilleurs agents ».

Même si des applications comme Layar tendent à en démocratiser l'usage, la technologie n'a pas encore atteint de masse critique. Le cabinet Gartner prédit qu'en 2012 entre 150 et 200 millions de mobinautes utiliseront la réalité augmentée (moins de 10 % de pénétration approximativement), et que d'ici à 2014 plus de 30 % des possesseurs de mobiles se serviront de cette technologie comme moyen supplémentaire de contextualiser des informations utiles.

Référencer une application

À sa finalisation, chaque application est soumise à l'approbation de la place de marché : pour l'App Store, compter entre 2 et 3 semaines de délai de validation, délai à partir duquel un montant de référencement initial est demandé à l'annonceur (300 $ approximativement), ainsi qu'un pourcentage des ventes pour chaque téléchargement si l'application est payante (30 % sur l'App Store).

Les applications, au sein des places de marché respectives, possèdent une visibilité relative. La marque rend un lien vers l'application visible depuis son site Internet ou depuis des campagnes de stimulation de téléchargement *via* SMS + (voir plus loin).

Sur l'App Store, trois critères sont pris en compte concernant la visibilité de l'application :

- le titre : il doit être le plus explicite possible ;
- le prix : il est recommandé de pratiquer un prix faible, généralement inférieur à 1 € ;
- l'icône, véritable effort de *merchandising* à part entière, doit être suffisamment descriptive pour comprendre la nature de l'application.

L'objectif de référencement pour toute application est le top 5. Sur l'App Store, le classement par catégorie et le nom de l'application sont des éléments-clés pour se positionner. La mise en avant de l'application passe également par le montant des téléchargements des quatre derniers jours (d'où le conseil de lancer son application plutôt le week-end), et potentiellement les avis et les notations des utilisateurs. Attention : chaque mise à jour de l'application entraîne l'effacement des avis disponibles sur la version précédente.

Le référencement sur Android Market est plus complexe à appréhender, car il repose sur l'appréciation d'une dynamique stable de la popularité de l'application. Les critères pris en compte sont les suivants :

- la nature et le nombre de votes ;
- le taux d'installations/désinstallations ;
- les statistiques d'usage de l'application ;
- le taux de croissance ainsi que la continuité de la croissance des téléchargements.

Les opportunités promotionnelles

On-pack via *code 2 D ou code à barres EAN*

Le QR code/code 2 D/Flashcode (plusieurs technologies sont disponibles) est un code-barres à deux dimensions qui permet de stocker des informations numériques (textes, adresses de sites Web, etc.). Il peut être déchiffré à partir d'un téléphone mobile équipé d'un appareil photo et du lecteur approprié (application). Imprimé sur un support (type annonce presse) ou placé dans l'environnement urbain, il permet à un utilisateur d'accéder directement à un site mobile proposant plus d'informations.

Exemple de QR code pour l'URL du site mobile Wikipédia en anglais

Comment ça marche ? Il y a trois étapes :

- le scan : l'utilisateur scanne le code-barres grâce à l'appareil photo de son téléphone mobile. Il prend la photo ;
- la reconnaissance : l'application (QR code, Damatrix, Shotcode, Colorzip, etc.) reconnaît le code-barres ;
- l'accès : la reconnaissance permet à l'utilisateur de se connecter à un site mobile, d'envoyer un SMS, un MMS ou un e-mail, de lancer une vidéo ou de télécharger un coupon.

Au-delà de l'image innovante, le principal frein pour l'instant concerne le parcours client : il n'existe aucun standard de codes, et l'utilisateur est obligé de télécharger une application au préalable lui permettant de lire le code-barres 2 D ou un code à barres (EAN). On estime que seuls 30 % des smartphones disponibles en circulation sont équipés en lecteur de code-barres. Potentiellement les campagnes ne touchent que 9 % de la population « mobile », une audience encore trop « niche » par rapport aux investissements nécessaires.

La reconnaissance d'image

La reconnaissance d'image permet d'accéder à du contenu en ligne en prenant une simple photo d'une image ou d'un objet. Cette technique s'effectue *via* une recherche dans une base de données détenue par le prestataire de l'application de reconnaissance d'image.

Comment ça marche ? Il y a trois étapes :

- le « scan » : l'utilisateur photographie le produit avec une application générique ou spécifique ;
- la reconnaissance : l'application (type Google Goggles, Usnap de JCDecaux) se connecte au serveur et analyse la photographie ;

- l'accès : la reconnaissance permet à l'utilisateur de se connecter à un site mobile, d'envoyer un SMS, un MMS ou un e-mail, de lancer une vidéo ou de télécharger un coupon.

Bluetooth

SMS, MMS, Visio +

Les services SMS + et MMS + consistent pour un utilisateur à agir ou à réagir en envoyant un mot-clé par SMS ou un contenu par MMS à un numéro à cinq chiffres. L'utilisateur reçoit en retour un autre message lui délivrant le contenu mobile désiré ou le connectant au site mobile de l'annonceur. Pour le consommateur, ce SMS + ou MMS + peut être gratuit (hors coût d'envoi du SMS/MMS envoyé) ou payant (surtaxe variant entre 0,05 € et 4,50 € TTC). Dans ce cas, il est débité sur sa facture mobile. L'annonceur poursuivant un objectif marketing opte le plus souvent pour un palier tarifaire gratuit ou légèrement surtaxé afin de couvrir le coût de sa campagne.

Les utilisateurs ont également la possibilité d'accéder à un service Visio + en appelant un numéro court à cinq chiffres (en « appel visio » ou « appel vidéo ») depuis leur téléphone mobile 3 G ou 3 G +. Ces numéros sont issus du même plan de numérotation que les services SMS + et MMS +, ce qui permet aux éditeurs de mutualiser un service Visio + et un service SMS + sur un même numéro. Quels services sont proposés ?

- consultation de vidéos d'information : actualités, trafic, enneigement des stations de ski, état de la mer sur les spots de surf ;
- consultation de vidéos ludiques : courtes séries TV, démo de jeux, bandes-annonces, clips ;
- invitation à des sites communautaires ou personnels : *uploader* une vidéo à partager, personnaliser un profil avec une vidéo, mettre à jour un blog, créer un album photo en ligne ;
- support client : contact avec un service client, astrologie, tutoriaux en ligne ;
- jeux : services ludiques basés sur l'enregistrement de vidéos, jeux interactifs.

Les opportunités commerciales

Le m-commerce est une réalité. eBay, en 2010, a réalisé plus de 1,5 milliard dollars (pratiquement 10 %) de chiffre d'affaires *via* ce canal, essentiellement à destination des clients existants, habitués des procédures d'enchères (suivi instantané, etc.).

La grande majorité des *pure players* Internet dispose d'une présence commerciale mobile : Spartoo, Voyages-SNCF, etc. La première a été celle de la Fnac, avec l'application Fnac Live pour la vente de tickets de concert. Le principe : poser un pied dans ce nouveau canal de distribution, à mesure que les comportements évoluent. L'adage veut effectivement qu'un client, si la marque de son choix n'est pas disponible dans le canal souhaité (PC, téléphone, vente à distance, etc.), choisisse de « passer commande » auprès d'une autre marque.

Le m-commerce n'en est qu'à ses prémisses. Des efforts de simplification de parcours sont faits pour permettre aux utilisateurs de « passer à l'acte ». En France, la solution Micro Paiement Mobile & Enablers (MPME) permet de facturer en deux clics, *via* la facture de l'opérateur mobile, les services et les contenus des sites Internet mobiles, du Web et des applications mobiles. Les 61 millions de clients mobiles peuvent ainsi procéder à leurs achats sans création de compte, ni nécessité de posséder une carte bancaire. Les contenus et les services peuvent être proposés « à l'acte » (jusqu'à 8 €) ou « à l'abonnement » (jusqu'à 10 € par mois) sans engagement et avec une tacite reconduction.

Des initiatives encore plus fascinantes ont vu le jour dans cette logique de commercialisation. Aux États-Unis, la start-up « Square » permet, *via* un ajout de périphérique, à n'importe quel iPhone 3 GS et au-dessus, de devenir un terminal de paiement/lecteur de carte bancaire. Amazon a également lancé son application mobile permettant, à partir d'un scan de code-barres depuis n'importe quel point de vente, la comparaison immédiate des prix avec le produit en question sur Amazon, et la possibilité de passer commande : une belle réussite d'acquisition de prospects « mûrs ».

Partie V

Mesurer et analyser

Le marketing digital a ouvert une boîte de Pandore concernant l'audit, la mesure et l'optimisation des actions marketing *via* l'analyse des nombreuses données statistiques disponibles. Une discipline a émergé depuis quelques années : le Web analytics.

Cette partie n'a pas pour ambition de former le lecteur à cette discipline : de nombreux ouvrages de qualité existent[1] comme avancée majeure sur le sujet.

En revanche, il est important de doter le e-marketeur de la « culture data » nécessaire pour :

- calibrer des indicateurs-clés de performance synthétiques et utiles, afin de donner des visions claires aux directions marketing et aux directions générales, à mesure que le digital prend de l'ampleur dans l'activité de chacun des annonceurs ;
- faire en sorte que les équipes ou les partenaires en place puissent établir leur *reporting* et leurs optimisations en fonction de ces résultats.

Car le danger réside là : une collecte trop importante qui fournit une masse d'informations quantitatives non analysées, qui finissent par nuire au bon pilotage des actions marketing qui font sens. En phase d'apprentissage, le Web analytics tend souvent à livrer des présentations PowerPoint interminables, et qui ne communiquent pas les résultats probants que devrait suivre n'importe quel directeur marketing.

1. Ne citons que Nicolas Malo et Jacques Warren, *Web Analytics*, Eyrolles, 2009 ; Thomas Faivre-Duboz et Raphaël Fétique du cabinet Converteo, *Web Conversions*, Dunod, 2010 ; et l'ouvrage (et blog) d'Avinash Kaushik, *Web Analytics : An Hour a Day*, John Wiley & Sons, 2007.

Chapitre 15
La culture data

Le marketing digital est une discipline très analytique, issue des réflexes du marketing direct. Il est du ressort de chaque intervenant d'être finalement aussi à l'aise dans l'exercice créatif que dans celui de la définition des indicateurs de performance, la récolte des données et l'interprétation qui peut en être faite.

Il existe trois grandes sources de données :

- **les données déclaratives** : ces données marketing permettant de qualifier un individu sont obtenues à partir d'un processus déclaratif (formulaire Web, formulaire papier, entretien en face à face ou par téléphone, etc.). Elles posent parfois un problème de fiabilité, notamment lorsque l'individu est plus ou moins « forcé » ou « incité » à transmettre les données sur un formulaire Internet ;
- **les données comportementales** : ces données marketing permettant de qualifier un individu sont obtenues à partir de l'observation d'un comportement avéré. Un historique de navigation d'un site, un clic sur un lien, un volume de trafic sont des exemples de données comportementales. Elles soulèvent moins de problèmes de fiabilité que les données déclaratives car elles proviennent normalement d'un comportement constaté ;
- **les données transactionnelles** : ce sont les données marketing issues des transactions entre un individu et une organisation, que ce soit des interactions marchandes (achats, montant, etc.) et/ou de fidélisation (consommation de points de fidélité, etc.).

Le croisement de ces données-clés ouvre la voie à la notion de « *business intelligence* » ou encore « *datamining* », qui permet d'apporter des éclairages nécessaires aux comportements de consommation, voire de les prédire. Par exemple, pour un acteur comme la Fnac, il s'agit de techniques qui vont traiter et analyser les grandes masses d'information consécutives à l'activité (en magasin, sur le site de la Fnac, sur les réseaux sociaux...).

Résultat de ce croisement ? Le *datamining* va permettre de proposer à un client le tome 2 d'une série dont il a déjà acheté le premier volume, ou des téléviseurs à des clients qui sont équipés de vieux postes (donc incompatibles avec la TNT sans décodeur).

Face à ces nouvelles possibilités d'analyse, il est impératif que tout e-marketeur soit « bilingue » en lecture de tableaux de bord et d'analyse de données. Pour avoir ainsi le potentiel de réaliser le rêve de tous les responsables marketing qui vont pouvoir personnaliser leur campagne ou leur offre en fonction d'une connaissance extrêmement fine des clients.

Quel langage adopter ? Celui des indicateurs-clés de performance, que nous verrons au fur et à mesure de la lecture de cette section de l'ouvrage. Sur l'ensemble de ces points, l'erreur fondamentale consiste à raisonner en valeur absolue, et non relative : tout indicateur n'est valable que si son évolution peut être mesurée dans le temps, s'il peut être comparé avec des périodes précédentes de satisfaction et si une certaine caractérisation du contexte peut être apportée (type de clients, type de prospects, etc.).

Chapitre 16

Auditer une situation de marché

Le principe est simple : avec un taux de pénétration Internet de 67 % en 2010, un e-marketeur dispose de données comportementales qui lui permettent de faire un état des lieux d'une situation de marché ou de marque.

MESURER LA SAISONNALITÉ, LES TENDANCES ET LES PARCOURS D'ACHAT

Google propose une série d'outils en ligne – tous gratuits – permettant d'accéder de manière complémentaire aux données issues des requêtes saisies dans le moteur de recherche. Pour les utiliser à leur plein potentiel, il suffit au lecteur de créer un compte Google. Le lecteur dispose d'un nombre conséquent de vidéos en ligne pour découvrir un usage pertinent de ces outils, donc nous tenterons avant tout d'indiquer les avantages de leur utilisation et le type d'information qu'ils permettent de déterminer. Enfin, l'ensemble de ces outils n'est pas fiable à 100 % (de l'aveu de Google lui-même, des erreurs de classification ou de prévision peuvent se produire), mais ils permettent de dégager des tendances solides dans une perspective d'« audit ».

Les deux premiers outils concernent « Google Trends » et « Google Tendances de recherche ». Google Trends permet de connaître la fréquence à laquelle un terme a été tapé dans le moteur de recherche Google, avec la possibilité de visualiser ces données par région et par langue. Présenté sous forme de graphique, l'abscisse indique l'échelle de temps année par année, démarrant en 2004, et l'ordonnée indique la valeur de la fréquence de recherche d'un ou de plusieurs termes. Une des fonctionnalités de Google Trends est la présentation d'articles d'actualité associés directement aux pics de popularité du mot-clé. Ces données ne sont pas compilées en temps réel, il existe un décalage d'environ trente jours.

Google Tendances de recherche permet d'analyser les habitudes des internautes qui effectuent des recherches sur le célèbre moteur de recherche. Pour aller plus en détail, l'outil calcule le nombre de recherches sur les mots-clés entrés par rapport au nombre total de recherches effectuées sur Google au cours de la même période. Vous pouvez choisir de consulter des données provenant de sites Google spécifiques, y compris Recherche sur le Web, concernant des images, des recherches produits ou des recherches d'actualités. L'outil est, par nature, sensible au caractère près à l'orthographe et reflète les habitudes de saisie des internautes, qui utilisent de moins en moins les caractères spéciaux (accents, etc.) pour qualifier leur recherche.

Voici un exemple d'utilisation de cet outil pour les marques automobiles Renault, Peugeot et Citroën.

Tendances de recherche pour Renault, Peugeot et Citroën

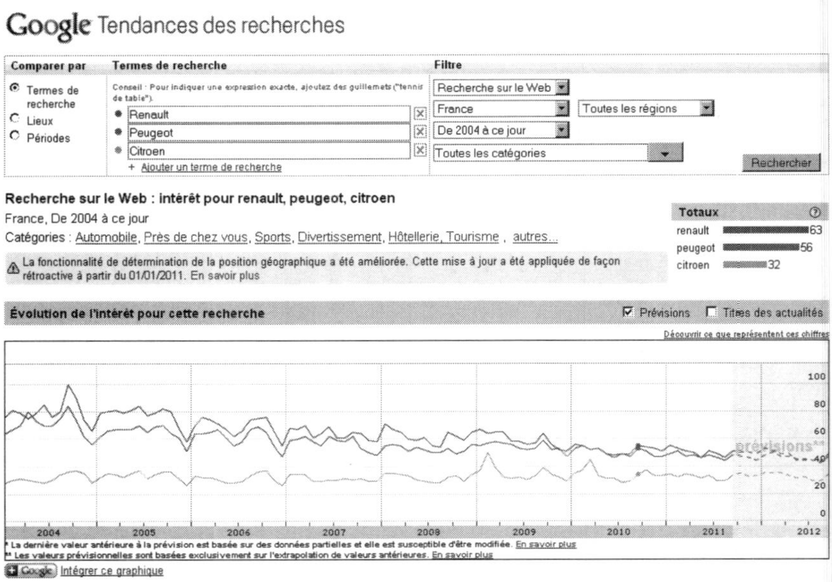

Trois types de résultats sont disponibles :

- une représentation graphique du volume de recherche, indiquant l'intérêt généré par les termes saisis au fil du temps, sur une échelle indicative de 0 à 100. Cette échelle représente un index de pondération, et non un volume précis de requêtes. Dans notre exemple, si l'index est à 48 pour Citroën, Renault dispose d'un volume 1,8 fois plus élevé à 84, ce qui semble logique au regard de sa part de marché et du volume d'investissements publicitaires supérieurs à ceux de Citroën ;

- une cartographie des « points d'intérêt » représentant de façon graphique l'index du volume de recherche dans le monde, ou dans un pays en particulier avec les régions, les villes et les agglomérations définies ;
- une première typologie des recherches les plus populaires, exploitant la notion d'index, et les requêtes en forte progression, constatée sur la dernière période et exprimée en pourcentage de progression. Si nous conservons Renault dans notre exemple, nous constatons que les voitures d'occasion sont les plus recherchées, et que la Renault Clio semble être le modèle le plus recherché. Précision : ces termes de recherche sont déterminés par « relativité », en examinant les recherches ayant été effectuées par un groupe important d'internautes, avant et après le terme de recherche spécifié. La présence du terme Peugeot est naturelle dans cette liste, cela indique tout simplement qu'après avoir saisi et découvert le catalogue de véhicules Renault, une majorité d'utilisateurs décide de découvrir celui de Peugeot ou de consulter les voitures d'occasion sur « La Centrale » (colonne recherches en progression).

Recherches les plus fréquentes associées à la recherche « Renault »

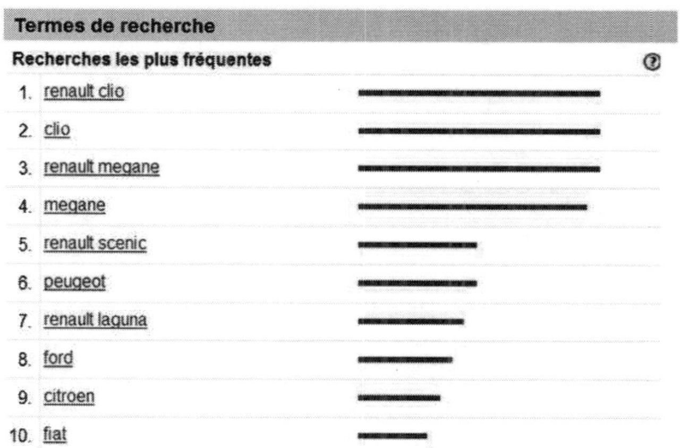

En somme, les résultats obtenus permettent :

- de déterminer une saisonnalité – ou non – de recherche, et ainsi de corréler ce comportement à une saisonnalité commerciale. Dans notre exemple automobile, force est de constater un lissage relatif des requêtes de recherche, et donc des ventes de véhicules hors contexte de promotions commerciales particulières ;
- de figer l'impact d'une pression publicitaire particulière – TV, radio, etc. – qui justifierait d'un pic de recherche d'une marque ou d'un produit. Par exemple, lors de l'évocation du cas « Compare the market », Google

Trends permet de figer les évolutions en termes de nombre de requêtes saisies entre juillet 2007 et juillet 2009 ; le lecteur constatera l'effet de la campagne de janvier 2009 ;

- de dresser les premières caractéristiques d'un parcours de recherche, avec une vue de la « sémantique » utilisée par les internautes. Le poids de la marque est important, tout comme le sont les requêtes fines ou de « longue traîne » précédemment évoquées. Ce type d'enseignement permet d'orienter les contenus à mettre en ligne ou les services à déployer pour continuer à attirer prospects et clients.

Comparaison du trafic de deux sites Internet grâce à Google Trends

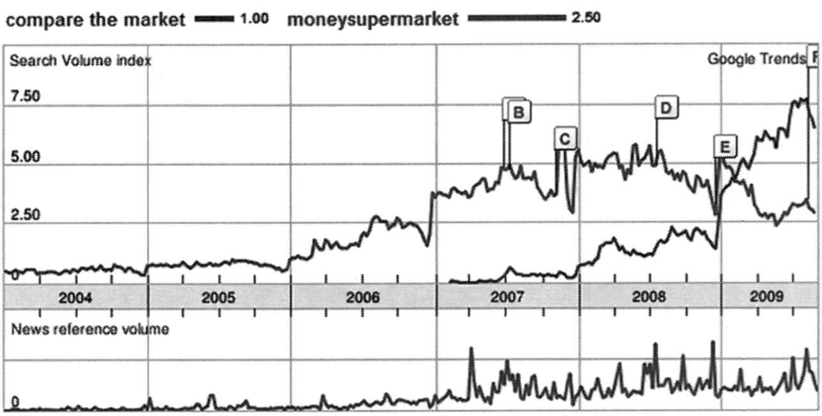

C'est en particulier sur ce point de recherche sémantique que les autres outils de Google permettent de compléter l'analyse de manière plus fine.

Google Suggest et Google AdWords

En effet, la partie 3 de cet ouvrage, en évoquant les éléments de référencement, a mis en lumière les outils liés à la détermination des mots-clés décisifs. La suggestion des mots-clés faite par Google depuis 2010 permet de déterminer, pour une marque, les requêtes associées les plus importantes.

Suggestion de termes de recherche par Google Suggest

Par exemple, pour une marque comme Schneider Electric, l'accès aux informations liées à la recherche d'emploi et au « catalogue » de produits est déterminant.

Google AdWords permet de rentrer de manière plus quantitative dans les termes de recherche exacts saisis par les internautes et de procéder à une analyse plus fine des réflexes « commerciaux », que ce soit par des termes de marques, des noms de produits, etc.

Restons sur notre exemple d'industrie automobile. En qualifiant les recherches en France pour « peugeot, renault et citroen », les résultats d'AdWords nous permettent de quantifier une vue du mois n-1 de manière quantitative, mais également un historique sur les six à douze derniers mois (export Excel). Sur le mois en question (août 2011), force est de constater, en triant ce résultat par « recherches mensuelles dans la zone ciblée France » :

- une forte présence de la marque Mercedes comme réflexe (requête n° 1) ;
- le fait que les internautes saisissent directement le nom des « produits », sans forcément y associer la marque – « c5, laguna, c4, megane » – laissant suggérer une bonne connaissance du marché de la part des acheteurs potentiels, et une forte demande pour des véhicules d'occasion peut-être (en tous les cas pour Renault).

Volumes des requêtes liées à l'automobile en août 2011 fournis par AdWords

Mot clé	Concurrence	Recherches mensuelles dans le monde entier	Recherches mensuelles dans les zones ciblées	Part d'annonces	Part de recherches	Tendances des recherches dans les zones ciblées	CPC approximatif
mercedes benz		7 480 000	135 000	-	-		0,29 €
c5		6 120 000	60 500	-	-		0,27 €
laguna		7 480 000	27 100	-	-		0,45 €
c4		5 000 000	22 200	-	-		0,24 €
megane		6 120 000	22 200	-	-		0,40 €
dacia		4 090 000	18 100	-	-		0,21 €
clio		5 000 000	14 800	-	-		0,36 €
renault megane		1 500 000	14 800	-	-		0,41 €
logan		6 120 000	12 100	-	-		0,31 €
peugeot 406		450 000	12 100	-	-		0,28 €
c1		3 350 000	12 100	-	-		0,29 €
citroen c5		673 000	12 100	-	-		0,27 €
c5 **citroen**		673 000	12 100	-	-		0,25 €
scenic		2 740 000	12 100	-	-		0,38 €

Google AdPlanner

Enfin, le dernier outil disponible est Google AdPlanner. Il est initialement conçu pour réaliser un plan média en ligne efficace, c'est-à-dire sélectionner, rechercher simplement et avec pertinence les sites Web qui seront alors les supports choisis d'une campagne de publicité en ligne en fonction d'une cible déterminée.

Comment Google dispose-t-il de ces informations ? Cet outil est directement basé sur les données recueillies par Google en accord avec les propriétaires des sites Web *via* les services liés Webmaster Tools et Google Analytics.

Le grand avantage de cet outil réside dans sa capacité à pouvoir connaître l'audience d'un site Web de manière quantitative (visiteurs, pages vues, etc.), mais également qualitative (genre, âge, éducation, revenu moyen, etc.). L'exemple ci-après concerne le résultat du domaine peugeot.fr en France et la mise à disposition de ce type de données.

Google AdPlanner, recherche par site

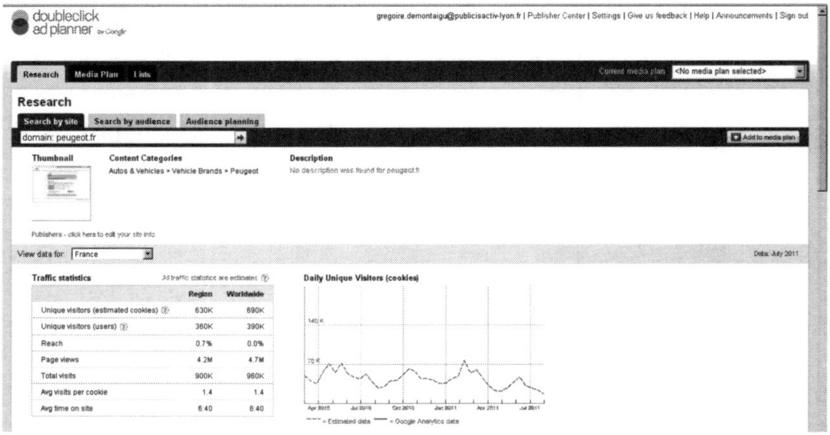

Google AdPlanner, profils des visiteurs d'un site

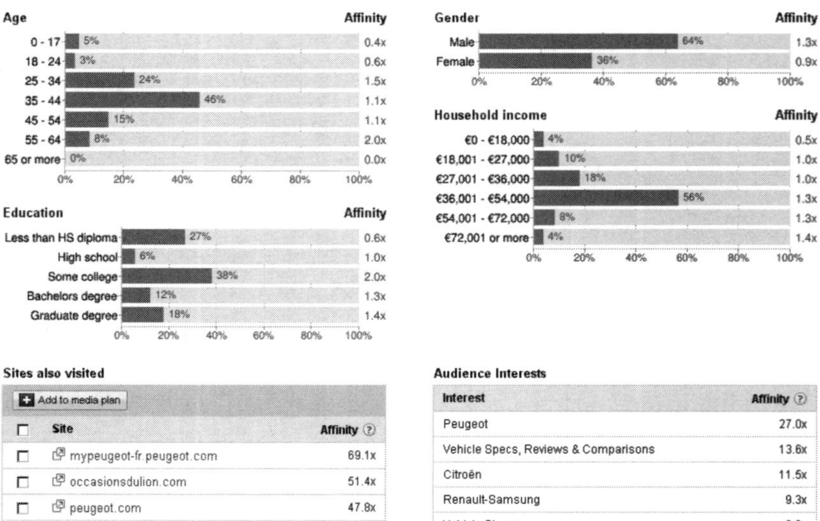

L'intérêt réside surtout dans le fait de pouvoir comparer des données quantitatives et qualitatives d'autres sites *via* une même source d'information, et ainsi déterminer le poids de certaines destinations Web dans le parcours d'achat d'un utilisateur internaute.

LES AUDITS DE CONVERSATION ET LA RÉPUTATION

Nous pourrions qualifier l'accès aux données des moteurs de recherche comme une source de données quantitatives. L'accès aux conversations en ligne (commentaires sur des blogs, notations produits, etc.) est à considérer comme une nouvelle source de données qualitatives. Plusieurs auteurs parlent même de « démarche d'ethnographie en ligne ».

Premièrement, il est possible de déterminer les dernières conversations en ligne rapportées à une marque pour mesurer la tendance récente. Au-delà des recherches sur Google Actualités, il existe plusieurs outils gratuits pour permettre d'identifier ce que la presse ou les blogs racontent/reprennent comme information : Wikio (dorénavant eBuzzing), Blogpulse, Technorati, Twitter sont à considérer comme des moteurs de recherche n'indexant qu'une liste identifiée de blogs et forums (la longue traîne de contenu du Web). Au-delà des commentaires qui peuvent ressortir, ce type de recherche permet également d'identifier les influenceurs en croisant :

- la popularité de l'information (nombre de liens entrants ou nombre de retweets pour une information) ;
- le poids de l'émetteur, mesuré par son « *rank* » (sa cote de popularité) ou le nombre de « *followers* » (suiveurs) dont le compte Twitter dispose.

Pour compléter ce genre d'analyse, il est aussi possible de :

- déterminer le « sentiment » de ce type de conversation. Premièrement, leur degré de « positivité ». Les moteurs spécialisés analysent les commentaires et les qualifient de positifs ou négatifs en fonction de la syntaxe utilisée (négation, mots « négatifs », insultes), avec un outil gratuit du type « *Social Mention* » ;
- déterminer la richesse sociale d'une marque, c'est-à-dire l'ensemble de ses points de présence dans les réseaux sociaux. Ce type de cartographie est disponible avec un outil comme Social Mention ;
- disposer d'informations en continu sur une série de sujets précis. Le lecteur possède également des applications permettant de centraliser tout un ensemble de flux, comme Seesmic, ou encore Tweetdeck.

Il existe des options logicielles payantes qui permettent d'auditer, de répertorier et surtout de visualiser – au-delà de simples commentaires bruts – ce type de données. Une multitude d'outils existent – ne citons que Synthesio, Brandwatch, TrendyBuzz, Attention, Sysomos parmi les principaux. Ces outils ont une épine dorsale identique :

- leurs sources sont définies, cela constitue un « corpus » ou encore un territoire de veille. En fonction des solutions, ce corpus est plus ou moins ouvert – possibilité de mise à jour – et volumineux parmi tout un ensemble de blogs, de forums, de sites de presse disponibles ;
- leur flexibilité en termes de constitution de requête, notamment concernant la sémantique utilisée (ET, OU, AVEC, etc.) ;
- le temps d'analyse et de restitution (en temps réel, ou un certain temps de latence est nécessaire).

Le recours à des versions payantes a plusieurs vertus, et principalement :

- la mise en forme de données de suivi, qui facilite l'analyse. Par exemple, une des données du tableau de bord d'un acteur comme TrendyBuzz (cf. figure ci-après) indique pour une même période la ventilation des retombées de conversation en ligne recensée par sources et ce, pour trois marques de prêt-à-porter. Cette donnée concurrentielle permet de visualiser la valeur des efforts d'une enseigne comme Zara, qui, sur cette période, dispose d'une avancée certaine sur ses concurrents en termes de réseaux sociaux (Facebook et Twitter) et de médias traditionnels, ce qui en fait l'une des marques les plus « discutées » en ligne dans cette catégorie (mode) ;

Répartition des conversations en ligne pour trois marques concurrentes

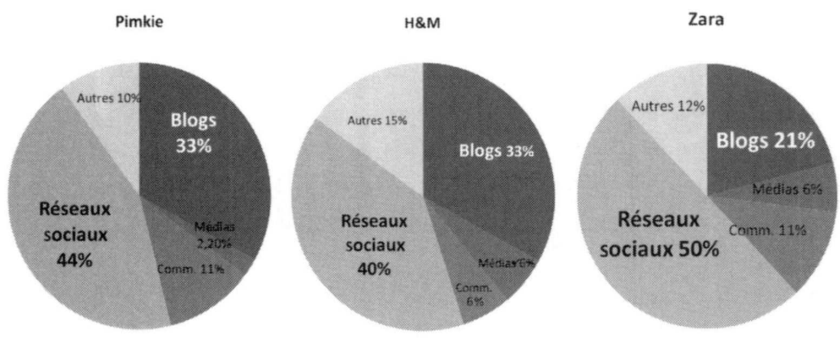

Source : TrendyBuzz.

- la cartographie « sémantique » des conversations. Le *mapping* ci-après met en avant les termes associés à Schneider Electric et les plus utilisés dans la blogosphère française. On remarque que les contenus sont plus associés à l'énergie, la concurrence et l'environnement du marché. Le schéma ci-après provient d'un acteur comme Sysomos, grâce auquel une analyse avait été faite pour Schneider Electric, et montre le type de mots-clés auquel cette organisation est associée. Sans surprise, on retrouve « bourse », « cac », « énergies » et ses « concurrents ». En revanche, supposons que la communication de Schneider Electric soit orientée vers l'innovation, l'activité logicielle et les services informatiques, eh bien cette cartographie permet d'identifier qu'aucune des conversations en ligne recensées ne reflète cette perception : il y aurait une intervention à faire, quelle qu'en soit sa nature (publicitaire, etc.).

Cartographie des termes associés à Schneider Electric dans la blogosphère

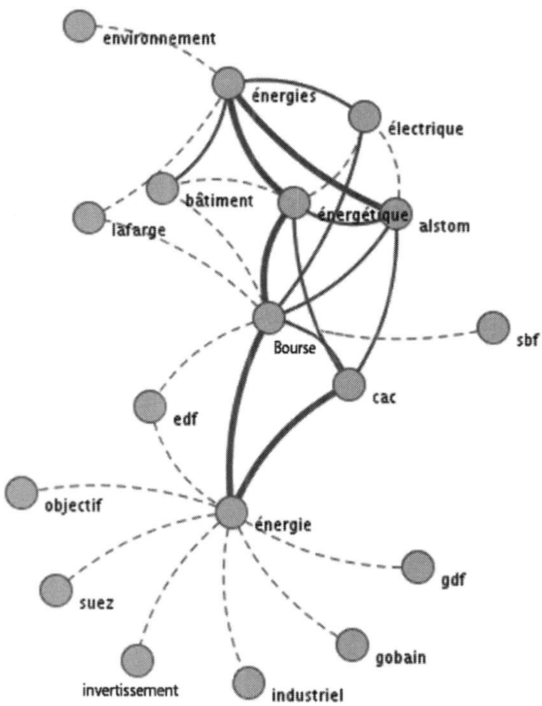

Chris Anderson, fondateur, entre autres, des conférences TED, est derrière l'adage : « Votre marque n'est pas ce que vous racontez, elle est ce que Google raconte. » Cette section vous donne les moyens d'utiliser les outils appropriés pour prendre le pouls, comme au comptoir d'un café, des discussions sur des sujets clairement identifiés.

Chapitre 17 ■

Mesurer l'efficacité et la performance

La discipline de Web analytics est issue de la nécessaire mesure des activités de marketing digital : d'abord la performance des sites, puis des campagnes, et enfin la performance des réseaux sociaux.

■ COMMENT MESURER ?

De manière générale, il existe quatre grandes typologies d'outil :

- les outils d'analyse comportementale sur le Web, à partir de l'observation et de l'interrogation de panels déterminés, de type Médiamétrie ou Nielsen NetRatings ;
- les outils « site centric », qui permettent une analyse détaillée sur un site analysé ;
- les outils spécialisés pour analyser une donnée ou une source en particulier, notamment dans le domaine du référencement, de l'expérience utilisateur ou autre ;
- les outils de « croisement », dits de « business intelligence », qui peuvent analyser de multiples sources de données, les corréler, et en faire sortir des analyses puissantes.

Nous nous concentrerons surtout sur les outils de *tracking* « *site centric* ». La majorité des outils fonctionnent actuellement sur la base de « tags » : il s'agit de marqueurs présents sur chaque page du site qui s'activent à chaque consultation de la page, ce qui permet une meilleure analyse marketing. Ce fonctionnement a évolué, les premiers outils étant basés sur des « *logs* », serveurs moins fiables, quoique ceux-ci demeurent essentiels dans la mesure de la performance « technique » d'un site (charge d'un serveur, etc.).

Les outils de *tracking* peuvent être présentés avec quatre niveaux de prestations différents :

- les outils gratuits, le plus connu étant Google Analytics ;
- les outils payants avec une mesure de la performance, de type Xiti d'AT Internet, Weborama ;
- les offres personnalisables, avec un premier niveau de connexion aux ERP des annonceurs, de type Omniture ou Webtrends ;
- les agrégateurs de données, pour visualiser un ensemble d'indicateurs de manière unifiée. On parle également de BI (« business intelligence »), avec des outils comme Bime, *http://fr.bimeanalytics.com*.

Un outil gratuit comme Google Analytics est un vrai fer de lance de cette culture data, dans la mesure où, pour l'essentiel des besoins « primaires », il est parfaitement adapté et permet un premier niveau d'échange sur des statistiques et des analyses de performance de site. Trafic, source de trafic, tableau de bord, tri par typologie de visiteurs (prospects ou clients), tri par date, comparaison, analyse technique des terminaux utilisés pour consulter le site Internet, etc. La pertinence de cet outil est d'autant plus forte qu'il évolue en permanence. Depuis mi-2011, Google Analytics a notamment enrichi son interface avec des avancées majeures comme :

- l'analyse en temps réel : il est dorénavant possible de disposer d'un *reporting* immédiat sur une série de critères, que ce soit l'état du trafic du site, l'état des mots-clés de référencement, le nombre d'utilisateurs connectés, l'état des conversations sur les réseaux sociaux (notamment Twitter) et la répartition géographique de ces éléments. En fonction d'éléments prioritaires (lancement d'une campagne significative, gestion d'une crise de réputation, etc.), plus besoin d'attendre que l'outil « mâche » les données pour les restituer ;
- des avancées sur le parcours d'achat hors site et sur site. C'est un des points d'évolution clés : Google Analytics propose avec une précision accrue de mesurer et de visualiser le flux de visiteurs (leur parcours pour arriver sur le site et ce qu'ils font sur celui-ci), le flux de conversion (le rôle des différents leviers e-marketing pour conduire un visiteur/un acheteur sur le site) et les entonnoirs de conversion multicanaux (la mesure du digital comme contributeur de business pour le centre d'appels, la demande de catalogue, etc.).

Le lecteur l'aura compris : il doit exiger lors de ses prochaines initiatives digitales que, *a minima*, un tag Google Analytics soit posé pour en tirer toutes les conclusions possibles – 14 millions de sites Internet auraient installé cet outil en date du mois de novembre 2011 !

Comment garantir les facteurs de réussite de l'analyse de la performance ?

Premier point : bien déterminer ce que l'on souhaite mesurer, c'est l'étape de définition des indicateurs-clés de performance. Chaque indicateur permet d'isoler un comportement particulier en fonction des objectifs de la plate-forme digitale. Le tableau ci-après liste, sans être exhaustif, le type d'indicateur qui peut être proposé selon des objectifs précis.

ADHÉSION	PARTICIPATION	IMPLICATION	INFLUENCE
• Le nombre de visites • Le nombre de visiteurs uniques • Le taux de rebond	• Le taux d'inscription à une *newsletter* • Le temps passé sur le site • Le taux de transformation • Le panier moyen	• Volume de commentaires produits sur le site	• Volume de commentaires produits sur les blogs et les forums

Deuxième point : en fonction de ce que l'on souhaite mesurer, il y a une phase opérationnelle à anticiper que l'on désigne comme plan de marquage. Cette phase peut être relativement complexe en fonction des plates-formes disponibles, afin de garantir la bonne collecte de données sans biais.

La complexité accrue de ce type de tâche a fait émerger des départements spécifiques, voire des acteurs à part entière – citons 55, Uptilab, Converteo – qui pourront accompagner un e-marketeur dans une démarche globale.

Troisième point : bien restituer ces indicateurs-clés de performance par la mise en place d'un tableau de bord qui rassemble les KPIs-clés, mais à adapter en fonction des différents destinataires. Quatre ou cinq indicateurs commentés et comparés suffiront à une direction générale, une dizaine pour une direction marketing, et une vingtaine pour les équipes opérationnelles associées à la promotion et au maintien de la plate-forme digitale. Le tableau de bord est en ce sens à la fois un outil de communication d'arguments stratégiques clés et un outil de décision qui présentent les raisons pour lesquelles certaines décisions doivent immédiatement être prises.

LA MESURE « UTILISATEURS » ET LA MESURE DE SITE

Il existe une série d'indicateurs « standard » qui permettent un certain niveau d'échange et de lecture. Mais, sans contexte et sans comparaison, les données statistiques ne valent rien afin de situer clairement une performance par rapport à un benchmark donné. Citons les principaux :

- **la visite** : un parcours sur le site pendant trente minutes ou une session de navigateur. Un site de contenu ou une plate-forme de communication seront, par exemple, plus intéressés par ce type de donnée, puisque c'est la fréquence de revisite qui est recherchée ;
- **le visiteur unique** : une visite dans une période longue déterminée (par exemple un mois), donnée qui rentre plus dans le cadre d'un site transactionnel pour s'assurer de la mesure de nouveaux clients ;
- **les pages vues** : le nombre de pages visionnées par l'internaute, même si cet utilisateur voit plusieurs fois la même. Un site de contenu avec beaucoup de pages vues indique un fort intérêt. Un site d'e-commerce avec un volume de pages vues plus faible indique une clarté de parcours, et un focus vers l'essentiel ;
- **le temps passé** : il traduit l'efficacité du site ou l'intérêt de l'internaute. Le temps passé doit donc être élevé ou faible selon la problématique et les objectifs attendus sur le site ;
- **le taux de rebond** : il correspond au nombre de visites sur une page ayant un départ immédiat, et permet de mesurer l'intérêt de la page. Ce taux traduit une adhésion ou un rejet dès la page d'accueil. Pour un site événementiel, le taux de rebond correct est d'environ 30 % ;
- **le taux d'engagement** : ce taux peut se déterminer en attribuant des scores à chaque interaction sur un site (téléchargement de photos, saisie d'un formulaire, etc.). La somme de ces actions permet ainsi de figer le degré d'interactivité de l'internaute avec l'expérience proposée.

LA MESURE D'ACQUISITION DU TRAFIC

Les indicateurs de trafic et d'acquisition permettent de mettre en perspective les campagnes associées, notamment celles abordées dans la partie 2.

Une première série d'indicateurs a trait aux origines des visites :

- les origines « directes » concernent les utilisateurs qui saisissent directement l'URL du site, ou viennent d'un e-mail ou encore des favoris. Cet indicateur permet de mesurer la notoriété du site, ou le succès d'une campagne offline. Il devient de plus en plus désuet, dans la mesure où la majorité des utilisateurs saisissent directement des requêtes marques dans Google ;
- les *« referers »* mesurent les visites en provenance d'autres sites. Cet indicateur mesure l'apport des « partenaires », et permet de découvrir les sites qui référencent le vôtre. Cet aspect constitue un pan entier des actions liées à la présence sur les réseaux sociaux, source importante de trafic dorénavant ;

- les moteurs de recherche permettent de déterminer les moteurs apporteurs de trafic ainsi que les mots-clés.

Une seconde série d'indicateurs a trait à la mesure de la performance des campagnes elles-mêmes, établie traditionnellement par un taux de clics sur les supports, réflexe de marketing direct. On constate deux inconvénients :

- le marché publicitaire Internet a rapidement su s'adapter aux exigences du marketing à réponse directe. En 2009, 33 % des budgets de marketing direct étaient dépensés sur le Web aux États-Unis. En revanche, le média a pris du retard pour capter les budgets de marketing d'image. Seuls 6 % des dépenses de notoriété sont effectuées sur Internet ;
- le taux de clics ne cesse de diminuer depuis plusieurs années (la moyenne de taux de clics sur une bannière s'établit autour de 0,13 %).

Pour continuer à justifier les investissements, les campagnes digitales se tournent de plus en plus vers des indicateurs de notoriété, *via* la pression publicitaire ou d'engagement, *via* l'interaction générée dans les formats publicitaires eux-mêmes, sans qu'il y ait nécessairement de clics.

Dans le domaine de la mesure de la notoriété, des outils comme Alenty permettent d'établir l'efficacité de l'exposition publicitaire Internet, en fonction par exemple :

- de l'affichage de la bannière à l'écran (*versus* autres fenêtres ou un *scroll* vers le bas) ;
- de la durée d'exposition ;
- etc.

LA MESURE DE LA CONVERSION

L'indicateur principal de mesure de la conversion est le taux de transformation : il désigne le rapport entre le nombre de visiteurs (ou visiteurs uniques) et le nombre de transactions effectuées sur une période donnée.

Ce taux est particulièrement clé en e-commerce et indique clairement la « capacité à transformer » du système une fois l'internaute sur le site. Ce taux est en moyenne faible (1,5 %) et atteint, du moins peut atteindre, pour les sites les plus performants, 45 % (le site d'e-commerce Schwan's aux États-Unis est titulaire de cette palme[1]).

La mesure de la transformation ne se fait pas uniquement sur ce taux. Pour y apporter un certain contexte, le e-marketeur va exploiter les informations

1. Source : Marketingcharts.com.

des visiteurs (origine, type), et notamment celles du tunnel d'achat. En moyenne, 60 % des internautes qui commencent un parcours de finalisation de commande – ajout au panier, etc. – ne finissent pas leur parcours, pour différentes raisons (marketing produit, prix, non-clarté de parcours, etc.).

Également, dans le domaine de l'acquisition de trafic et de la mesure de la performance relative à la génération de business, il existe des solutions de *tracking* de déduplication de leviers, du type Tagman, Tag Commander ou encore Marin Software. Ces outils permettent de mesurer la contribution exacte dans la transformation d'une action – vente, *lead*, autres – d'un ou de plusieurs leviers e-marketing actionnés. Pour un acteur dont le digital constitue une part importante de l'activité, ce type d'information est critique à deux titres :

- premièrement, mesurer efficacement l'ensemble des paramètres de ses campagnes. Sachant qu'en moyenne un acheteur visite cinq sites avant d'acheter, ce parcours va intégrer les clics sur bannières, les clics sur annonces Google, l'e-mailing, etc. Effectivement, sans pouvoir établir de règles strictes (car le type de secteur et le poids de la marque ont une influence), il est prouvé, par exemple, qu'un investissement *display* couplé à un investissement en référencement payant simultané a un effet multiplicateur sur l'efficacité de la campagne de référencement. Ce qui compte, c'est bien la mise en musique de l'ensemble, plus efficace que l'activation isolée d'une série de leviers ;
- deuxièmement, ces solutions permettent de rémunérer équitablement les apporteurs d'affaires à la hauteur de leur contribution réelle. On parle de parcours « *multitouch* » ou encore d'attribution dynamique de CPA (coût par acquisition). Cas typique : le partenaire d'affiliation génère un trafic substantiel sur le site, mais une bonne partie de ce trafic devient « client » *via* un dernier clic effectué sur les annonces de la campagne de référencement payant, qui génère ainsi le plus de conversions en client. Une vue simplifiée, celle du dernier clic, attribuera le CPA à la campagne de référencement payant. Mais une vue dynamique attribuera la moitié du CPA au partenaire d'affiliation.

LA MESURE DE LA FIDÉLITÉ ET DE LA « VOIX DU CLIENT »

Le marketing digital permet de mesurer la satisfaction de vos clients : l'avis qu'ils ont sur votre entreprise et votre marque n'a pas de prix, puisque chacun peut être amplificateur d'une bonne ou d'une mauvaise parole instantanément.

Deux types d'indicateurs se distinguent. La première série d'indicateurs concerne des données quantitatives. Citons, entre autres :

- **le taux de revisite** : il correspond au nombre de fois que l'internaute revient sur le site pendant une période donnée. Cela représente un indicateur clair de l'adhésion vis-à-vis de votre plate-forme digitale. Ce taux traduit une fidélité au service : un site de journal peut avoir un taux de revisite de 8 ou 9 par mois, Facebook 25 ;
- **le taux de clics et la fréquence de clics sur les e-mailings clients** : cela permet de mesurer une appréciation dans le temps des offres ou des services proposés ;
- **la récence, la fréquence et le montant (RFM) des achats** : base de toute segmentation clients, les comportements d'achat des clients permettent de donner un indicateur dans la durée de leur fidélité et de la valeur de celle-ci. Dans ce cas, nous parlons de « cycle de vie du client », et de valeur du « contrat ».

L'inconvénient de ce type d'indicateurs est double :

- le taux de revisite et d'interaction avec le site/e-mailing, etc. fournit des données comportementales qui s'interprètent difficilement, faute de sources d'information sur les concurrents ;
- les données transactionnelles qui permettent de déterminer la valeur RFM d'un client représentent des indicateurs clairs, mais non transposables dans la majorité des cas des annonceurs (tout le monde ne vend pas en ligne).

Il existe, en complément, des sources de données qualitatives objectives, que certains marketeurs appellent « la voix du client ».

La première méthode pour écouter ses clients, c'est de leur permettre de s'exprimer, *via* des questionnaires de satisfaction en ligne en sortie de site de tunnel d'achat ou de site Internet. Des solutions quasi gratuites comme 4iQ ou encore SurveyMonkey permettent de récolter de manière automatique les avis des clients sur des questions fermées ou ouvertes, et ainsi d'identifier des sources d'amélioration.

La seconde, c'est d'essayer de capitaliser sur leur potentiel de recommandation. Cet indicateur se présente comme le *Net Promoter Score* (NPS). Il se calcule en prenant le pourcentage des clients promoteurs de votre marque (ceux qui seront vos ambassadeurs au quotidien, avec leurs amis, pendant les soirées, au restaurant, en réunion avec des collègues sur leur lieu de travail) et en en déduisant le pourcentage des clients détracteurs (ceux qui ont eu une mauvaise expérience avec vos produits, vos services).

Soit : *Net Promoter Score* = % clients promoteurs – % clients détracteurs

Cet indicateur a été défini par Fred Reichheld dans son ouvrage *The Ultimate Question : Driving Good Profits and True Growth*[1]. Il y recommande de poser systématiquement la question suivante : « Recommanderez-vous notre entreprise à vos amis ou à vos collègues de travail ? » Entre autres exemples, l'auteur avait pris celui de l'aviation américaine, en démontrant une corrélation très nette entre la croissance des revenus de Southwest Airlines pendant trois ans et l'avantage Net des « *Net promoters* ».

Cet indicateur permet également de dépasser les débats actuels sur la valeur d'un fan sur Facebook, hormis les avantages d'apports de trafic. À titre d'exemple de bénéfices apportés par les médias sociaux, Voyages-SNCF propose d'organiser un voyage à plusieurs sur Facebook grâce à l'application « Petits voyages entre amis ». Lorsque vous « partagez votre voyage », vos amis peuvent, en un clic, réserver leur billet sans faire la recherche, ce qui simplifie la réservation :

- 2,1 visiteurs arrivent sur Voyages-SNCF en moyenne par « voyage partagé » sur Facebook ;
- un voyage partagé sur Facebook rapporte en moyenne plus de 7 € à Voyages-sncf.com[2].

1. Fred Reichheld, *The Ultimate Question : Driving Good Profits and True Growth*, Harvard Business School Press, 2006.
2. Source : *http://www.mediassociaux.fr/2011/07/18/interview-avec-yves-tyrode-directeur-general-de-voyages-sncf-com-2*.

Chapitre 18

Analyser et optimiser

Collecter cet ensemble d'indicateurs, c'est bien, mais encore faut-il pouvoir agir et déployer les analyses qui en découlent. Il y a deux grands axes d'optimisation : l'expérience client et le parcours d'achat à part entière.

L'EXPÉRIENCE CLIENT

L'expérience client, c'est finalement le fait de définir une cohérence entre la stratégie initiale et la réalité des parcours effectués. L'enjeu est donc de comprendre, *via* une récolte de données :

- le volume de chaque parcours ;
- les taux de pertes d'une étape à l'autre ;
- les vrais parcours utilisateurs : pourquoi les internautes ne suivent-ils pas mon parcours entièrement ? Y a-t-il une raison « valable » de sortir du parcours prévu ? Y a-t-il une raison « technique » de sortir du parcours ?

Comment corriger les différentiels constatés ?

Dans un premier temps, le e-marketeur peut améliorer sa compréhension des parcours de manière quasi scientifique, c'est la technique du « heat *mapping* ». Une « *heatmap* », ou « carte de chaleur », est une représentation des temps et des points de fixation du regard sur une page Web ou un e-mail. Les heatmaps sont la résultante d'études d'« *eye tracking* ». L'*eye tracking* est une technique utilisée à l'origine dans le domaine du marketing pour les annonces publicitaires (presse et affichage) et la création de packaging. L'étude d'eye *tracking* se fait grâce à une caméra oculaire intégrée ou non dans un écran, ou par un casque spécifique. Le but est généralement de mettre en évidence le parcours que suit le regard et d'identifier les temps et les points de fixation ; comme le montre l'exemple ci-après, cela permet de définir les zones chaudes (entourées de blanc) qui symbolisent les points de fixation du regard.

« Heatmap » ou « carte de chaleur »

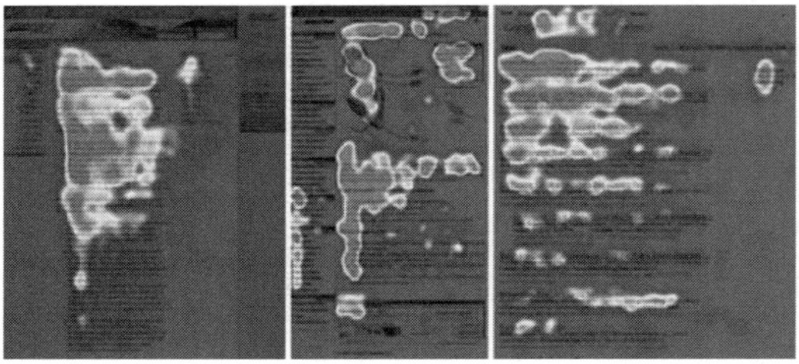

Source : Jakob Nielsen, et son site d'usabilité *http://www.useit.com/alertbox/banner-blindness.html.*

Fort de ces données précises, le e-marketeur peut ensuite avoir recours aux expertises de « *User Experience* ». Cette expertise se décompose en trois niveaux :

- **l'architecte de l'information** : il met en musique les souhaits du marketing (« Je veux voir mon offre, mon produit, mon prix, les couleurs de mon logo ») avec les contraintes techniques. Cela permet au site d'être le plus lisible et facile d'accès possible pour les internautes. Cela peut paraître simple, mais pour des sites grand public, et notamment issus de l'Administration ou du voyage en ligne, il y a énormément d'informations importantes à mettre en avant. Alors, comment les organiser pour qu'elles soient intelligibles et accessibles au plus grand nombre ?
- **le designer graphique** : il est garant de l'image de l'entreprise *via* une charte graphique et assure la cohérence entre les différents services et produits proposés sur le site, notamment en ce qui concerne l'interactivité (ce que déclenche le passage d'une souris, etc.) ;
- **l'ergonome** : issu des sciences cognitives, il est à l'origine celui qui optimise l'espace et les outils en fonction des personnes qui vont les utiliser. *Grosso modo*, il fait beaucoup d'études d'utilisation et travaille principalement sur ce que les gens comprennent du service, du site ou du produit qui leur est proposé, comment les utilisateurs se l'approprient et quel temps d'apprentissage leur est nécessaire.

Dernière phase, une fois qu'une solution aux problèmes identifiés est définie, l'idée est de la déployer par étapes pour voir si elle est bien la plus performante. Deux types de déploiement sont possibles. Le déploiement « test A/B » (ou A/B *testing*) est une technique de marketing qui consiste à proposer plusieurs variantes d'un même objet qui diffèrent selon un seul critère (par exemple la couleur d'un bouton en ligne, l'emplacement d'une page, etc.) afin de déterminer la version qui donne les meilleurs résultats auprès des consommateurs. Le second déploiement possible est celui du test multivarié, lequel permet de tester simultanément plusieurs versions de plusieurs variables. Les variables le plus souvent testées sont :

- les textes des boutons de validation ;
- les couleurs des boutons de validation ;
- les formes des boutons ;
- les images (un homme, une femme, une famille) ;
- les accroches ;
- les incentives ;
- le prix ou le montant d'une prime ou d'une réduction.

Le nombre de versions d'une page dans un test multivarié monte très vite (tester quatre images, quatre formes de bouton et quatre couleurs donne soixante-quatre versions). Lorsque les variables et leurs versions à tester sont nombreuses, il faut donc un grand nombre de visites pour que les résultats du test aient une signification statistique.

Exemple de test multivarié sur une série de boutons

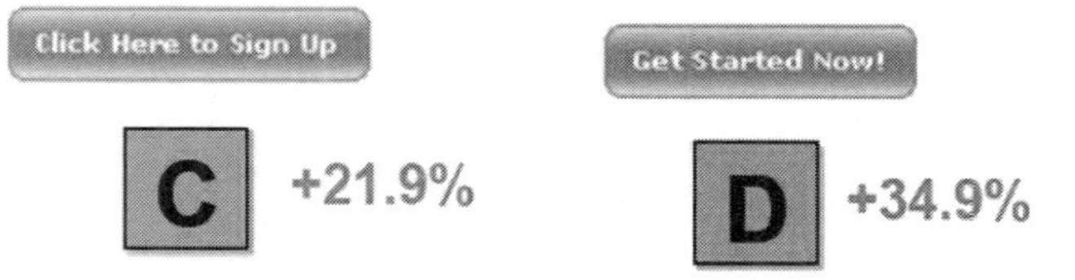

LA VÉRITÉ DU PARCOURS D'ACHAT

Les manuels de marketing présentent le parcours d'achat d'un consommateur de manière linéaire : de la notoriété à l'achat et la fidélité. L'avantage de cette représentation, c'est qu'elle permet d'identifier les étapes du parcours et de concentrer ses actions sur une ou plusieurs d'entre elles, en fonction des diagnostics établis grâce, en partie, aux indicateurs précédemment présentés.

Le parcours d'achat linéaire

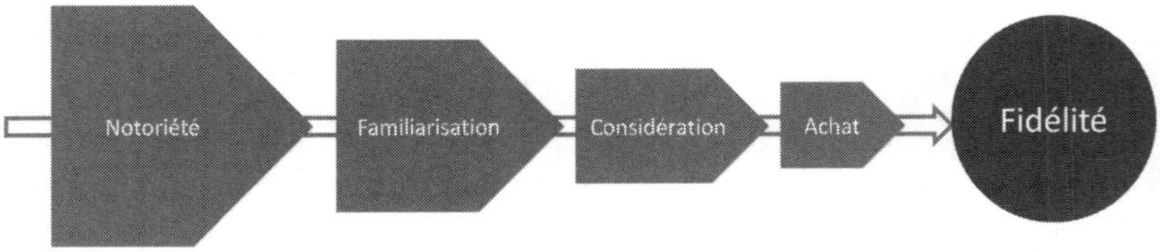

Source : *https ://www.mckinseyquarterly.com/The_consumer_decision_journey_2373.*

Une étude empirique de Mc Kinsey, effectuée en 2009 sur plusieurs catégories de produits, est venue bouleverser cette notion, car la représentation linéaire du parcours ne rend plus compte de la réalité du processus suivi effectivement par le consommateur en situation d'achat. En premier lieu, le parcours ne semble plus être linéaire. Il revêt plutôt la forme d'un cycle, autorisant allers-retours et raccourcis. Par exemple, l'expérience post-achat s'accompagne de nouvelles recherches d'information et de partage d'expériences – notamment sur les réseaux sociaux –, alimentant en retour l'ensemble des marques considérées initialement. De quel cycle s'agit-il ?

- Première étape : le consommateur prend en considération un premier ensemble de marques, basé sur sa perception de celles-ci et sur ses expositions à différents points de contact. Face à la pression publicitaire très importante, les consommateurs partent avec de moins en moins de marques dans cette première liste, et des écarts concurrentiels significatifs se créent.
- Deuxième étape : le consommateur ajoute ou enlève des marques à sa première liste, à mesure qu'il les évalue et que son besoin/sa recherche se précise.
- Troisième étape : le consommateur achète une marque parmi les autres.
- Quatrième étape : l'expérience de consommation et d'utilisation du produit/service, la relation post-achat avec la marque, et leurs conséquences sur la prochaine décision d'achat dans la même catégorie de produit.

Le marketing digital influence l'ensemble de ces étapes, et en particulier la deuxième, dite d'« évaluation active ». Comment ? Par un accès-clé au consommateur qui recherche dans une catégorie de produit les notations qui en sont faites, les feed-back clients, le bouche-à-oreille véhiculé sur les réseaux sociaux.

Le parcours d'achat rétroactif

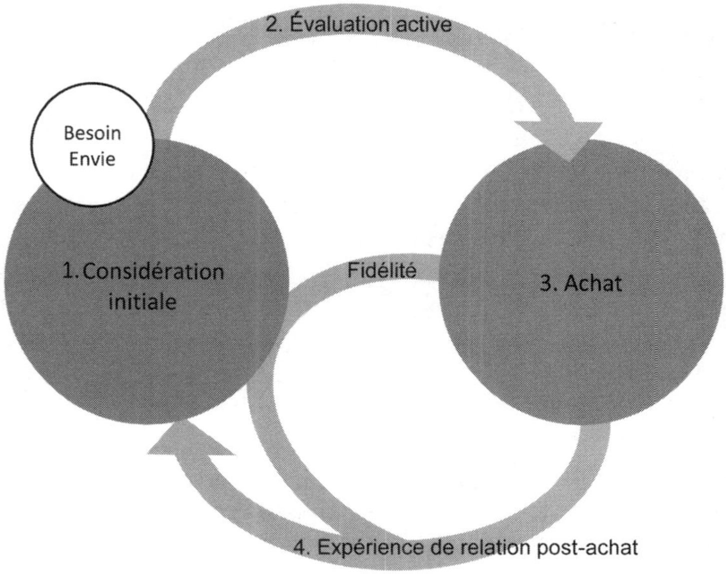

Source : *https ://www.mckinseyquarterly.com/The_consumer_decision_journey_2373.*

L'adage veut qu'un internaute visite cinq sites avant d'acheter. Le point central consiste à dire au e-marketeur que son travail d'analyse n'est jamais fini, et que, comme l'ère logicielle, le marketing est arrivé dans une phase de « bêta constante » : toujours en train d'essayer, de remettre en cause et d'améliorer l'existant.

VERS LE COMMERCE DIGITAL

Le commerce digital est une tendance de fond qui va bousculer le commerce physique tel qu'il existe aujourd'hui. Appelé également « commerce connecté », le commerce digital est une notion émergente qui considère que les consommateurs de demain ne connaîtront pas de dichotomie entre l'achat en ligne et l'achat en magasin. Dans une ère où le commerce est connecté (à Internet), l'expérience du client est ubiquitaire, c'est-à-dire que le consommateur peut aujourd'hui chevaucher plusieurs canaux, lesquels sont notamment l'Internet à la maison depuis son PC, ou sur son mobile, ou bien encore sur une borne tactile en magasin.

C'est une notion qui a été formalisée par Catherine Barba et la FEVAD au courant de l'été 2011 sous la forme d'un livre blanc : « 2020, la fin du e-commerce ou l'avènement du commerce connecté[1] ? » Nous avons souhaité y faire référence à double titre. Premièrement, le commerce connecté renvoie à une évolution du « multicanal », le « cross-canal ». Chaque silo commercial contribue à améliorer la performance de l'autre, entre point de vente, site de e-commerce, commande téléphonique, etc. Cela semble logique : les consommateurs allieront les bons côtés du e-commerce – la recherche, le gain de temps, la disponibilité 24 heures/24, les recommandations – et la dimension humaine et physique pour plus de proximité – l'échange avec un vendeur expert, la possibilité de voir ou d'essayer un produit, l'immédiateté, la mise en scène du produit, etc. Les points de vente se repensent, proches de show-rooms séduisants, aérés, et mettant en scène les « best-sellers » produits, la présence comme e-commerce ayant pour objectif de porter, entre autres, l'intégralité de l'offre.

Deuxièmement, le commerce connecté, nous y sommes déjà. Nombre de lieux de vente physiques disposent d'un ou de plusieurs dispositifs digitaux et interactifs, leur permettant d'être reliés à leur boutique en ligne, leur vitrine interactive, etc. Un surf de cinq minutes sur un site comme *http://www.connected-store.com* recense la majorité des exemples de points de vente « connectés » en France, comme But, Espace SFR, etc. En devenant « connecté », le magasin traditionnel redéfinit et renforce son rôle dans sa relation avec les produits et avec les vendeurs. La technologie enrichit cette relation *via* :

- les bornes tactiles en point de vente ;
- les tablettes PC de certains vendeurs ;
- les vitrines interactives scénarisant certains produits ou permettant de faire un premier essai/une première mise en situation.

La technologie en point de vente est là avant tout pour renforcer le rôle du vendeur : les bornes sont plus souvent utilisées avec un vendeur à vos côtés pour accompagner votre découverte. La technologie s'avère par exemple très utile pour réaliser une vente malgré l'indisponibilité d'un produit en stock. Les exemples les plus probants montrent une véritable intégration de ces bornes dans le point de vente. L'idée n'est pas ici de dupliquer un site Web tel quel et le mettre sur une borne : l'interface, son emplacement, la taille de l'écran, tout doit être adapté à une navigation tactile.

1. Source : *http://www.fevad.com/uploads/files/DocArticle/etude/fevad2011_malineaecommerce2020.pdf*

La majorité des enseignes réfléchissent à la façon d'exploiter leurs investissements digitaux et de les faire vivre en point de vente, toujours dans une logique de performance : ne pas rater une vente à cause de la non-disponibilité d'un produit, d'un flux de clients trop important, ou de l'indisponibilité des vendeurs. Le futur est déjà là !

Conclusion

Si l'avenir d'Internet et du marketing digital n'est pas écrit, leurs fondations sont, quant à elles, solides. C'est ce que nous indique le nombre impressionnant et toujours croissant d'internautes, la croissance continue du commerce électronique (doublement lors des trois dernières années en Europe), la part des budgets marketing dédiée au digital, l'émergence confirmée de l'Internet mobile, mais aussi et surtout le développement de nouveaux services en ligne et de nouveaux usages dont beaucoup n'imagineraient plus pouvoir se passer : navigation sur son réseau social favori, consultation des petites annonces immobilières, préparation de voyages, comparaison de prix, suivi de l'information en direct, recherche d'avis sur un produit, partage de photos, recherche de documentation, consultation de vidéos, etc. Les grands acteurs de l'écosystème Internet sont, pour leur part, en place depuis plusieurs années et sont très profitables : ainsi, Amazon et eBay (qui a racheté Skype), fondés en 1995, Google (qui possède YouTube et l'activité téléphonie mobile de Motorola) en 1998, et Facebook en 2004 ne sont plus des start-ups, alors que l'on en a encore parfois l'impression, mais des acteurs installés, certes dans un univers turbulent. Sans parler d'Apple ni de Microsoft. Les questions qui se posent autour d'Internet et du marketing digital ne concernent donc pas leur éventuel déclin, mais bien plutôt la vitesse avec laquelle les tendances annoncées et amorcées vont s'affirmer, ainsi que l'émergence de tendances nouvelles. C'est pourquoi on peut affirmer que les opportunités professionnelles seront de plus en plus nombreuses dans l'univers du marketing digital, tant chez l'annonceur qu'en agence.

Les marques sont en train de passer du rôle d'annonceur à celui d'éditeur de contenu : cela implique une gestion réfléchie et cohérente des contenus (textes, images, photos, logiciels, jeux, information, etc.) mis en ligne. Dans ce contexte, il est probable que le marketing « vidéo » prendra une place croissante et significative, pour une raison technique tout d'abord : les coûts de production d'une vidéo HD ont plongé en quelques années. Mais aussi parce que la consommation de vidéos en ligne ne cesse de progresser (les Américains de moins de 24 ans passent plus de temps à regarder des vidéos en ligne que la télévision).

Les e-marketeurs disposeront d'informations de plus en plus riches sur les internautes en général, et sur leurs clients en particulier. Cela résulte de plusieurs phénomènes, au premier rang desquels on trouve la croissance du commerce électronique et la meilleure connaissance du comportement des internautes sur les réseaux sociaux. Les Web analytics ont donc de beaux jours devant eux. Cette tendance conduit même certains à prévoir le renforcement des campagnes de marketing direct (e-mailing ou phoning), devenues plus efficaces grâce à la précision des données recueillies sur les consommateurs.

Un autre enseignement attendu concerne justement les réseaux sociaux : à combien de réseaux sociaux un individu adhérera-t-il en moyenne ? Un réseau professionnel et un réseau privé, comme on le pense généralement ? Un plus grand nombre, comme l'espèrent de nombreuses marques ? Un seul peut-être, si Facebook parvient à « avaler » Internet, c'est-à-dire si la quasi-totalité des internautes s'inscrit sur ce réseau social ? Dans un tel cas, Facebook pourrait devenir la porte d'entrée d'Internet, remplaçant ainsi Google. De même, les comportements « sociaux » ne manqueront pas d'évoluer, mais nous ne savons pas encore dans quel sens : plus de communication, plus d'informations personnelles rendues publiques, comme l'indique le développement des applications utilisant la géolocalisation des individus ? Ou, au contraire, les individus vont-ils avoir tendance à moins communiquer, à protéger plus leur vie privée ? Une évolution intermédiaire pourrait être celle d'une communication plus poussée envers un groupe restreint, combinée à une plus grande retenue en dehors de ce cercle, tendance illustrée par les possibilités offertes par Google + et la nouvelle version de Facebook. Les pratiques marketing relatives aux réseaux sociaux (SMO) devraient, quant à elles, se structurer et se rationaliser : comment budgéter une campagne sur les réseaux sociaux ? Comment en mesurer les effets (ce qui passe par la définition d'indicateurs-clés de performance ou KPIs) ? C'est assurément un des défis que devront relever les marketeurs digitaux dans les mois et les années à venir.

Une autre question est de savoir si les appareils mobiles (téléphones, tablettes) vont se substituer massivement aux ordinateurs traditionnels quant à l'accès à Internet. Une telle évolution devrait logiquement s'accompagner de nouveaux usages. Par exemple, le développement de l'Internet sur les smartphones devrait conduire à une évolution des requêtes en ligne, qui devraient prendre un tour plus « local » (où trouver un restaurant chinois près de l'endroit où je me trouve ? un supermarché ? des amis Facebook ?). Cela devrait naturellement impacter le référencement payant (SEA), qui constitue une bonne partie de l'activité des e-marketeurs. De même, l'accès à la Toile au travers des tablettes va conduire à de nouveaux usages, que nous commençons seulement à entrevoir.

Enfin, on peut s'interroger sur la capacité des entreprises à faire émerger et à utiliser à bon escient le contenu généré par les utilisateurs (*User Generated Content*) individuellement ou en communauté : avis, idées, critiques, discussions, concepts, savoir-faire, tests... Comment de telles ressources vont-elles être exploitées à l'avenir ? Comment seront-elles stimulées ? Comment vont-elles impacter le marketing, voire le fonctionnement tout entier des entreprises, et en premier lieu la gestion de l'innovation : encore une question passionnante !

Glossaire

Adexchange : plate-forme automatisée d'achat et de vente d'espaces publicitaires en ligne, qui repose sur un système d'enchères en temps réel.

AdSense : programme d'affiliation de Google qui diffuse des annonces publicitaires. Utile aux sites Web qui ne sont pas dotés d'un service commercial.

AdWords : système publicitaire du moteur de recherche Google qui affiche des annonces payantes, en fonction des mots-clés tapés par l'internaute lors de sa recherche. Les annonceurs payent lorsque l'internaute clique sur la publicité.

Affiliation : elle permet à un Webmarchand (affilieur) de diffuser son catalogue de produits sur des sites Web affiliés. Le Webmarchand verse des commissions selon différentes modalités : paiement au clic, à la vente ou à l'acte (lead).

Android : système d'exploitation open source de Google pour smartphones, tablettes numériques et terminaux mobiles (cf. Wikipédia consulté le 6 janvier 2012, *http://fr.wikipedia.org/wiki/Android*). Il est utilisé par des smartphones de nombreuses marques, dont Motorola, Samsung, HTC ou Sony Ericsson.

Bannières (ou bannières publicitaires) : publicité (images ou animations) placée sur un site Web, que l'on peut cliquer pour accéder au site Web de l'annonceur.

Blog : site Web (ou partie de site Web) constitué par la réunion de billets (ou *posts*) ajoutés au fil du temps par un blogueur.

Buzz : technique marketing consistant à « faire du bruit » autour d'un nouveau produit, d'une offre ou d'un événement. Le buzz est une des formes du viral marketing.

Community management : activité pratiquée par un *community manager* qui consiste à gérer la présence d'une marque ou d'une organisation sur le Web. Elle passe par le suivi et l'animation des discussions des internautes, la rédaction de commentaires sur les blogs ou l'animation de pages Facebook.

CPA (coût par action) : principe de facturation de campagne publicitaire en ligne fondé sur le nombre d'actions (ventes, prises de rendez-vous, contacts qualifiés ou leads) engendrées par la campagne.

CPC (coût par clic) : principe de facturation d'une campagne publicitaire en ligne (voir SEA), en fonction du nombre de clics des internautes sur une publicité. Le taux de clics moyen en France est de 5 pour 1 000.

CPM (coût pour mille) : sur Internet, coût pour mille affichages (ou mille « impressions ») en ligne d'une publicité. Le coût moyen en France pour l'affichage de mille bannières va de quelques euros à quelques dizaines d'euros.

Display : désigne l'affichage de publicités sur Internet au travers de bannières, de bandeaux, de pavés, de *skyscrapers*, etc., avec achat d'espace. Cela représentait 24 % des dépenses de communication en ligne en France en 2010 (qui se sont montées à 1,14 milliard euros).

E-mailing : envoi de courrier électronique à un grand nombre d'internautes. Très utilisé pour fidéliser une clientèle.

Facebook : premier réseau social mondial, accessible à tous (sauf au moins de 13 ans !) depuis septembre 2006. Facebook affirme avoir atteint les 800 millions de membres (sur 2 milliards d'internautes). Premier site visité depuis les smartphones en France. Deuxième site le plus visité au monde après Google.com.

Flux RSS *(Real Simple Syndication)* : technologie qui permet l'envoi automatique d'informations publiées sur un site Web (par exemple les *news* d'un journal en ligne) vers un autre site (par exemple un blog).

Forum : espace de discussion virtuel, où les internautes peuvent envoyer et commenter des messages.

Foursquare : outil de réseau social et de jeu fondé sur la géolocalisation, destiné principalement aux smartphones. Il permet aux utilisateurs d'indiquer où ils se trouvent et de rencontrer leurs contacts.

Google : société fondée en 1998, créatrice du moteur de recherche éponyme, le plus utilisé au monde, et véritable « porte d'entrée du Web » pour une majorité d'internautes. Son chiffre d'affaires (30 milliards de dollars en 2010) repose en grande partie sur son système d'annonces payantes (cf. AdWords). En 2010, Google a capté 44 % des dépenses de publicité en ligne dans le monde.

Google + : réseau social lancé par Google en 2011 dans le but de concurrencer Facebook, dont les fonctionnalités combinent celles de Facebook et de

Twitter. Il permet de créer différents « cercles » : amis proches, collègues de travail, famille, etc.

HTML (« *HyperText Mark-Up Language* ») : langage qui permet de formaliser l'écriture d'une page Web grâce à l'emploi de balises. Celles-ci définissent la présentation du document et les liens que ce dernier possède avec d'autres documents.

iOS : système d'exploitation (ou *Operating System*, « OS ») développé par Apple pour ses appareils mobiles iPhone, puis iPodTouch et iPad. Se dispute la place de « leader des OS mobiles » avec Android. À la différence d'Android, iOS n'est disponible que sur les appareils d'une seule marque (Apple !).

iPad : tablette numérique lancée par Apple en 2010, au succès foudroyant. Parmi les nouveaux usages : les professionnels, comme les architectes, l'utilisent en B to B pour faire des présentations chez leurs clients ; les particuliers l'utilisent le soir comme « second écran » pour surfer sur le Net tout en regardant la télévision.

Longue traîne (*long tail*) : notion qui met en évidence la capacité d'Internet à réduire les coûts marginaux liés à la promotion et à la distribution de produits de niche. Ainsi Amazon et fnac.com peuvent-ils gagner de l'argent en proposant un immense catalogue d'ouvrages, ce qui ne serait pas le cas dans un magasin physique.

Marketing 2.0 : évolution du marketing due à l'emploi des outils du Web 2.0 ; blogs, médias sociaux, wikis, flux RSS. Il prend en compte le poids et le rôle actif des consommateurs (notion d'*« empowered customer »*) en tant qu'individus ou au sein d'une communauté, acquis principalement grâce à Internet : les marques doivent ainsi entrer en conversation avec leurs clients. Le marketing devient collaboratif, le consommateur participant à la communication, voire au processus d'innovation de la marque.

Marketing viral : techniques marketing qui s'appuient sur les médias sociaux pour accroître la notoriété d'une marque, faire connaître un produit ou tout autre objectif marketing. Le but ultime du marketing viral est de créer des messages viraux qui seront massivement diffusés par les internautes. On parle aussi de « marketing de propagation » ou de « bouche-à-oreille électronique ».

Médias sociaux (ou *social media*) : média qui vise à faciliter les interactions sociales. Selon Andreas Kaplan et Michael Haenlein, il s'agit d'un ensemble d'applications Internet permettant la création et l'échange de contenu généré par l'utilisateur (en anglais *User Generated Content* ou UGC). Les médias sociaux sont très variés : flux RSS, blogs, wikis (Wikipédia), partage de photos (Flickr), partage de vidéos (YouTube), podcasts, réseaux sociaux (Facebook), mondes virtuels (Second Life), microblogs (Twitter).

Microblog : blog dont le contenu est très réduit. Les sites de microblogging permettent la publication de microblogs, les plus célèbres étant Tumblr et surtout Twitter.

Mobile : le nombre d'internautes devrait encore croître de manière spectaculaire grâce aux appareils mobiles, principalement les téléphones, mais aussi les tablettes. Certains prévoient même qu'à terme l'accès à la Toile se fera avant tout *via* de tels appareils.

Opt-in : adresse électronique d'un individu qui a formellement accepté de recevoir des messages de la part d'une marque ou de ses partenaires.

Page d'entrée *(landing page)* : page d'un site Web sur laquelle un visiteur arrive après avoir cliqué sur une annonce ou sur un lien affiché sur un autre site.

Podcast : fichier audio ou vidéo diffusé sur Internet qui s'inscrit généralement dans une série, et auquel on peut s'abonner *via* un flux RSS.

Post (en français « billet ») : texte publié dans un blog ; généralement court, toujours daté et signé.

Réalité augmentée : technologie qui permet de superposer des informations graphiques et textuelles à des images « réelles ». Ainsi, il devient possible d'essayer virtuellement un vêtement ou des lunettes en se filmant avec sa Webcam. On peut aussi s'immerger complètement dans un jeu vidéo. Les applications de la réalité augmentée sont en plein développement, particulièrement dans le domaine du « mobile ».

Réseau social : applications Internet visant à relier des individus et favorisant les interactions sociales. Les réseaux sociaux font donc partie des médias sociaux, ils permettent aux internautes qui ont créé leur profil de développer des relations avec des amis et des contacts, en les informant de leurs activités et de leurs intérêts. Les membres d'un réseau social peuvent créer des groupes, des pages et des événements. Les plus populaires sont Facebook, QZone en Chine, et dans le milieu professionnel LinkedIn, Viadeo ou Xing. Question cruciale : à combien de réseaux sociaux un internaute peut-il appartenir ?

SEA *(Search Engine Advertising)* : synonyme de « référencement payant », annonces publicitaires qui s'affichent sur Google (en haut et à droite de l'écran) ou sur tout autre moteur de recherche. L'annonceur paye alors une certaine somme quand un internaute clique sur sa publicité (voir CPC). On utilise encore couramment le terme SEM *(Search Engine Marketing)* en lieu et place de SEA, alors que le SEM regroupe le SEA et le SEO *(Search Engine Optimization)*.

SEM *(Search Engine Marketing)* : le marketing des moteurs de recherche regroupe le SEA (référencement payant) et le SEO (référencement naturel). Toutefois, SEM est encore très utilisé en lieu et place de SEA.

SEO *(Search Engine Optimization)* : synonyme de « référencement naturel », techniques d'optimisation d'un site Web (structure, contenu, liens entrants et sortants, etc.) pour les outils de recherche. Le but est de faire en sorte qu'un site Web apparaisse dans les premiers résultats d'un moteur de recherche (Google, Yahoo !, Bing, Baidu en Chine, etc.), 80 % des internautes n'allant pas au-delà de la deuxième page.

SMO *(Social Media Optimization)* : appelé aussi parfois « référencement social », techniques visant à la promotion de contenus *via* les médias sociaux. Un des buts du SMO est de générer du trafic à partir de sources autres que les moteurs de recherche. Un autre de ses buts est la gestion de l'e-réputation d'une entreprise ou d'une marque. LE SMO passe, d'une part, par l'ajout de fonctionnalités « sociales » à son propre contenu (bouton de partage, flux RSS, évaluation par les utilisateurs, etc.) et, d'autre part, par une activité suivie auprès d'autres contenus (commentaires sur des blogs, participation à des groupes de discussion, mises à jour de statuts [messages] sur Facebook, etc.).

Social media : voir médias sociaux.

Taux de rebond : le pourcentage d'internautes qui quittent un site Web juste après y être entrés, n'ayant pas exploré le site plus avant et n'ayant donc vu qu'une seule page.

Twitter : créé en 2006, il compte 300 millions d'utilisateurs. Utile pour suivre l'actualité et les tendances, certaines marques l'utilisent pour gérer leur relation client, en informant et en répondant aux « tweets » (message de moins de 140 caractères) des internautes.

UGC (*User Generated Content*) : les « contenus générés par l'utilisateur » sont en pleine croissance sur la Toile. Que ce soit des commentaires, des votes, des images, des vidéos, des idées d'innovation... l'internaute « participe » de plus en plus. Les entreprises doivent intégrer ce levier, comme Lego avec son programme d'innovation fondé sur la communauté AFOL (*Adults Fans of Lego !*).

Vidéo : occupe, depuis la généralisation du haut-débit, une part significative et croissante du temps des internautes, dont 83 % regardent des vidéos en ligne.

Visiteur unique : notion liée à une période de temps. Un visiteur unique est un internaute qui visite un site Web (une ou plusieurs fois) sur une période donnée, par exemple un mois. On parle alors de « nombre de visiteurs uniques par mois ».

Web 2.0 : par opposition aux premiers sites Web statiques et ne proposant qu'une communication unidirectionnelle à destination des internautes, la notion de Web 2.0 met en évidence les dimensions interactive et collaborative de la deuxième génération de sites, au travers des blogs, wikis et autres réseaux sociaux.

Web analytics : mesure et analyse de données Internet dans le but de comprendre et d'optimiser l'usage du Web. Comme il est généralement possible de suivre le comportement d'un internaute, par exemple lors d'un parcours d'achat en ligne, les Webmarketeurs disposent d'un volume de données impressionnant à analyser. Ce qui occupe une bonne partie de leur temps !

Wiki : site Web collaboratif qui permet aux internautes d'ajouter ou de modifier du contenu. L'encyclopédie Wikipédia est l'exemple emblématique de ce type de site.

YouTube : site de partage de vidéos, appartenant à Google, dont l'audience considérable est toujours croissante : 800 millions d'utilisateurs uniques consultent YouTube chaque mois et 48 heures de vidéo sont mises en ligne chaque minute.

Bibliographie

Chris Anderson, *La Longue Traîne : la nouvelle économie est là !*, Pearson Education, 2007.

Chris Anderson, *Free ! Entrez dans l'économie du gratuit*, Pearson, 2009.

Olivier Andrieu, *Réussir son référencement Web*, Eyrolles, 2008.

Christine Balagué et David Fayon, *Facebook, Twitter et les autres...*, Pearson, 2010.

Tim Berners-Lee, *Weaving the Web : The Original Design and Ultimate Destiny of the World Wide Web*, HarperOne, 1999.

Jean-Marc Decaudin et Jacques Digout, *E-publicité*, Dunod, 2011.

Thomas Faivre-Duboz et Raphaël Fétique, *Web Conversions*, Dunod, 2010.

Thomas Faivre-Duboz, Raphaël Fétique et Antoine Lendrevie, *Le Web marketing*, Dunod, 2011.

Jean-François Gervais, *Web 2.0. Les internautes au pouvoir : blogs, réseaux sociaux, partage de vidéos, Mashups*, Dunod, 2007.

Seth Godin, *Tribes* (traduction française), Diateino, 2009.

Seth Godin, *Permission Marketing : la Bible de l'Internet Marketing*, Maxima, 2009.

Jeff Howe, *Crowdsourcing : Why the Power of the Crowd is Driving the Future of Business*, Three Rivers Press, 2009.

Julia Jouffroy, Guillaume Ber et Martin Tissier, *Internet marketing 2010 : l'odyssée du marketing interactif*, Elenbi éditeur, 2010.

Avinash Kaushik, *Web Analytics : An Hour a Day*, John Wiley & Sons, 2007.

Nicolas Malo et Jacques Warren, *Web Analytics*, Eyrolles, 2009.

Pierre Mercklé, *Sociologie des réseaux sociaux*, La Découverte, 2004.

Michael Miller, *Le Guide ultime du Web Marketing*, First Interactive, 2011.

Jon Reed, *Get Up to Speed with Online Marketing*, Prentice Hall, 2010.

Jon Reed et Christine Balagué, *Le Marketing en ligne*, Pearson, 2011.

Fred Reichheld, *The Ultimate Question : Driving Good Profits and True Growth*, Harvard Business School Press, 2006.

David Meerman Scott, *The New Rules of Marketing and PR : How to Use News Releases, Blogs, Podcasting, Viral Marketing, & Online Media to Reach Buyers Directly*, John Wiley & Sons, 2010.

Clay Shirky, *Here Comes Everybody : the Power of Organizing Without Organizations*, Penguin Press, 2008.

Thomas Stenger et Stéphane Bourliataux-Lajoinie (sous la dir.), *E-marketing et e-commerce : concepts, outils, pratiques*, Dunod, 2011.

Julius Wiedemann et Rob Ford, *Succès en ligne : mode d'emploi*, Taschen, 2008.

Jan Zimmerman, *Le Marketing sur Internet pour les nuls*, First, 2009.

Webographie

Sites Web ayant servi de référence aux auteurs de cet ouvrage

www.alexa.com : site de référence pour son classement des sites les plus visités.

www.cmo.com : le marketing digital pour les CMOs (directeurs marketing !).

www.cnil.fr : site de la CNIL, très utile aux e-commerçants, entre autres.

www.comscoredatamine.com : comScore étudie les comportements en ligne et analyse toutes les données liées à Internet.

www.emarketer.com site dédié au marketing digital

www.fevad.fr : site de la Fédération française de vente à distance. Fournit beaucoup d'informations.

www.frenchweb.fr : magazine destiné aux professionnels du Net.

www.internetworldstats.com : compile les données sur l'usage mondial d'Internet.

www.journaldunet.com, *www.clubic.com*, *www.01net.com* : sites français traitant de l'actualité des nouvelles technologies.

fr.mashable.com : version française de Mashable, site d'actualité centré sur les médias sociaux et les nouvelles tendances du Net.

www.mediassociaux.com : site français sur les... médias sociaux.

www.mercurynews.com : les dernières nouvelles de la Silicon Valley.

www.socialbakers.com : spécialiste des statistiques portant sur les réseaux sociaux.

www.sri-france.org : site du Syndicat des régies publicitaires Internet.

www.techcrunch.com : blog spécialisé dans les nouvelles tendances et les start-ups. Il existe une version française fr.techcrunch.com qui est une traduction adaptée de ce site.

www.wired.com : site de référence sur toutes les nouvelles technologies, pas seulement digitales.

Index des mots-clés

Index des marques

Table des matières

CHAPITRE 8

Chapitre 9

Chapitre 10

CHAPITRE 11

PARTIE IV
Social, local, mobile

Chapitre 12

Chapitre 13

CHAPITRE 18